理科教育法

第3版

理論をふまえた
理科の授業実践

秋吉博之 編著

大学教育出版

は じ め に

　本書は学習指導要領に対応し、学校で理科を教えることの原点から執筆されている。その内容は小中学校の教育現場で役立つ理科授業の解説書である。この書は教育現場を熟知し、授業研究・教材開発にも精通したフロンティアが著者に名を連ね、授業実践と理論の裏付けの両輪からなる書物といえる。本書の特色は理科の学習の理論的な基盤を「原体験」とし、これを基盤に将来の方向性をふまえて授業実践の構築を試みたところにある。本書が大学生や大学院生、そして現場の小中学校の理科教師の手引書として活かされていくことを期待する。

学習の基盤は原体験
　原体験は、広義には幼少時の触・嗅・味及び視・聴の五官の神経回路（シナプス）の形成や、そのネットワーク化を含めた基本的な体験である。五官の中でも、特に触・嗅・味の感覚は基本的な直接体験であり、一度の体験でも生涯にわたる長期記憶になる。これに対して、視・聴の感覚は間接的で、意識していないと成立しない感覚である。聴覚の受容範囲は360°の全方位で、視覚も180°の広範囲にわたるため、そのまますべてを受容したのでは情報量が多すぎ、脳の処理能力を超えてしまう。そこで、脳は意図的に有用な情報だけを選択して取り入れている。
　乳幼児には、ものに触れるとまずそれを口に入れるしぐさが見られる。この時期は触・嗅・味の感覚を利用して認識しようとするが、成長するにしたがい、多くの情報を視・聴の感覚で処理し行動するようになる。例えば、ガラス細工をする時、熱した部分が赤いうちは熱いと判断して触らないが、しばらくして、透明な本来のガラスの色に戻ると、冷えたと判断して触り、やけどするような場合である。成人になると外部からの情報の85％以上を視・聴の情報で処理すると言われているが、幼少時の触・嗅・味を伴う豊富な原体験が基盤となり、その後の学習における有用な情報を意図的、意欲的に取り込むようになる。

体験の経験化と言葉

　乳幼児は産声を上げて生まれてくるが、当初、音声（言葉）に意味があることを知らない。自らの発する音声に相手が反応する体験を経て、音声が自分の意思を伝えることを知り、やがて言葉が情報伝達の手段であることを理解するようになる。一般的には、乳幼児は最も身近な存在である母親と対応しながら言葉を学習する。最初に発する言葉が、美味しい食べ物と直結する「ウマウマ」とか「マンマ」や母親を呼ぶ「ママ」であることはごく自然なことである。成長するにしたがって、抽象的な言葉も理解して使えるようになる。

　この過程は理科の学習においても同様であり、最初は具体的な事象の体験を通して、それと言葉（用語）を結び付けていくので、体験を伴わず教科書や図鑑だけで覚えた事象は定着しにくく忘れてしまう。学習指導要領の「理科」では『基礎的・基本的な知識・技能の定着のため、科学の基本的な見方や概念（「エネルギー」「粒子」「生命」「地球」）を柱に、小中学校を通した内容の一貫性を重視』と明記している。しかし、いきなりこれら抽象概念の解説をしても理解できず定着しない。土台となる体験と知（科学）を結び付ける学習が必要である。これが体験の経験化である。例えば、生物分野では、身近なアサガオやヘチマなどの植物、スズメやツバメなどの小鳥、イヌやネコといった哺乳動物などの実物とそれらの形態や習性や生活環といった知を結び付ける。物理化学分野では、生物分野のように直接的ではないが、電気や光、物質や溶液などに関わるさまざまな体験とその裏付けとなる知の学習が重要である。電気で明かりをつけたり、熱を発生させたり、音を出したり、モーターでものを動かしたりなどの体験とその仕組みの学習がこれに相当する。こうしたさまざまな体験と知が、生命概念やエネルギー概念の理解に繋がっている。粒子概念や地球概念も、泥遊びや海水に親しむ体験がその理解を助けることになる。

生命概念・エネルギー概念

　学習指導要領には「エネルギー」「粒子」「生命」「地球」を柱とする領域が示されている。これらの概念の理解には、体験とともに教師側の本質的な認識に基づく視点が必要である。例えば、「生命」には"いのち"に関わる内容がある

が、"いのち"は科学として捉えにくい概念で、"生命"という総称で扱い、生物の種類による区別はしていない。しかし、地球上で共存して生きていくためには、少なくとも人の生命と他の哺乳動物のように個体性の明確な動物の生命と個体性の明確でない植物の生命とは一線を引いて認識する視点が必要である。

　植物は個体性があるように見えるが哺乳動物のような個体性はない。例えば、ウツギやヤナギなど植物の枝を本体から切り離しても、その元の植物が死ぬ（枯れる）ことはない。切り取られた枝は土に挿せば再び発根し、成長して元の植物と同じ個体になる。これに対して、ネズミやシカなどの動物は体の一部を切断すると著しく損傷し、頭部など場所によっては個体の死に繋がる。動物と植物では歳の取り方も異なる。動物はゾウガメのように長寿とされる生きものでも百数十年、屋久島のヤクスギのように数千年というケタ違いの寿命の動物はいない。また、植物は、一年草のように開花するとその個体全体が枯れるものと、地上部は開花して枯れても地下茎や塊根を残して毎年成長する多年生のものがある。前出のきわめて長寿のヤクスギに代表される樹木も、組織の年齢は外側の表層の部分は０歳とか１歳である。植物は分裂しても新しい細胞はいつも０歳となり、古い細胞や組織は順に加齢していく。樹齢数千年のヤクスギも表層は０歳であり、中心の部分だけがその樹齢である。しかも、その心材の部分が生きているかどうかも問題である。組織の細胞分化が進み分裂能力が無くなっていても、水分の通路として役割を担っていることを生きているとするならば確かに生きている。しかし、その部分を分離して培養しても増殖はしないので、この部分は死んでいるとも言える。植物のような寿命をポーラーエイジ（極性加齢）、動物のような寿命をクローナルエイジ（クローン加齢）と言っている。こういう違いを考慮したうえでの"いのち"を考えねばならず、少なくとも、教師側には、そのような区別があることを認識した視点が必要であろう。その他、エネルギーについても、石油や石炭などの化石エネルギー、太陽光のような自然エネルギーと原子エネルギーとは異質であり、その取り上げ方などにも配慮が必要である。

現代の子供たちの実態の把握

現代の子供たちの多くは、自然との直接的な関わりが希薄となっている。飼育栽培の体験も少ない。また、日常使用する携帯電話やパソコンなどの器具類もブラックボックス化して、その仕組みが分からなくなっている。昔は、振り子式の時計や上皿天秤、あるいは真空管のラジオなど、その仕組みを考える手がかりがあり、それらに触れたり分解したり、組み立てたりすることで、その仕組みがある程度認識できた。仕組みそのものについて興味関心を持つことで、さらなる探究心が湧き、子供たちのもっと知りたいという意欲に繋がっていた。現代の子供たちの置かれた生活環境は、身の回りの多くのものが自動的に作動し、生まれながらにそれを利用しているため、それを不思議とは思わなくなっている。それらを子供たちが分解したり組み立てたりする余地がなく、探究心を培う機会そのものが少なくなっている。

理科の教材教具も、上皿天秤がデジタル式の直視天秤に、乾電池が光電池に、豆電球がダイオード（LED）に代わり、いずれも、子供たちがそれらの仕組みを理解しにくいものになっている。このような現状をふまえた教材研究が必要となる。一例をあげれば、電気の性質や電気の利用の仕方を考える場合、手回し発電機で起電した電気を用いると豆電球はいずれの方向でも点灯するが、LEDは電流の向きが違うと点灯しなくなるなどの対比を行う実験なども有要であろう。ただ、子供たちを取り巻く状況がどのように変わっても、「自ら予想を立て、それを確かめる具体的な方策を考え、実施し、さらに検討を重ねて、より考えを深める」——これが理科教育に求められる重要な要素である。

学習は日常生活に必須

理科教育は、科学者を目指す人の基礎基本の学習であることはもちろんであるが、科学者にならない多くの人にも必須の学習である。自分の思っていることを正しく他の人に伝えたり、逆に他の人の思っていることを正しく受容し理解するためには、科学的な思考が求められる。自然の事象の体験は、科学の裏付けがなくても、それなりに納得して受け入れることができ、物が落ちることも、昼と夜があることも、日々当たり前のこととして暮らしている。ところが、科学

には前提となる条件が必要である。例えば物が落ちる時、「空気の抵抗が無ければ重い物も軽い物も同時に落ちる」というように、科学的思考には「空気の抵抗が無ければ」という条件が必要である。

　条件によって答えは変わるので、その評価は条件設定とその視点から得られる結論との整合性の上に成り立っている。例えば、トカゲのちぎれた尾が動いていたり、活き作りのタイの尾がまだピクピクと動いていたりするとき、子供たちは「まだ生きている！」と叫ぶ。この「生きているかどうか」を問う場合、前提として個体として生きているのか、器官や組織として、あるいは細胞レベルで生きていると判断するのか、そのレベル設定が必要である。個体レベルで考えると、活き作りのタイやトカゲの尾はやがて動きを止め死に至るので、「死んでいる」という判断ができ、組織レベルや細胞レベルで考えると「生きている」という判断も成り立つ。こうした場合、ともに正解と認める評価も必要であろう。

科学は条件と定義の世界

　理科の問題で正解を一つにしようとすると、設問には十分な条件設定が必要となる。これまでの理科教育では、条件設定がなくても、それぞれ決まった条件を暗黙の前提として解答に導いていた。現在は理科教育も環境学習や総合学習との関わりを持つ内容が取り上げられるようになり、条件を明示する学習が必要になってきている。事物事象は多様で連続している。しかし、これを一般化して考えるためには、どこかで一線を引かなければならない。台風と熱帯低気圧は同じものであっても、「北西太平洋や南シナ海（赤道以北、東経180度以西100度以東）に存在するのが熱帯低気圧。そのうち、中心付近の最大風速が約17m/s（34ノット、風力8）以上のものが台風」と定義され区別されている。台風は、20世紀の初頭、当時の気象台長、岡田武松が"typhoon"を「颱風」と呼んだのが最初である。古典の書物には「野分」と記され、日常は「大風」などと呼ばれていた。最近気象通報で「集中豪雨」という言葉がよく使われるが、これも1時間に100mm以上の降雨の場合に用いることが気象庁で定められている。このように、科学用語は省庁や学会で決められたものである。したがって、学術用語が分野によって異なることもある。学術用語と学習指導要領で用いられて

いる用語とは異なっている場合もあるので注意が必要である。例えば、小・中の教育用語として用いられている「光」は可視光と、肉眼では見えないが太陽光の両側に存在する紫外線や赤外線をも光として扱っている。光や電波は電磁波としてまとめて呼び解説している解説書もあるので、理科教育に携わるものとして各分野での科学用語の用い方に違いがあることを認識しておいて欲しい。

　最近、ライフサイエンスという言葉が使われている。生活の中の科学と理解した場合、主体は人間中心になる。科学そのものは、「美」とか「善悪」「倫理・道徳」と言った概念を説明するものではない。しかし、科学的思考力はこれらの概念理解にも無関係ではなく、むしろ必須である。人間中心の視点で見れば、動物の共食いや、カバキコマチグモの行動（母グモが脱皮した子グモに自らの体をエサとして提供する）は、とても残酷な行動と思われるが、視点を変えれば、子孫を確実に残す行動として理に適ったものである。本書を手にするみなさんには、人間中心の視点にとどまらず、その合理性を科学の視点でも解説できる理科教師になって欲しい。また、本書の著者それぞれの意を汲み取り、理科教育に携わる「先生」として、今後の指導に生かしていただければ幸いである。

2018年8月

兵庫教育大学名誉教授　山田　卓三

理科教育法　第3版
―― 理論をふまえた理科の授業実践 ――

目　次

はじめに ……………………………………………〈山田卓三〉……… i

第1章　資質・能力を育む理科授業の創造 ……………〈小林辰至〉…… 1
　1．学習指導要領改訂の背景と趣旨 ………………………………… 1
　2．中央教育審議会答申が示した教科等を学ぶ意義と学びの質の向上 ……… 2
　3．小学校学習指導要領理科の目標 ………………………………… 3
　　（1）自然に親しむ　3
　　（2）理科の見方・考え方　4
　　（3）見通しをもって観察、実験などを行う　5
　　（4）問題を科学的に解決する　6
　　（5）資質・能力　7
　　（6）観察、実験などに関する基本的な技能　9
　　（7）問題解決の力　9
　　（8）自然を愛する心情　12
　4．理科の学習の基盤としての原体験 ……………………………… 13
　　（1）原体験の教育的意義　13
　　（2）原体験の理科教育上の意義　14
　　（3）原体験を基盤とする理科学習のモデル　16
　5．問題解決の力を育成する基盤としての原体験 ………………… 18
　　（1）因果関係（原因と結果）への気付きを支える原体験　18
　　（2）問題解決（探究）の出発点としての仮説設定　22
　　（3）子供の経験や知識をもとに仮説を立てさせる指導法
　　　　　　"The Four Question Strategy (4QS)"　23
　　コラム　模擬授業―理科の指導力向上のために―　27

第2章　理科学習指導の実際 ……………………………………… 29
　1．小学校・中学校学習指導要領 ………………………〈鳴川哲也〉……… 29
　　（1）戦後の学習指導要領〈理科〉の変遷　29
　　（2）2017（平成29）年改訂の学習指導要領　32
　2．「エネルギー」を柱とする領域の教材開発と指導法 ……〈川村康文〉……… 38
　　（1）小学校3年「風とゴムの力の働き」　38
　　（2）小学校4年「電流の働き」　43
　　（3）小学校5年「振り子の運動」　48
　　（4）小学校6年「てこの規則性」　53

（5）中学校1年「光と音」　*58*
　　　（6）中学校2年「電流と磁界」　*64*
　　　コラム　プログラミング教育　*69*

　3．「粒子」を柱とする領域の教材開発と指導法 ………………〈秋吉博之〉……… *70*
　　　（1）小学校3年「物と重さ」　*70*
　　　（2）小学校4年「金属、水、空気と温度」　*74*
　　　（3）小学校5年「物の溶け方」　*78*
　　　（4）小学校6年「燃焼の仕組み」　*82*
　　　（5）中学校1年「物質のすがた」　*86*
　　　（6）中学校3年「水溶液とイオン」　*90*

　4．「生命」を柱とする領域の教材開発と指導法 ………………〈森本弘一〉……… *94*
　　　（1）小学校3年「身の回りの生物」　*94*
　　　（2）小学校4年「季節と生物」　*98*
　　　（3）小学校5年「動物の誕生」　*102*
　　　（4）小学校6年「生物と環境」　*106*
　　　（5）中学校2年「動物の体のつくりと働き」　*110*
　　　（6）中学校3年「遺伝の規則性と遺伝子」　*114*

　5．「地球」を柱とする領域の教材開発と指導法 ………………〈藤岡達也〉…… *118*
　　　（1）小学校4年「雨水の行方と地面の様子」　*118*
　　　コラム　「地球」を柱とする領域での系統性　*123*
　　　（2）小学校5年「流れる水の働きと土地の変化」　*124*
　　　（3）小学校6年「土地のつくりと変化」　*128*
　　　（4）中学校1年「大地の成り立ちと変化」　*132*
　　　（5）中学校2年「気象とその変化」　*136*
　　　（6）中学校3年「地球と宇宙」　*140*

第3章　理科学習の評価と授業実践 ………………………………………… *145*

　1．理科学習の評価 ……………………………………………〈秋吉博之〉…… *145*
　　　（1）評価の方法　*145*
　　　（2）理科の授業と評価　*151*

　2．環境教育 ……………………………………………………〈藤岡達也〉…… *159*
　　　（1）理科と環境教育、ESD（持続可能な開発のための教育）　*159*
　　　（2）理科と「総合的な学習の時間」　*164*
　　　（3）今日の理科授業の課題　*166*

3．野外観察 ……………………………………………〈秋吉博之〉…… 169
　　（1）野外観察の意義　169
　　（2）野外観察の進め方　169
　　（3）野外観察の実際　172

　4．安全指導 ………………………………………………〈秋吉博之〉…… 174
　　（1）事故の防止　174
　　（2）注意すべき実験とその器具　176

　5．防災教育と理科教育 …………………………………〈藤岡達也〉…… 178
　　（1）自然災害をめぐる近年の動向　178
　　（2）防災教育とESDのねらいの共通性　179
　　（3）理科で防災をどう教えるか　181
　　（4）理科教育の課題と積極的防災教育　183

　6．「科学技術と人間」の授業実践と評価 ………………〈石川聡子〉…… 187
　　（1）中学校3年「科学技術と人間」　187
　　（2）「科学技術と人間」の指導の実態　191
　　（3）科学的な根拠に基づいた意思決定の指導　192
　　（4）「科学技術と人間」の評価　196

　7．学校のコケ植物 ………………………………………〈畦　浩二〉…… 198
　　（1）コケ植物　198
　　（2）学習指導要領上の位置付け　198
　　（3）学校のコケ植物と生徒の認識　200
　　（4）学校のコケ植物と観察・実験　202

第4章　指導計画の作成と理科授業づくり ……………〈福井広和〉…… 213

　1．理科授業づくりの意義 …………………………………………………… 213
　　（1）授業づくりは指導案づくりではない　214
　　（2）指導案に決まった形式はない　214
　　（3）本章の構成　215

　2．理科授業づくりの実際 …………………………………………………… 216
　　（1）Step1：調べる①単元名・目標　216
　　（2）Step1：調べる②内容　220
　　（3）Step1：調べる③教材・教具　221
　　（4）Step1：調べる④児童の実態　224
　　（5）Step2：つくる⑤指導の手立て　230

（6）Step2：つくる⑥指導計画　*231*
　　（7）Step2：つくる⑦本時の展開　*234*
　　（8）Step3：授業する⑧単元の実際　*235*
　　（9）Step3：授業する⑨授業公開　*241*
　　（10）Step4：評価する⑩授業改善　*244*

おわりに ……………………………………………………………〈秋吉博之〉…… *247*
索　　引………………………………………………………………………………… *248*
執筆者一覧……………………………………………………………………………… *250*

第1章
資質・能力を育む理科授業の創造

　2017（平成29）年3月31日に学習指導要領が告示された。従来の学習指導要領の改訂は、指導内容の改善を中心に行われてきた。しかし、今回の改訂は従来とは大きく異なり、育成を目指す資質・能力の柱を軸に、子供が何をどのように学ぶのかという視点で授業の質を高めていくことを強く求めている点に特徴があり、「構造の抜本的な変革」である。「戦後最大の教育改革」と言われる所以である。

　本章では、原体験を基盤として、学習指導要領が目指す、自然を科学的に問題解決する資質・能力の育成を実現する理論と実際について述べる。

1．学習指導要領改訂の背景と趣旨

　学習指導要領改訂の方向性は、2016（平成28）年12月21日に開催された中央教育審議会総会（109回）において、「幼稚園、小学校、中学校、高等学校及び特別支援学校の学習指導要領等の改善及び必要な方策等について（答申）」として取りまとめられた。答申は、2030年の社会と、さらにその先の豊かな未来において、一人一人の子供たちが、自分の価値を認識するとともに、相手の価値を尊重し、多様な人々と協働しながらさまざまな社会的変化を乗り越え、よりよい人生とよりよい社会を築いていくために、教育課程を通して初等中等教育が果たすべき役割を示すことを意図している。つまり、予測が困難な時代にあって、一人一人が未来の創り手となる資質・能力を育成する教育課程の実現である。

答申では、目指す資質・能力について、「知識・技能」「思考力・判断力・表現力等」「学びに向かう力・人間性等」の3つの柱に沿った整理が行われた。1つ目の柱は、「何を理解しているか、何ができるか（生きて働く「知識・技能」の習得）」である。2つ目の柱は、「理解していること・できることをどう使うか（未知の状況にも対応できる「思考力・判断力・表現力等」の育成）」である。そして、3つ目は「どのように社会・世界と関わり、よりよい人生を送るか（学びを人生や社会に生かそうとする「学びに向かう力・人間性等」の涵養）」である。

2．中央教育審議会答申が示した教科等を学ぶ意義と学びの質の向上

　中央教育審議会答申では、「何を学ぶか」という視点から、学びの質と量を重視している。これは資質・能力は、教科等の学習から離れて育成できるものではなく、相互に関連が深い教科等の内容と関連付けながら育まれるものであり、資質・能力の育成には知識の質や量が重要であるという考えに基づいている。したがって、今回の改訂では、学習内容の削減は行われていない。

　答申では、「どのように学ぶか」という視点も強調されており、子供たちに求められる資質・能力を育むための学習・指導の改善・充実が求められている。そして、資質・能力を育むための学習・指導は、「主体的・対話的で深い学び」の実現としてまとめられている。

　さらに、「見方・考え方」が示されている。「見方・考え方」は、各教科等の特質に応じた物事を捉える視点や考え方であり、各教科等の学習の中で働くだけではなく、大人になって生活していくに当たっても重要な働きをするものである。

　「深い学び」の鍵となるものが、各教科等の特質に応じた「見方・考え方」である。今後の授業改善などにおいては、この「見方・考え方」がきわめて重要になってくると考えられる。「見方・考え方」は、習得・活用・探究という学びの過程の中で働くことを通して、資質・能力がさらに伸ばされたり、新たな資

質・能力が育まれたりし、それによって「見方・考え方」がさらに豊かなものになる、という相互の関係にある。

3．小学校学習指導要領理科の目標

　小学校学習指導要領理科の目標の表記の仕方は、従前の形式と異なり、育成すべき資質・能力が3つの柱と対応させて示されている[1]。1つ目の「知識・技能」は、「自然の事物・現象についての理解を図り、観察、実験などに関する基本的な技能を身に付けるようにする」ことを、2つ目の「思考力・判断力・表現力等」は、「観察、実験などを行い、問題解決の力を養う」ことを、3つ目の「学びに向かう力・人間性等」は、「自然を愛する心情や主体的に問題解決しようとする態度を養う」ことを目指すことが、目標として示されている。

> 　自然に親しみ、理科の見方・考え方を働かせ、見通しをもって観察、実験を行うことなどを通して、自然の事物・現象についての問題を科学的に解決するために必要な資質・能力を次のとおり育成することを目指す。
> 　(1) 自然の事物・現象についての理解を図り、観察、実験などに関する基本的な技能を身に付けるようにする。
> 　(2) 観察、実験などを行い、問題解決の力を養う。
> 　(3) 自然を愛する心情や主体的に問題解決しようとする態度を養う。

　以下、重要な文節ごとに概説する。

（1）自然に親しむ
　理科の学習の基盤は五感を伴った豊かな自然体験である。理科学習において、自然にふれたり、慣れ親しんだりすることは、大変重要であるが、ここに記されている「自然に親しみ」という表記は、それだけではない。子供は関心や意欲をもって自然の事物・現象と関わることにより、疑問を感じ、そこから問題を見いだす。自然物の色や形、事象の変化における因果関係等、科学的に問題解決につながる、さまざまな気付きや問題の発見まで含めて「自然に親しむ」と

表記されていると解釈する必要がある。換言すれば、自然の事物・現象に関する気付きや疑問は、自然に親しむことによって醸成される。また、仮説の発案につながる直感の鍛錬にもなる。

(2) 理科の見方・考え方

従来、「科学的な見方や考え方」は、「問題解決の活動によって児童が身に付ける方法や手続きと、その方法や手続きによって得られた結果及び概念を包含する」という表現で示されてきた。しかし、今回の改訂では、資質・能力をより具体的なものとして示し、「見方・考え方」は資質・能力を育成する過程で児童が働かせる「物事を捉える視点や考え方」であること、さらには教科等ごとの特徴があり、各教科等を学ぶ本質的な意義や中核をなすものとして全教科等を通して整理されたことをふまえ、理科の特質に応じ、「理科の見方・考え方」として、改めて検討された。

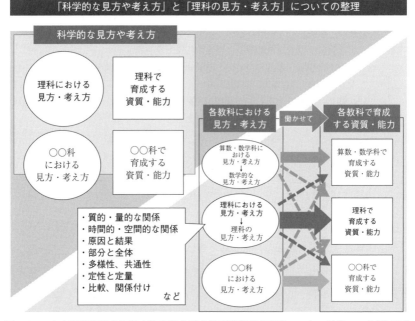

図1.3.1　中央教育審議会初等中等教育分科会教育課程部会理科ワーキンググループ(第8回)において示された「『科学的な見方や考え方』と『理科の見方・考え方』についての整理」

答申では理科の学習における見方（さまざまな事象などを捉える各教科等ならではの視点）について、「『エネルギー』領域では、自然の事物・現象を主として量的・関係的な視点で捉えることが、『粒子』領域では、自然の事物・現象を主として質的・実体的な視点で捉えることが、『生命』領域では、生命に関する自然の事物・現象を主として多様性と共通性の視点で捉えることが、『地球』領域では、地球や宇宙に関する自然の事物・現象を主として時間的・空間的な視点で捉えることが、それぞれの領域における特徴的な視点として整理することができる[2]」と述べられている。なお、「これらの特徴的な視点はそれぞれの領域固有のものではなく、その強弱はあるものの他の領域において用いられる視点でもあることなどに留意が必要である[3]」と記されていることには注意が必要である。

　理科の学習における考え方については、「探究の過程を通じた学習活動の中で、比較したり、関係付けたりするなどの科学的に探究する方法を用いて、事象の中に何らかの関連性や規則性、因果関係等が見いだせるかなどについて考えることであると思われる[4]」と述べている。

　そして、以上をふまえて、「理科の見方・考え方」について、「自然の事物・現象を、質的・量的な関係や時間的・空間的な関係などの科学的な視点で捉え、比較したり、関係づけたりするなどの科学的に探究する方法を用いて考えること」（中学校の例）[5]と整理している。

　理科の学習においては、この「理科の見方・考え方」を働かせながら、知識・技能を習得したり、思考・判断・表現したりしていくものであると同時に、学習を通じて、「理科の見方・考え方」がさらに広がったり深まったりし成長していくと考えられるとしている。なお、「見方・考え方」は、まず「見方」があって、次に「考え方」があるといった順序性のあるものではないことにもふれていることに留意する必要がある。

（3）見通しをもって観察、実験などを行う

　一般的に観察や実験などを行う際には、「……は、……すれば、……になるだろう」という見通しをもって行う。しかし、ややもすると結果の予想をさせるの

みで、条件をどのように変えるかを考えさせることがおろそかになっていることはないだろうか。

　観察や実験で大切なことは、子供が自然体験などで感じた疑問や気付きを検証可能な問題として設定させるとともに、仮説を言葉で表現させて、それに基づいて検証方法を考えさせることである。仮説を立てさせる際に大切なことは、「条件をどのように変えたら、結果は、どのように変化するのか」などのように、原因と結果の関係を一文で表現させることである。このような仮説が立てられると観察、実験の結果の見通しが立つ。

　仮説を立てて実験を行うと実験結果が仮説と一致したか、それとも一致しなかったかという視点で考察させることが可能になる。仮説と結果が一致した場合には、仮説が支持されたことになる。一致しなかった場合には、仮説が支持されなかったということになるが、このような場合は解決の過程を振り返らせ仮説に問題があったのか、それとも観察、実験の方法に問題があったのかなどについて考えさせることが大切である。

（4）問題を科学的に解決する
　科学が他の文化と区別される基本的な条件として、実証性、再現性、客観性などが考えられる。実証性とは、立てた仮説が観察、実験などによって検討することができるという条件である。再現性とは、仮説を観察、実験などを通して実証するとき、人や時間や場所を変えて複数回行っても同一の実験条件下では、同一の結果が得られるという条件である。客観性とは、実証性や再現性という条件を満足することにより、多くの人々によって承認され、公認されるという条件である。

　「科学的」ということは、これらの条件を検討する手続きを重視するという側面から捉えることができる。つまり、「問題を科学的に解決する」ということは、自然の事物・現象についての問題を、実証性、再現性、客観性などといった条件を検討する手続きを重視しながら解決していくということと考えられる。

（5）資質・能力

中央教育審議会答申の別添5－4[6]に、資質・能力を育むために重視すべき学習過程などの例（高等学校基礎科目の例）が示されている（図1.3.2）。その脚注には、「小学校及び中学校においても、基本的には高等学校の例と同様の流れで学習過程を捉えることが必要である」と記されている。

学習過程（探究の過程）の課題の把握（発見）の場面（自然事象に対する気付き→課題の設定）で育成できる資質・能力として、以下の力が示されている。

- 主体的に自然事象とかかわり、それらを科学的に探究しようとする態度
- 自然事象を観察し、必要な情報を抽出・整理する力
- 抽出・整理した情報について、それらの関係性（共通点や相違点など）や傾向を見いだす力
- 見いだした関係性や傾向から、課題を設定する力

課題の探究（追究）の場面（仮説の設定→検証計画の立案→観察・実験の実施→結果の処理）で育成できる資質・能力として、以下の力が示されている。

- 見通しを持ち、検証できる仮説を設定する力
- 仮説を確かめるための観察・実験の計画を立案する力
- 観察・実験の計画を評価・選択・決定する力
- 観察・実験を実行する力
- 観察・実験の結果を処理する力

課題の解決の場面（考察・推論→表現・伝達）で育成できる資質・能力として、以下の力が示されている。

- 観察・実験の結果を分析・解釈する力
- 情報収集して仮説の妥当性を検討したり、考察したりする力
- 全体を振り返って推論したり、改善策を考えたりする力
- 新たな知識やモデルなどを創造したり、次の課題を発見したりする力
- 事象や概念などに対する新たな知識を再構築したり、獲得したりする力
- 学んだことを次の課題や、日常生活や社会に活用しようとする態度
- 考察・推論したことや結論を発表したり、レポートにまとめたりする力

小学校理科においては、育成すべき資質・能力について総括的な目標を「自

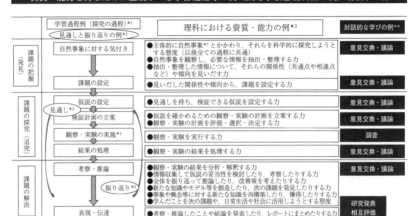

図1.3.2 中央教育審議会答申の別添5－4で示された「資質・能力を育むために，重視すべき学習過程の例」

然に親しみ、理科の見方・考え方を働かせ、見通しをもって観察、実験を行うことなどを通して、自然の事物・現象についての問題を科学的に解決するために必要な資質・能力を次のとおり育成することを目指す[7]」と整理している。

この目標を実現するための理科授業の研究において大切なことは、児童に理科の見方・考え方を働かせて問題を見いださせ、見通しをもって観察・実験に取り組ませる手立ての理論構築とその一般化にあると考える。児童に問題を見いださせるための手立てを一般化するためには、それぞれの観察・実験について、どのような事象提示が適切かを検討するとともに、検証が可能な問題に言語化させるための適切な発問の在り方を明らかにすることが鍵となろう。例えば、実験で扱う事象には、因果関係が認められる。教師が児童に因果関係に気付かせることを意図した適切な事象提示と発問により、児童自ら「原因と結果」の見方・考え方を働かせて、事象の変化に影響を及ぼす要因を考えたり、条件

を変えると結果はどのようになるかを考えたりできるようになると思われる。

（6）観察、実験などに関する基本的な技能

　観察、実験などに関する基本的な技能は、観察・実験器具を操作する技能のみではなく、知的技能も含まれる。実験に先だって仮説を考える場面では、慣れないうちは、思考力・判断力・表現力等を働かせて取り組むことになる。しかし、繰り返し実験の際に仮説を設定する学習を行っていると、やがて仮説を立てる知識・技能となる。

　小林ら[8]は、Science-A Process Approach（SAPA）のプロセス・スキルズを精選・統合して「探究の技能」として整理している（表1.3.1）。「探究の技能」は「Ⅰ　事象を理解・把握するために観察する技能」「Ⅱ　分類の基準に基づいて分類する技能」「Ⅲ　観察・実験のための仮説を立てる技能」「Ⅳ　観察・実験で変数を制御する技能」「Ⅴ　観察・実験で測定する技能」「Ⅵ　データを解釈する技能」「Ⅶ　要因の抽出や観察・実験結果について推論する技能」の7つの上位技能と、その下に設定された31の下位技能で構成されている。

　理科における問題解決（探究）は、これらの「探究の技能」を駆使して行われる。慣れないうちは、教師の指導・助言を受けながら「探究の技能」を用いて思考・判断・表現などを行うことになるが、習得できると知識・技能となる。つまり、学習の場面において、知識・技能と思考力・判断力・表現力等とは、不可分の関係にあるが、学習の成果として習得したものが、知識・技能である。

（7）問題解決の力

　子供は自然の事物・現象と五感を通して関わる過程で、好奇心を刺激されたり興味・関心を抱いたりする。「なぜだろう」「どのようになっているのだろう」などの疑問や気付きから問題を見いだし、仮説を設定して、それを検証するための観察や実験で得られたデータを仮説と対応させて考察する過程を通して、問題解決の力が育成される。

　小学校学習指導要領解説理科編では、各学年において主に育成を目指す問題解決の力について次のように述べられている[9]。

表 1.3.1　Science-A Process Approach commentary for teachers (SAPA) に掲載されている
プロセス・スキルズを精選・統合して開発した [探究の技能]

Ⅰ　事象を理解・把握するために観察する技能
　Ⅰ-1　五感を通して得た事象のようすや性質等を記録する。
　Ⅰ-2　数値を用いて観察したことを記録する。
　Ⅰ-3　観察した事象の変化のようすや変化の特徴を記録する。
　Ⅰ-4　立体や平面の図を使用して観察した事象を記録する。
　Ⅰ-5　事物の構造や位置関係の特徴を記録する。
　Ⅰ-6　事象を空間的に捉え平面的に記録する。

Ⅱ　分類の基準に基づいて分類する技能
　Ⅱ-1　分類する観点・基準（操作的定義なども含む）に基づいて識別する。
　Ⅱ-2　分類する基準をもとに事象を階層的に比較したり識別したりする。

Ⅲ　観察・実験のための仮説を立てる技能
　Ⅲ-1　観察した事象から生じた疑問や問題を特定する。
　Ⅲ-2　予想や仮説を立てる。
　Ⅲ-3　仮説を立てての根拠を示す。
　Ⅲ-4　予想や仮説を確かめる実験の計画を立てる。
　Ⅲ-5　実験において独立変数を変化させると従属変数がどのように変化していくかについて予想する。
　Ⅲ-6　観察・実験の結果の考察に基づいて、予想や仮説の支持・不支持を明らかにして、必要に応じて予想や仮説を修正する。

Ⅳ　観察・実験で変数を制御する技能
　Ⅳ-1　事象の変化に影響を及ぼす可能性のある独立変数や従属変数を明確にする。

Ⅳ-2　実験において変化させる独立変数と一定に保つ独立変数を設定する。
Ⅳ-3　観察・実験の目的に応じて従属変数等を適切な言葉で操作的に定義する。

Ⅴ　観察・実験で測定する技能
Ⅴ-1　測定の目的に応じて適切な計測器を使用する。
Ⅴ-2　最小目盛りに着目して正確に数値を読み取る。
Ⅴ-3　測定値から目的に応じて物理量を計算で求める。
Ⅴ-4　長さ、面積、体積、質量などの量を見積もったり、測定器具の秤量・感量及び測定誤差を考慮して意味のある測定値(有効数字)を示したりする。
Ⅴ-5　相対的な位置や物の大きさをスケールを示して図示する。

Ⅵ　データを解釈する技能
Ⅵ-1　表やグラフから縦軸と横軸を関係付けて読み取る。
Ⅵ-2　測定値の分布、平均値、度数分布等から事象の変化の特徴を読み取る。
Ⅵ-3　グラフから読み取った事象の変化の傾向に基づき今後の変化を予測する。
Ⅵ-4　観察した事柄や実験結果についてモデルを使って考察する。
Ⅵ-5　観察・実験結果について観点を決めてまとめる。
Ⅵ-6　測定結果等をグラフで示す。

Ⅶ　要因の抽出や観察・実験結果について推論する技能
Ⅶ-1　事象の変化に及ぼす要因を経験・直観等からアブダクション的推論によって推測し、結果を予測する。
Ⅶ-2　観察の結果や測定結果を帰納的に思考して規則性や共通性を導く。
Ⅶ-3　原理や法則、規則性を前提として事象について演繹的に思考して結論を導く。

「第3学年では、主に差異点や共通点を基に、問題を見いだすといった問題解決の力の育成を目指している。この力を育成するためには、複数の自然の事物・現象を比較し、その差異点や共通点をとらえることが大切である。第4学年では、主に既習の内容や生活経験を基に、根拠のある予想や仮説を発想するといった問題解決の力の育成を目指している。この力を育成するためには、自然の事物・現象同士を関係づけたり、自然の事物・現象と既習の内容や生活経験と関係付けたりすることが大切である。第5学年では、主に予想や仮説を基に、解決の方法を発想するといった問題解決の力の育成を目指している。この力を育成するためには、自然の事物・現象に影響を与えると考える要因を予想し、どの要因が影響を与えるかを調べる際に、これらの条件を制御するといった考え方を用いることが大切である。第6学年では、主により妥当な考えをつくりだすといった問題解決の力の育成を目指している。より妥当な考えをつくりだすとは、自分が既にもっている考えを検討し、より科学的なものに変容させることである。この力を育成するためには、自然の事物・現象を多面的に考えることが大切である」。

なお、各学年で中心的に育成する問題解決の力のうち、下の学年の問題解決の力は上の学年の問題解決の力の基礎となることは言うまでもない。また、中学校の学習との接続について考えておくことも大切である。

(8) 自然を愛する心情

子供が直接関われる自然は身近な植物や昆虫などである。子供は、それらを採集したり飼育・栽培したりする活動を通して、その成長に感動したり不思議さを感じたりする。また、植物の花が果実になるまでの過程を観察したり、メダカなどの発生や成長について観察したり調べたりすることにより、生命の連続性や動植物が環境の中で相互に関わり合って生きていることを理解するようになる。

このような体験を通して、またその過程を振り返らせることにより、生物を愛護しようとする態度が育まれる。また、観察や実験などを通して自然の秩序や規則性などを科学的に理解することも自然を愛する心情を育てることにつながると考えられる。

以上、小学校学習指導要領理科の目標について概説した。このような目標の達成を目指す理科学習の基盤には、自然体験などが不可欠である。以下、その理科学習における意義などについて述べる。

4．理科の学習の基盤としての原体験

（1）原体験の教育的意義
　学校教育は主として図書や視聴覚教材など視覚と聴覚にうったえる教材と教授法を用いて、知識・理解に重点を置いて進められてきた。視覚は確かに事象を的確に捉えたり文字や映像情報を大量に取り入れることができる重要な感覚であるが、進化の過程では、他の嗅覚・味覚・触覚などが視覚の進化を助けてきた。また、視覚情報と他の四感覚の情報は、大脳連合野を介して密に連絡し合いながら、総合的に脳の連合作用を行っていることから、自然体験の教育的意義を考える際、触覚・嗅覚・味覚の三感覚を無視することはできない。
　五感のうち触覚・嗅覚・味覚の三感覚は、物理・化学的な受容器であり、原生動物でもこの受容能力をもっている。したがって、最も基本的な感覚であるといえる。感覚を系統発生的にみても触覚・嗅覚・味覚の三感覚は、下等なものから高等動物までもっている。これらの基本感覚を伴った知覚は一度の体験で長期記憶として残りやすい。一方、パターンを認識する視覚や音を受容する聴覚は、系統発生的には上位に位置する動物に限られており、生存という視点で見ると補助的感覚であり、一度の体験では長期記憶として残りにくい。
　ヒトの脳が健全でたくましく発達するためには、触覚・嗅覚・味覚・視覚・聴覚からのバランスのとれた刺激が不可欠である。植物や動物をはじめとする自然物は、匂いや味、手触りなどが多様性に富んでおり、ヒトの脳の健全な発達に有効であると考えられる。子供に五感を通した豊かな自然体験をさせる時期は、自然物と抵抗なくふれ合うことができ、しかも脳の可塑性の大きい幼児期から9～10歳の頃が最適である[10]。特に幼児期は科学性の芽生えを育てる時期として捉えられることから、山内昭道[11]は身近な生物などを取り上げた保育活動を年

間指導計画の中に位置付けている。花や葉の香り、山で採取した果実の味、土の温もりなど、触覚・嗅覚・味覚の三感覚を通した実物とふれ合う体験は、幼児の心に楽しかった自然体験の思い出として、つまり原体験として長期記憶に残る。

（2）原体験の理科教育上の意義
 1）原体験の捉え方とその定義
　自然の事物や現象を認識する場合、まず、その実物や現象にふれてからそれに関する知識を学ぶと認識や理解が深まる。ところが、高度情報化社会といわれる現在は実物を知らずに、知識だけが豊富になっている子供が多くなっていると思われる。
　ヒトは外界の情報の85％以上を視覚と聴覚の2つの感覚から得ているといわれており、視聴覚教育が重要視されてきたのは当然のことである。しかし、視聴覚教育が有効なのは、視聴覚教材の内容と直接体験とが結び付けられたときであり、学習の基盤となる体験が乏しい子供に対する視聴覚教育の偏重は考え直す必要がある。
　物を認知する場合、触覚・嗅覚・味覚・視覚・聴覚の5つの感覚が基礎となっている。五感の重要性について Dewey, J. は「感覚は、外界から精神の中へ情報を導入するための一種の不思議な導管とみなされる[12]」と述べている。また、Rousseau, J.J.は「触覚は、すべての感覚のなかで、外部の物体がわたしたちの体にあたえる印象をもっともよく教えてくれるものとして、もっとも頻繁に使用され、わたしたちの自己保存に必要な知識を最も直接的に与えてくれるものとなっている[13]」と述べ、触覚の重要性を指摘している。従来の教育では五感のうち、視覚と聴覚が強調される傾向にあったが、これからの教育では、特に触覚・嗅覚・味覚の三感覚の重要性を見直し、積極的に学習に取り入れることが必要である。
　そこで、自然物や自然現象を触覚・嗅覚・味覚を重視した五感を用いて知覚する体験を原体験と呼ぶこととし、「生物やその他の自然物、あるいはそれらにより醸成される自然現象を触覚・嗅覚・味覚をはじめとする五感を用いて知覚し

表1.4.1　原体験の類型と具体的事例

原体験の類型	具体的事例
火体験	・火をおこす　・物を燃やす　・熱さを感じる　・けむたさを感じる ・火を消す　・いろいろな物質の焦げるにおいを嗅ぐ
石体験	・石を投げる　・石を積む　・きれいな石をさがす　・石で書く ・石器をつくる　・火打ち石で火をおこす
土体験	・素足で土に触れる　・土のぬくもりと冷たさを感じる　・土を掘る ・土をこねる　・土器づくり
水体験	・雨にぬれる　・自然水を飲む　・水かけ遊び　・浮かべる ・海や川などで泳ぐ　・川を渡る
木体験	・木に触れる　・木のにおいをかぐ　・木の葉、実を集める ・棒を使いこなす　・木、竹、実でおもちゃをつくる
草体験	・草むらを歩く　・草を抜く　・草をちぎる　・草のにおいをかぐ ・草を食べる　・草で遊ぶ
動物体験	・捕まえる　・さわる　・においをかぐ　・飼う　・見る　・声を聞く ・食べる

たもので、その後の事物・現象の認識に影響を及ぼす体験のこと」と定義している[14]。

　原体験の内容は、自然物や自然現象を火・石・土・水・木・草・動物の7つの類型に分けて考えている。これら7つは、現在でも日常的に接することができるものであり、豊かな原体験はこれらの組み合せでなされるものである（表1.4.1）。

2）原体験の理科教育上の意義

　理科の学習の対象となる自然の事物・現象に興味や関心をもち、積極的に探究しようとする姿勢は、好奇心や感性によりもたらされるものである。したがって、原体験は、単に自然認識を深めることだけを目的としたものではない。原体験は好奇心など、人間として生きる力を身に付けさせることを目的とした根源的な体験であり、教育の視点でみると360°の方向性をもったものである。原体験を教科の基盤とするためにはその教科の教育的な視点で方向性を与え、知識と結び付けることが大切である。理科教育では、触覚・嗅覚・味覚などの五感を通した豊かな原体験が、教育内容として取り上げられる知識や概念を意味付けたり関連付けたりするうえで重要な拠りどころとなる。そして、体験に裏打ちされた知識や概念は生きて働く力になるとともに、判断力、表現力、思考力、創

造性を豊かにすると考えられる。このような観点から幼児や小学校低学年の時期に原体験を豊富に行わせることが必要である。

　ノーベル化学賞を受賞した福井謙一は、幼少期に行った鉱物採集や昆虫採集などの自然体験を振り返り、「何が一番私の学問および創造を志した人生に役立ったかと問われれば、科学的直観を培ったに相違ない自然との生のふれ合いだ、と答えたい。これは理屈では理解することができない。心すなおに来し方を振り返ってみた時の、偽らざる実感なのである。私は、この意味で自分に生の自然体験をさせてくれた少年時代のまたとない自然環境と、その中に私が浸り自然とふれ合うことを黙って見守ってくれた人々に、深く頭を垂れないではいられない[15]」と述べている。さらに、大脳生理の視点にもふれ、推論とことわりながら「科学的直観の教育訓練にも、一定の臨界期間があるのではないか[16]」と述べ、自然との直接のふれ合いの重要性を指摘している。福井謙一の自然体験は、筆者のいう原体験であり、生涯を化学に捧げた学者の生の声として、今後の理科教育のあり方を考えるうえで示唆深いものがある。

（3）原体験を基盤とする理科学習のモデル

　時代がいかに変化しても、問題解決の力の育成を目指す理科の学習において、プロセス・スキルズを働かせる観察・実験の重要性は不易である。

　子供が科学的な問題解決の力を身に付けるために必要な学習活動は、自然に対する興味・関心を高める段階から主体的な問題解決まで、さまざまな段階があり、それぞれに教育的意義があるものと考えられる。

　そこで、経験の諸活動をモデル化したDale, E.の「経験の三角錐」[17]を参考に、問題解決の力の育成を目指す理科の学習のイメージを、原体験（レベル0）、基礎体験（レベル1）、導かれた問題解決（探究）活動（レベル2）、自立した問題解決（探究）活動（レベル3）の4段階で示してみた（図1.4.1）。

　レベル0の原体験は、生物との五感によるふれ合いを通して、ヒトとして生きていくうえで必要な意欲や感性、直観などの育成や自然の事物・現象に対する興味・関心を高める段階である。レベル1の基礎体験は科学・技術に対する興味・関心を高めたり科学的な探究の基盤となる知識や技能を習得したりする

段階である。レベル2の導かれた問題解決（探究）活動は、教科書的な内容を取り上げ、観察を行ったり、因果関係を従属変数と独立変数との関係として捉えて仮説を設定し定性的・定量的なデータを収集して考察する学習に重点を置く段階である。

また、観察・実験を通して知識や概念の形成に主たる目的を置く学習もここに含めるものとする。自立した問題解決（探究）活動（レベル3）は、子供自ら自然の事物・現象から問題を見いだし、仮説を設定して観察・実験の計画

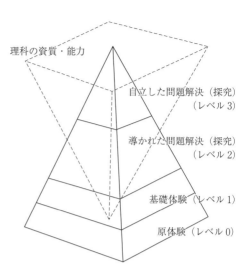

図1.4.1　原体験を基盤として理科の資質・能力を育成する体験と学習の積み上げを示す四角錐モデル

を立案したり、観察・実験で得たデータを考察したりしてレポートの作成まで行う段階である。なお、理科の授業において、原体験や基礎体験を取り入れる場合は、子供の自然離れの実態や学習内容をふまえて、「理科の見方・考え方」を働かせる上で、どのような効果が期待できるかなどについて説明できるようにしておく必要がある。

子供が問題解決（探究）を主体的に行うためには、事物や現象に対する先行経験や知識、あるいは疑問が不可欠である。したがって、教材の開発や実践に当たっては、「原体験」「基礎体験」「導かれた問題解決（探究）」「自立した問題解決（探究）」の4つの活動を組み合わせることが必要である。

上述した内容は、学習指導要領の目標「自然に親しみ、理科の見方・考え方を働かせ、見通しをもって観察、実験を行うことなどを通して、自然の事物・現象についての問題を科学的に解決するために必要な資質・能力を次のとおり育成することを目指す」を実現する理科授業を構想する際の手がかりの一つとなるのではないかと考えている。

5．問題解決の力を育成する基盤としての原体験

（1）因果関係（原因と結果）への気付きを支える原体験

　小学校学習指導要領解説理科編では、「児童が自然の事物・現象に親しむ中で興味・関心をもち、そこから問題を見いだし、予想や仮説を基に観察、実験などを行い、結果を整理し、その結果を基に結論を導きだすといった問題解決の過程の中で、問題解決の力が育成される[18]」と述べている。

　問題解決（探究）は、自分で調べたい問題を見いだし、その問題を観察や実験で検証可能な仮説を設定することから始まる。仮説を設定するためには、自然の事物・現象に潜む因果関係、つまり事象の変化に関わる変数を同定しなければならない。さまざまな変数に気付いたり同定したりすることができるかは、原体験の程度が関わっているものと考えられる。

　荒井・永益・小林[19]は自然事象の変化に関わる従属変数及び独立変数の抽出など、変数への気付きに影響を及ぼすと考えられる要因を明らかにすることを目的として中学生を対象に質問紙調査を行っている。その結果、次の2点を明らかにしている。1つは、自然事象に関わる「変数への気づき」（本書では「変数への気づき」を「自然事象から従属変数と独立変数を抽出するとともに、従属変数を数量化する能力」と定義する）に影響を及ぼすと考えられる因子として「身近な自然に関わる体験」「数学への好感度」「理科に対する自信」「自然・科学技術への知的好奇心」「科学的探究の経験」「理科への好感度」「物づくり体験」の7因子が抽出されたことである。もう1つは、自然事象に関わる「変数への気づき」の得点の高位群は、低位群に比べて抽出されたすべての因子「身近な自然に関わる体験」「数学への好感度」「理科に対する自信」「自然・科学技術への知的好奇心」「科学的探究の経験」「理科への好感度」「物づくり体験」の平均値が有意に高かったことから、自然事象に関わる「変数への気づき」はこれら7つの因子が複雑に絡み合って育成される能力であると推察されることである。

　さらに、荒井・永益・小林[20]は「変数への気づき」とそれに影響を及ぼすと

考えられる7つの因子の因果モデルを描いて検討し、次の3点を明らかにしている（図1.5.1）。1つは、「自然・科学技術への知的好奇心」と「理科への好感度」は共変動の関係にあり、「変数への気づき」に影響を与える因果モデルの初発の段階に位置していること、2つは、「科学的探究の経験」「物づくり体験」及び「理科に対する自信」は「自然・科学技術への知的好奇心」と「理科への好感度」から影響を受け、「物づくり体験」は「科学的探究の経験」と「理科に対する自信」に影響を与え、「科学的探究の経験」は「理科に対する自信」に影響を与えながら、最終的に「身近な自然に関わる体験」と「数学への好感度」に影響を与えていること、3つは「身近な自然に関わる体験」と「数学への好感度」は「変数への気づき」に直接的影響を及ぼしていることである。

荒井・永益・小林の研究において「自然・科学技術への知的好奇心」が変数への気付きに至る初発の段階に位置付けられたことは、人間が本来、知的な好奇心を備えた存在であることを改めて示している。知的好奇心は、自分の知らないことや珍しいことに興味を持つ「拡散的好奇心」と、興味を持ったものを深く探究し認識しようとする「特殊的好奇心」の2つに分類されている。「拡散的好奇心」は幼児期から旺盛であり、「特殊的好奇心」は児童期以降に充実して

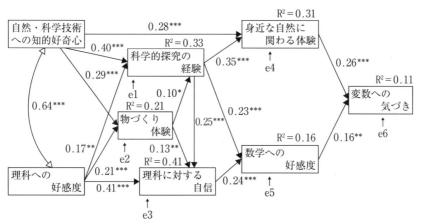

矢印はパス（横の数値は標準化したパス係数）、両方向の弧矢印は共変（横の数値はPearsonの積率相関係数）を示し、R^2は重相関係数の平方、e1、e2、e3、e4、e5、e6は誤差変数を示す。
***は$p<.001$、**は$p<.01$、*は$p<.05$

図1.5.1 「変数への気づき」に影響を与える要因の構造

表 1.5.1 「変数への気づき」に影響を及ぼす7つの因子を抽出した因子分析パターン行列

項目	項目内容	因子1	因子2	因子3	因子4	因子5	因子6	因子7
	因子1「身近な自然に関わる体験」(13項目)							
23	草花や野草で遊んだことがあるか。	.673	.175	.007	.037	.007	-.112	.078
29	木や木の実を食べたなど、何かを作ったことがあるか。	.672	.211	.164	-.027	.017	-.012	.105
26	自分で草花や野菜を育てたことがあるか。	.583	.142	.074	.006	.076	-.092	.096
15	畑仕事を手伝ったことがあるか。	.547	.013	.055	.152	.070	.100	.044
16	家の方または友達と水族館に行ったことがあるか。	.534	.060	.048	.112	-.014	.028	.092
18	家の方または友達と科学館に行ったことがあるか。	.530	.151	.117	.076	.051	.026	.080
28	図鑑を見たことがあるか。(動物図鑑、植物図鑑など)	.523	.144	.085	.130	.069	.273	.119
30	木材を使って何かを作ったことがあるか。	.522	-.008	.183	.48	-.029	.296	.060
31	ぬいぐるみや編み物など、手芸作品を作ったことがあるか。	.510	.059	-.006	-.150	.034	-.223	.119
27	虫や動物または虫や動物が主人公のマンガを読んだことがあるか。	.474	.318	.097	.015	.047	.194	-.033
14	家の方と山菜やきのこをとりに出かけたことがあるか。	.454	.053	-.062	.186	.012	.201	-.024
21	つかまえてきた動物(虫、魚、ザリガニ、カエルなど)を飼育したことがあるか。	.448	.089	.062	.258	-.089	.320	.041
13	家の方とハイキングや山登りに出かけたことがあるか。	.435	.155	.048	.183	.039	.130	.025
	因子2「自然・科学技術への知的好奇心」(9項目)							
65	地震や火山や台風の被害をどう防ぐかに、興味があるか。	.153	.675	.200	.059	.064	.041	.121
66	病気の原因や治し方について調べることに、興味があるか。	.306	.660	.123	.087	.115	-.023	.122
67	食べるものが安全かどうかを調べることに、興味があるか。	.230	.627	.087	.054	.091	-.042	.025
62	身のまわりの物質の性質を調べることに、興味があるか。	.095	.625	.148	.245	.144	.253	.226
63	動植物の生き方やその環境を調べることに、興味があるか。	.233	.597	.006	.247	.047	.084	.061
60	科学技術についてのニュースや話題に関心があるか。	.149	.551	.139	.302	.031	.313	.225
64	地球や宇宙がどのようにできたかを調べることに、興味があるか。	.128	.527	.185	.190	.077	.169	.015
57	理科について興味があることを自分で調べたり学習しているか。	.116	.503	.116	.383	.126	.250	.265
58	テレビで、理科に関係する番組をよくみる方か。	.191	.476	.068	.366	.062	.300	.079
	因子3「理科に対する自信」(6項目)							
48	電流計の操作に自信があるか。	.073	.197	.780	.188	.218	.080	.102
49	電圧計の操作に自信があるか。	.086	.196	.776	.198	.231	.093	.106
46	顕微鏡の操作に自信があるか。	.133	.108	.694	.229	.078	.138	.108
47	メスシリンダーの操作に自信があるか。	.222	.152	.671	.134	.156	.025	.096

45	ガスバーナーの操作に自信があるか。	.059	.097	**.601**	.172	.063	.192	.085
41	小学校の時、理科に自信があったか。	.168	.064	**.464**	.379	.076	.117	.061
	因子4「理科への好感度」(8項目)							
52	理科の学習は面白いか。	.116	.200	.308	**.700**	.059	.033	.121
2	今、理科は好きか。	.102	.099	.310	**.678**	.103	.043	.087
54	学校で学習するよりも、理科をもっとくわしく学習したいか。	.063	.350	.097	**.559**	.083	.137	.221
1	小学校の時、理科は好きだったか。	.240	.032	.275	**.539**	.015	.110	.004
55	学校で学習するよりも、高度な理科の観察や実験をしたいか。	-.027	.340	.126	**.521**	.148	.301	.160
3	観察は好きか。	.200	.244	.100	**.494**	.051	.059	-.049
50	理科で学ぶことは、役に立つことは多いと思うか。	.106	.272	.190	**.477**	.059	.002	-.226
4	実験は好きか。	.030	.045	.319	**.462**	.130	.139	-.091
	因子5「数学への好感度」(5項目)							
5	数学が好きか。	.058	.048	.094	.112	**.880**	.072	.044
9	応用問題が好きか。	.018	.100	.151	.139	**.839**	.063	.131
8	文章を読んで立てる問題が好きか。	.007	.171	.151	.018	**.756**	.020	.163
6	計算問題が好きか。	.063	.075	.134	.054	**.717**	-.084	.066
7	図形問題が好きか。	.058	.082	.190	.130	**.571**	.133	.004
	因子6「物づくり体験」(3項目)							
32	プラモデルや模型を作ったことがあるか。	.000	.056	.186	.050	.066	**.792**	.045
33	電池やモーターで動く模型やラジコンなどを、作ったことがあるか。	.180	.105	.111	.015	.039	**.553**	.138
69	ものを組み立てたり、作ったりするのが好きであるか。	.160	.273	.081	.242	.060	**.499**	-.012
	因子7「科学的探究の経験」(4項目)							
40	観察、実験の結果に基づいて、筋道をたてて考えたことがあるか。	.299	.258	.178	.131	.216	.092	**.663**
39	自分で考えた方法で、観察、実験をしたことがあるか。	.235	.196	.207	.150	.144	.162	**.662**
38	結果を予測して、観察、実験をしたことがあるか。	.254	.194	.209	.131	.132	.055	**.608**
37	不思議に思ったことを、自分で確かめてみたことがあるか。	.295	.333	.162	.216	.128	.229	**.417**
	固有値	15.40	4.24	3.03	2.71	2.21	1.78	1.47
	因子寄与	4.94	4.79	4.72	4.70	3.40	2.94	2.17
	累積寄与率	9.15	18.02	26.76	35.42	41.76	47.22	51.23
	α係数	0.85	0.88	0.87	0.85	0.87	0.72	0.84

くるとされている。

　小学校高学年から中・高等学校の時期となれば、好奇心の対象となる自然事象にも個性が現れてくるものと思われる。そのような時期にあって、観察・実験において検証可能な問題を仮説として設定し、探究の過程を通して生徒に新しい発見を経験させることは、生徒に探究活動の楽しさや価値を見いださせ、意欲を高めていくことにつながると考える。理科に対する学習意欲が高くない子供でも、探究し発見する喜びを体験できる探究活動に取り組ませれば、自分で新しいことを見つける面白さを感じさせ、理科学習に対する意欲を高めることができるのではないだろうか。

（2）問題解決（探究）の出発点としての仮説設定
　自然界は変化するもので満ちあふれている。季節の移り変わり、動植物の成長、天気、野球のボールの速さなど、挙げればきりがない。理科はこれら変化するものと、それに影響を与えている要因の関係を取り上げて、科学の方法を用いて探究するところに真の面白さがある。

　理科の学習では、子供に観察、実験で調べたいことを「問題」として設定させる。しかし多くの教員は、子供がつくる「問題」は探究の深まりが乏しかったり追究活動が継続しなかったりすると感じているだろう。その理由の一つに、子供がつくる「問題」は多くの場合、「なぜ＋事実＋だろうか」というように表現され、観察や実験を通して検証するための変数が問題の中に含まれていないことが挙げられる。つまり、科学的な探究が可能な「問題」にするためには、変化させる変数とその影響を受けるもう1つの変数との関係に気付かせ、仮説として表現させなければならないのである。

　子供が「なぜ植物は成長するのだろうか」という「問題」を考えたとしても、科学的な手続きで検証することは不可能である。なぜならば、この「問題」には「植物は成長する」という事実とそれに影響をおよぼすと考えられる要因との関係が「問題」に組み込まれていないからである。科学的な「問題」にするためには、事実としての植物の成長とそれに影響をおよぼすと考えられるさまざまな要因との関わり、換言すれば、従属変数としての植物の成長とそれに影響を

およぼす種々の独立変数との関係を「問題」の中に表現する必要があるのである。つまり、「なぜ」で始まる問いではなく、「何が植物の成長に作用するのか」や「どのように植物の成長に作用するのか」というように「何が」や「どのように」で始まる「問題」を立てることが必要である。

（3）子供の経験や知識をもとに仮説を立てさせる指導法
####　"The Four Question Strategy (4QS)"

それでは、どのような観点で子供への助言や指導を行えば、科学的に探究可能な「問題」になるのだろうか。Cothron, J. H.ら[21]は、子供の疑問を科学的に探究可能な「問題」にするための方略、"The Four Question Strategy"を提唱している。"The Four Question Strategy"は4段階の問いについてグループで討論しながら独立変数と従属変数を洗い出したり、従属変数をどのように測定するのかなどを検討したりするブレーン・ストーミングの方法である。

小林・永益は、"The Four Question Strategy"の考え方を参考にして、我が国の理科授業の実情にあうように、4つの問いを構造化して、変化すること（従属変数）と変化に影響をおよぼす要因（独立変数）を同定して仮説を文章で表現できるようにした仮説設定シートを開発した。そして、仮説設定シートとその指導法を4QS（フォークス）と名付けた[22]。

この指導法の中で取り上げられている2つの変数とは、独立変数（変化させる変数）と従属変数（独立変数の影響を受けるもう1つの変数）である。生徒は、4段階の問いについて討論しながら2つの変数の存在に気付き、容易に仮説を設定することができるようになっている。

以下に、筆者が担当している初等理科指導法において学生が記述した4QS仮説設定シートを用いて、その概要を述べる（図1.5.2）。

STEP 1は、変化する事象を従属変数として簡潔に記述する段階である。例えば、課題として「強い電磁石をつくるにはどのようにすればよいのだろうか」が与えられたとする。このとき、課題の一文に従属変数と独立変数との関係について考えることが読み取れる言葉を組み込んでおくことがきわめて重要である。

この課題を受けて、STEP 1の枠の中には、従属変数として「磁石の強さ」を

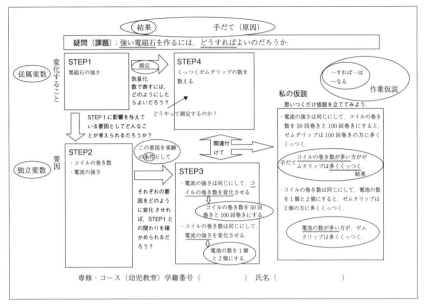

図1.5.2 平成20年度上越教育大学の「初等理科指導法」において学生が記入した
4QS仮説設定シートの例
　　　楕円で囲んだ部分は、学生が板書の内容をメモしたもの

記述する。STEP 2は、従属変数に影響をおよぼす独立変数に気付かせる段階である。ここでは、思いつく独立変数をできるだけ多く挙げさせる。教員の制御はできるだけ控えて、自由に自分の考えを発言できる雰囲気を醸成することが大切である。電磁石の場合であれば、枠の中にコイルの巻き数、エナメル線の太さ、鉄心の太さ、乾電池の数などが記述できる。

　STEP 3は、STEP 2で挙げた独立変数を実験条件としてどのように変化させるのかを考えさせる段階である。電磁石の例であれば、コイルの巻き数を増やす、エナメル線の太さを変える、鉄心の太さを変える、乾電池の数を増やすなどを枠の中に記述することになる。

　STEP 4は、STEP 1で挙げた従属変数を数量としてあらわす方法を考えさせる段階である。小学校理科の実験であれば、電磁石につくゼムクリップや釘の数を記述すればよいだろう。そして、最後にSTEP 3とSTEP 4とを関連付けて、「……すれば、……は、……になる」というような表現で仮説を文章で記述

させる。電磁石の実験の場合、「コイルの巻き数を多くすると電磁石は強くなる」や「電磁石につなぐ乾電池の数を増やすと電磁石は強くなる」などが枠の中に記述できればよいだろう。

4QSは、このような4段階の問いについて、グループ討論を通して、2つの変数の存在を意識化させ、仮説を文章で表現させる指導法である。

子供は試行錯誤しながらも自分の考えを実験や観察で確かめる授業を望んでいるのではないだろうか。思考の自由度を保障し、自分の疑問を実験や観察で確かめる方法を考える際も教師が適切に指導助言を行い、子供の力でやり遂げられるようにしてやれば、本当の理科学習の楽しさを実感するようになる。子供だけでなく人は心底褒められると嬉しいものである。「先生もそんなこと気付かなかったよ。すごいね。やってごらん」と先生にいわれると、否が応でも子供は頑張るだろう。4QSで子供の発想を豊かにさせ、おおらかな気持ちで子供の考えを受け入れたり助言したりする。そして良い考えを褒めてやる。4QSは子供の発想を引き出し、創造性や個性をのばす有効な指導の手立てであることを確信している。

【引用文献】
1）文部科学省（2018）『小学校学習指導要領（平成29年告示）解説理科編』東洋館出版社，p.12.
2）中央教育審議会（2007）『幼稚園，小学校，中学校，高等学校及び特別支援学校の学習指導要領等の改善及び必要な方策等について（答申）』p.146.
3）前掲2）p.146.
4）前掲2）p.146.
5）前掲2）p.146.
6）前掲2）p.359.
7）前掲1）p.12.
8）長谷川直紀・吉田裕・関根幸子・田代直幸・五島政一・稲田結美・小林辰至（2012）「小・中学校の理科教科書に掲載されている観察・実験等の類型化とその探究的特徴－プロセス・スキルズを精選・統合して開発した「探究の技能」に基づいて－」『理科教育学研究』第54巻，第2号，pp.225-247.
9）前掲1）p.17.
10）時実利彦（1970）『人間であること』岩波書店，p.216.
11）山内昭道（1979）『自然の教育』フレーベル館，p.113.

12) デューイ/松野安男訳（1965）『民主主義と教育』上，岩波書店，p.222.
13) ルソー/今野一雄訳（1962）『エミール』上，岩波書店，p.230.
14) 小林辰至・雨森良子・山田卓三（1992）「理科学習の基盤としての原体験の教育的意義」『日本理科教育学会研究紀要』第33巻，第2号，pp.53-59.
15) 福井謙一（1990）『学問の創造』佼成出版社，p.31.
16) 前掲15) p.43.
17) 依田新監修（1988）『新・教育心理学事典』金子書房，p.219.
18) 前掲1) p.17.
19) 荒井妙子・永益泰彦・小林辰至（2008）「中学生の自然事象に関わる変数の気づきに影響を及ぼす要因の検討」『理科教育学研究』第49巻，第1号，pp.1-8.
20) 荒井妙子・永益泰彦・小林辰至（2008）「自然事象から変数を抽出する能力に影響を及ぼす諸要因の因果モデル」『理科教育学研究』第49巻，第2号，pp.11-18.
21) Cothron, J. H., Giese, R. N., & Rezba, R. J. m：Science Experiments and Project for Student, pp. 21-35, Kendall / Hunt Publishing Company, 2000.
22) 小林辰至・永益泰彦（2007）「社会的ニーズとしての科学的素養のある小学校教員養成のための課題と展望」『科学教育研究』第30巻，第3号，pp. 185-193.

【参考文献】
文部科学省（2018）『小学校学習指導要領（平成２９年告示）解説理科編』東洋館出版社

コラム

模擬授業―理科の指導力向上のために―

　模擬授業はさまざまな場面で実施されている。日本の現職教員研修での実績をふまえて、日本の支援によるケニアでの現職理科教員研修の中でも実施された。

　学生にとって、理科の指導力向上には、学習指導案作成や予備実験など模擬授業への事前準備に時間をかけること、模擬授業後の学生間の相互評価の実施、授業者自身の振り返りの時間の確保が重要である。ここでは4～5名のグループで実施する理科の模擬授業に着目して、その具体的な進め方を下記の①～⑨に示す。この中で、児童・生徒役グループは2色の付箋に記入して模擬授業後に意見や質問を述べ、それについて授業グループは回答をする。これらを通して、模擬授業での課題を共有し、理科の具体的な指導法について学びを深める。

① 付箋（2色）の配布
② 授業グループから学習指導案をもとに単元の説明、次いで本時の学習内容と目標の説明
③ 司会者（学生）の合図で模擬授業の開始、終了
④ 模擬授業後に授業者から授業の反省、その後の授業展開などについて説明
⑤ 付箋への記入（模擬授業の進め方、観察・実験の教材に関する事項など）
　　・良かったこと（　　色）　・私ならこうすること（　　色）
⑥ 児童・生徒役グループの代表者から模擬授業グループへの意見・質問（付箋の記載内容から）
⑦ 授業グループからのまとめ（児童・生徒役グループからの質問への回答など）
⑧ 指導者（教員）からの講評
⑨ 児童・生徒役グループは付箋を色別に分けて授業グループへ提出
※次時に模擬授業グループは、作成した報告書をもとに、実施した模擬授業の総括をする。

（秋吉博之）

第2章
理科学習指導の実際

　第2章では学習指導要領をふまえた教材開発とその指導法について論ずる。まず第1節では、戦後から現行までの学習指導要領小中学校理科の改訂の経緯を述べる。次いで第2節からは、小学校及び中学校学習指導要領理科をふまえて、「エネルギー」「粒子」「生命」「地球」を柱とした4つの領域から、小中学校の単元ごとに教材と学習指導の実際について詳述する。

1．小学校・中学校学習指導要領

（1）戦後の学習指導要領〈理科〉の変遷

　戦後の小学校及び中学校学習指導要領〈理科〉の改訂の中での日本の理科教育の変遷を概観する。

　1）1947（昭和22）年及び1951（昭和26）年

　1947（昭和22）年に学習指導要領（試案）が公示された。理科の目標は「すべての人が合理的でより良い生活ができる」ことを目指すものであった。1951（昭和26）年には小学校学習指導要領（試案）、1952（昭和27）年には中学校高等学校学習指導要領理科編が公示された。

　2）1961（昭和36）年

　小中学校の学習指導要領は1958（昭和33）年に教育課程の基準を示すものとして告示され、小学校は1961（昭和36）年度から、中学校は1962（昭和37）年度から実施された。この中で「教育課程の基準としての性格の明確化」が示された。理科の改訂の方向は系統的な学習を実現することにあった。

3) 1971(昭和46)年

　小学校の学習指導要領は1968(昭和43)年に告示され1971(昭和46)年度から実施、中学校の学習指導要領は1969(昭和44)年に告示され1972(昭和47)年度から実施された。この中で「教育内容の一層の充実（教育内容の現代化）」が示された。「スプートニク・ショック」に端を発するアメリカの科学カリキュラム改革運動の影響を受けて、日本でも理科教育の現代化への動きが活発になった。理科の目標の重点は「自然認識の基礎になる科学的なものの見方や考え方の育成」であった。

4) 1980(昭和55)年

　小中学校の学習指導要領は1977(昭和52)年に告示され、小学校は1980(昭和55)年度から、中学校は1981(昭和56)年度から実施された。改革の基本方針として「ゆとりある充実した学校生活の実現＝学習負担の軽減」があった。

5) 1992(平成4)年

　学習指導要領は1989(平成元)年に告示され、小学校は1992(平成4)年度、中学校は1993(平成5)年度から実施された。この中で「社会の変化に自ら対応できる心豊かな人間の育成」が示された。小学校では生活科が新設され、理科内容の再構成が行われた。理科の改訂の方向として日常生活に関係の深い内容事項を取り上げ、興味・関心を高めるとともに、発展的創造的な能力を養うこととした。

6) 2002(平成14)年

　小中学校の学習指導要領は1998(平成10)年に告示され、2002(平成14)年度から実施された。この中で「基礎・基本を確実に身に付けさせ、自ら学び自ら考える力などの『生きる力』の育成」が示された。「総合的な学習の時間」が新設され、完全週5日制が実施された。理科の改訂では「目的意識をもって観察、実験」を行うことが示された。

　2003(平成15)年12月26日、文部科学省により、学習指導要領に示しているすべての児童生徒に指導する内容などを確実に指導した上で、児童生徒の実態をふまえ、学習指導要領に示していない内容を加えて指導することができるという、学習指導要領の基準性が示された。

7）2008（平成20）年

　小中学校の学習指導要領は2008（平成20）年に告示され、小学校は2011（平成23）年度から、中学校は2012（平成24）年度から全面実施された。この中で「基礎的・基本的な知識及び技能を確実に習得させ、これらを活用して課題を解決するために必要な思考力、判断力、表現力その他の能力をはぐくむとともに、主体的に学習に取り組む態度を養い、個性を生かす教育の充実に努める」ことが示された。理科教育においては、科学的な概念の理解など基礎的・基本的な知識・技能の確実な定着を図る観点から、「エネルギー」「粒子」「生命」「地球」などの科学的な基本的な見方や概念を柱として、子供たちの発達の段階をふまえ、小・中・高等学校を通じた理科の内容の構造化が図られた。

　2014（平成26）年11月に、文部科学大臣から、新しい時代にふさわしい学習指導要領等の在り方について中央教育審議会に諮問を行った。中央教育審議会は2年1か月にわたる審議の末、2016（平成28）年12月21日に答申を示した。そこでは、これまでの学習指導要領等改訂の経緯と子供たちの現状、さらには、2030年の社会と子供の未来を基に、学習指導要領等の枠組みの見直しが行われた。主な改善の方向性を以下に示す。

○資質・能力の三つの柱に基づく教育課程の枠組みの整理

　　子供たちが未来を切り拓いていくために必要な資質・能力を身に付けられるようにすることが重要であるとし、学校教育法第30条第2項が定める学校教育において重視すべき三要素を議論の出発点としながら、資質・能力が以下の三つの柱で整理された。

---
①「何を理解しているか、何ができるか（生きて働く「知識・技能」の習得）」
②「理解していること・できることをどう使うか（未知の状況にも対応できる「思考力・判断力・表現力等」の育成）」
③「どのように社会・世界と関わり、よりよい人生を送るか（学びを人生や社会に生かそうとする「学びに向かう力・人間性等」の涵養）」

○各教科等の特質に応じた「見方・考え方」

　　各教科等における習得・活用・探究という学びの過程において、"どのような視点で物事を捉え、どのような考え方で思考していくか"という、物

事を捉える視点や考え方も鍛えられていくとし、各教科などにおける「見方・考え方」とはどういったものであるかを改めて明らかにし、それを軸とした授業改善の取組を活性化することとされた。
○「主体的・対話的で深い学び」を実現することの意義
　「主体的・対話的で深い学び」の実現とは、それらの視点に立った授業改善を行うことで、学校教育における質の高い学びを実現し、学習内容を深く理解し、資質・能力を身に付け、生涯にわたって能動的に学び続けるようにすることであるとされた。

（2）2017（平成29）年改訂の学習指導要領

　2017（平成29）年3月に小中学校学習指導要領が改訂された。小学校は2018（平成30）年から移行措置を実施し、2020（平成32）年4月1日より全面実施となる。また、中学校は2018（平成30）年から移行措置を実施し、2021年4月1日より全面実施となる。

1）小学校学習指導要領の改訂の具体的事項

　小学校学習指導要領解説理科編には、理科改訂の要点として、まず、「小学校理科で育成を目指す資質・能力を育む観点から、自然に親しみ、見通しをもって観察、実験などを行い、その結果を基に考察し、結論を導きだすなどの問題解決の活動を充実した。また、理科を学ぶことの意義や有用性の実感及び理科への関心を高める観点から、日常生活や社会との関連を重視する方向で検討した」と示されている。

　このことをふまえて、改訂の要点の具体が以下のように示されている。

① 目標の示し方

　目標については、最初に、どのような学習過程を通して資質・能力を育成するかを示し、それを受けて、(1)には、育成を目指す資質・能力のうち、「知識及び技能」を、(2)には、「思考力、判断力、表現力等」を、(3)には、「学びに向かう力、人間性等」を示した。

②「理科の見方・考え方」

　「見方・考え方」とは、各教科などの特質に応じた物事を捉える視点や考

え方である。理科の学習においては、この「理科の見方・考え方」を働かせながら、知識及び技能を習得したり、思考・判断・表現したりしていくものであると同時に、学習を通じて、「理科の見方・考え方」が豊かで確かなものとなっていくのである。そこで、各内容において、児童が自然の事物・現象を捉えるための視点や考え方を示し、それを軸とした授業改善の取り組みを活性化させ、理科における資質・能力の育成を図ることとした。

③　指導内容の示し方

　これまでの各内容について、どのような資質・能力を育成することができるのかを検討し、さらに、中学校の「第1分野」「第2分野」との整合性も加味して構成された「A 物質・エネルギー」「B 生命・地球」の二つの内容区分及び学習内容の構成、配列の検討を行った。その結果、引き続き、「A 物質・エネルギー」「B 生命・地球」の二つの内容区分で構成することとした。さらに、各内容において、児童が働かせる「見方・考え方」及び、育成を目指す「知識及び技能」「思考力、判断力、表現力等」を示していくこととした。なお、「学びに向かう力、人間性等」については、各学年の目標に、それぞれ示すこととした。

④　教育内容の見直し

　育成を目指す資質・能力のうち、「思考力、判断力、表現力等」の育成の観点から、これまでも重視してきた問題解決の力を具体的に示し、より主体的に問題解決の活動を行うことができるようにした。また、日常生活や他教科などとの関連を図った学習活動や、目的を設定し、計測して制御するといった考え方に基づいた観察、実験や、ものづくりの活動の充実を図ったり、自然災害との関連を図りながら学習内容の理解を深めたりすることにより、理科の面白さを感じたり、理科を学ぶことの意義や有用性を認識したりすることができるようにした。

2）小学校理科の目標

小学校学習指導要領では、小学校理科の目標は次のように示されている。

> 　自然に親しみ、理科の見方・考え方を働かせ、見通しをもって観察、実験を行うことなどを通して、自然の事物・現象についての問題を科学的に解決するために必要な資質・能力を次のとおり育成することを目指す。
> (1) 自然の事物・現象についての理解を図り、観察、実験などに関する基本的な技能を身に付けるようにする。
> (2) 観察、実験などを行い、問題解決の力を養う。
> (3) 自然を愛する心情や主体的に問題解決しようとする態度を養う。

　このように、三つの柱で整理された資質・能力で目標が構成された。以下に、新たに加わった「見方・考え方」と、より具体的に示された「問題解決の力」について述べることとする。

　① 　「理科の見方・考え方を働かせ」について

　理科においては、従来、「科学的な見方や考え方」を育成することを重要な目標として位置付け、資質・能力を包括するものとして示されてきた。しかし、今回の改訂では、資質・能力をより具体的なものとして示し、「見方・考え方」は資質・能力を育成する過程で児童が働かせる「物事を捉える視点や考え方」とされ、全教科などを通して整理されたことをふまえ、理科の特質に応じ、「理科の見方・考え方」として、改めて検討された。

　問題解決の過程において、自然の事物・現象をどのような視点で捉えるかという「見方」については、理科を構成する領域ごとの特徴から整理された。自然の事物・現象を、「エネルギー」を柱とする領域では、主として量的・関係的な視点で捉えることが、「粒子」を柱とする領域では、主として質的・実体的な視点で捉えることが、「生命」を柱とする領域では、主として共通性・多様性の視点で捉えることが、「地球」を柱とする領域では、主として時間的・空間的な視点で捉えることが、それぞれの領域における特徴的な視点として整理することができるとされている。

　ただし、これらの特徴的な視点はそれぞれ領域固有のものではなく、その強弱はあるものの、他の領域においても用いられる視点であることや、これら以外にも、理科だけでなくさまざまな場面で用いられる原因と結果をはじめとして、部分と全体、定性と定量などといった視点もあることに留意する必

要があるとされている。

　問題解決の過程において、どのような考え方で思考していくかという「考え方」については、これまで理科で育成を目指してきた問題解決の能力を基に整理を行われた。児童が問題解決の過程の中で用いる、比較、関係付け、条件制御、多面的に考えることなどといった考え方を「考え方」として整理したとされている。

② 「問題解決の力を養う」について

　児童が自然の事物・現象に親しむ中で興味・関心をもち、そこから問題を見いだし、予想や仮説を基に観察、実験などを行い、結果を整理し、その結果を基に結論を導きだすといった問題解決の過程の中で、問題解決の力が育成される。小学校では、学年を通して育成を目指す問題解決の力を示している。

　第3学年では、主に差異点や共通点を基に、問題を見いだすといった問題解決の力の育成を目指している。第4学年では、主に既習の内容や生活経験を基に、根拠のある予想や仮説を発想するといった問題解決の力の育成を目指している。第5学年では、主に予想や仮説を基に、解決の方法を発想するといった問題解決の力の育成を目指している。第6学年では、主により妥当な考えをつくりだすといった問題解決の力の育成を目指している。

　これらの問題解決の力は、その学年で中心的に育成するものであるが、実際の指導に当たっては、他の学年で掲げている問題解決の力の育成についても十分に配慮することや、内容区分や単元の特性によって扱い方が異なること、中学校における学習につなげていくことにも留意する必要があるとされている。

3）中学校学習指導要領の改訂の具体的事項

　中学校学習指導要領解説理科編には、改訂に当たっての基本的な考え方として、「理科で育成を目指す資質・能力を育成する観点から、自然の事物・現象に進んで関わり、見通しをもって観察、実験などを行い、その結果を分析して解釈するなどの科学的に探究する学習を充実した。また、理科を学ぶことの意義や有用性の実感及び理科への関心を高める観点から、日常生活や社会との関連を重視した」と示されている。

このことをふまえて、改訂の要点の具体が以下のように示されている。
① 目標及び内容の示し方の改善

目標については、育成を目指す資質・能力を三つの柱「知識及び技能」「思考力、判断力、表現力等」「学びに向かう力、人間性等」に沿って整理し改善を図っている。内容については、育成を目指す資質・能力のうち「知識及び技能」をアとして、「思考力、判断力、表現力等」をイとして示し、両者を相互に関連させながら育成できるよう改善を図っている。なお、「学びに向かう力、人間性等」については、第1分野、第2分野の「目標」にそれぞれ示している。

② 学習内容の改善

自然の事物・現象に対する概念や原理・法則の理解、科学的に探究するために必要な観察、実験などに関する技能などを無理なく身に付けていくためには、学習内容の系統性を考慮するとともに、資質・能力の育成を図る学習活動が効果的に行われるようにすることが大切である。この観点から学習内容を見直し、一部を他の学年などへ移行したり、整理統合したりして、学習内容の改善を図っている。

③ 指導の重点などの提示

生徒の「主体的・対話的で深い学び」の実現に向けた授業改善を図り、中学校の3年間を通じて理科で育成を目指す資質・能力の育成を図るため、アにはどのように知識及び技能を身に付けるかを含めて示し、イには重視する学習の過程も含めて示している。

4）中学校理科の目標

中学校学習指導要領では、中学校理科の目標は次のように示されている。

> 自然の事物・現象に関わり、理科の見方・考え方を働かせ、見通しをもって観察、実験を行うことなどを通して、自然の事物・現象を科学的に探究するために必要な資質・能力を次のとおり育成することを目指す。
> (1) 自然の事物・現象についての理解を深め、科学的に探究するために必要な観察、実験などに関する基本的な技能を身に付けるようにする。
> (2) 観察、実験などを行い、科学的に探究する力を養う。
> (3) 自然の事物・現象に進んで関わり、科学的に探究しようとする態度を養う。

このように、三つの柱で整理された資質・能力で目標が構成された。以下に、新に加わった「見方・考え方」と、より具体的に示された「科学的に探究する力」について示すこととする。

① 「理科の見方・考え方」について

中学校における「理科の見方・考え方」については、「自然の事物・現象を、質的・量的な関係や時間的・空間的な関係などの科学的な視点で捉え、比較したり、関係付けたりするなどの科学的に探究する方法を用いて考えること」と整理されている。

② 「科学的に探究する力」について

科学的に探究する力を育成するに当たっては、自然の事物・現象の中に問題を見いだし、見通しをもって観察、実験などを行い、得られた結果を分析して解釈するなどの活動を行うことが重要であるとされている。さらに、重視する学習の過程として、「第1学年では自然の事物・現象に進んで関わり、それらの中から問題を見いだす活動、第2学年では解決する方法を立案し、その結果を分析して解釈する活動、第3学年では探究の過程を振り返る活動」に重点が置かれている。これらの活動の充実を図り、3年間を通じて科学的に探究する力の育成を図るようにすることが大切である。

2．「エネルギー」を柱とする領域の教材開発と指導法

（1）小学校3年「風とゴムの力の働き」
 1）学習指導要領の中での位置付け
　小学校学習指導要領での「風とゴムの力の働き」の内容は、次の通りである。

> （2）「風とゴムの力の働き」
> 　風とゴムの力の働きについて、力と物が動く様子に着目して、それらを比較しながら調べる活動を通して、次の事項を身に付けることができるよう指導する。
> 　ア　次のことを理解するとともに、観察、実験などに関する技能を身に付けること。
> 　イ　風とゴムの力で物が動く様子について追究する中で、差異点や共通点を基に、風とゴムの力の働きについての問題を見出し、表現すること。

　「風とゴムの力の働き」の学習では、アが「知識・技能」であり、具体的には、「(ｱ)風の力は、物を動かすことができること。また、風の力の大きさを変えると、物が動く様子も変わること」、「(ｲ)ゴムの力は、物を動かすことができること。また、ゴムの力の大きさを変えると、物が動く様子も変わること」と示されている。「思考力・判断力・表現力」は、イに示されている。「学びに向かう力・人間性」は、第3学年の目標の③に「主体的に問題解決しようとする態度を養う」と示されている。
　これらは、理科の見方・考え方を使って指導することで達成することができる。つまり、指導する際には、自然の事物・現象についての理解を図り、観察、実験などに関する基本的な技能を身に付けるようにする考え方を主に使うことになる。
 2）観察・実験のねらい（「風の力の働き」）
　第3学年での主なねらいは、理科の学習の基盤となる子供たちの自然体験活動を充実することである。
　子供たちは、日常生活においてまた学校の中や、登下校の途上など、いつでもどこでも、自然に吹く風を感じているであろう。また、扇風機やエアコンなどの人工的な風も感じているであろう。しかし風に対して、積極的に目を向けな

ければ、風という自然現象を明確に認識することはできない。風という自然現象に触れるには、五感を積極的に活用することが大切である。その意味で、かざぐるまや風車(ふうしゃ)など3種類以上のものづくりを行い、工作した実験機で、風をとらえ、風について学ぶことにより、人間から自然に対して積極的に働きかけることで自然がどうなっているのかを探る興味を育てることができるといえよう。ここでのねらいは、このような自然現象を解明しようという探究心を芽生えさせることであるが、あわせて風というものを通して、エコな生活をする意識の芽生えともしていきたい。

3）観察・実験の展開「風の働き」

① 導入

「みなさんも3年生になってから、力について学んできましたね。こんどは、風の力についての学習をします。こいのぼりはみましたか？」

「こいのぼりが元気よくおよいでるのは、どんなときかな」

・風がないと、こいのぼりはしなだれているよ。

・風がふくと、こいのぼりがおよぎだすよ。

「ところで、みんなのまわりでは、どんなところで風がふいているかな？　風のたんけんに出かけましょう」

「カメラつきタブレットと校内風たんけん地図（3年生用簡便版）を持って行きましょう」

② 展開

「風がつよくふくところやよわいところを校内風たんけん地図に記録しましょう」

「同じ場所で、つよくふいたり、よわくふいたりするときは、両方のしるしをつけておきましょう」

「ろうかやつうろを走らないようにしましょう」

「どうやれば、風がつよいかよわいかが分かるのか、考えながらやってみましょう」

「地図がかけたひとは、ゆっくり教室にもどりましょう」

「学校のなかの風のちょうさほうこくをしましょう」

・体育館とこうしゃの間のせまいつうろは、つよい風がふきぬけます（ビル風のたぐい）。
・つうろは雨がふっても、風のじっけんができるよ。うんどうじょうはむりだけど。
「みんな風についていろいろかんがえてくれましたね。さて、みんなは、風はつよいかよわいかどうやってはんだんしたの」
・かざぐるまをつくって、よくまわるかどうかをしらべたよ。

図2.2.1　手作り風向風速計

・風がふくと、風にながれてうしろになびくものをつくって、そのつよさをしらべたよ（吹流し）。
・これだと、風がどのむきからふくかも分かったよ。
・こいのぼりも、風をしらべるのにつかえます。
「それでは、風を利用して、何かおもしろいものをつくってみましょう。どんなものがつくれるかな。はんごとに、はなしあってみましょう」（班学習）
・ヨットってどうやってうごくのかな。
・じめんの上をはしるヨットみたいなものもあるよ。
・それは、「ウインドカー」っていうんだよ。
・ウインドカーをつくってみたいな。
・ふうしゃをつくりたいな。
「それでは、かくはんでつくりたいものをつくって、さいごにはっぴょうしてください」
「ふうしゃをつくりたいはんがありましたが、このずかんをみてごらん。いっぱいあるね」（図鑑で、いろいろな風車の図や写真を見せる）
・3まいはねのふうしゃがつくりたい。
・町のなかではつでんしている、このふうしゃがつくりたい（サボニウス型風

車）。
・ウインドカーのほうがいい!!
・かざぐるまもいいよ！
「かくはんで、つくったおもちゃを、これからはっぴょうしてもらいます」
・ウインドカーをつくります。
・ぷろぺらがたのふうしゃとサボニウスがたのふうしゃです。
「みんながつくったおもちゃを、地図の場所にもっていって、どうなるかためしてごらん」
・ふうしゃがよくまわったよ。
・ウインドカーも、ちゃんとはしったよ。

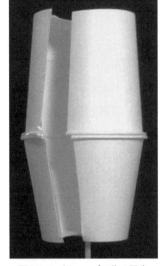
図2.2.2 紙コップで作る風車

③ まとめ

「校内風たんけん地図を見ながら、かくはんでつくったおもちゃをもっていって、どうだったかをまとめましょう」
・たいいくかんのよこのつうろ……ウインドカーもはしるし、ふうしゃもよくまわる。
・うんどうじょうのまんなか……ウインドカーは、すなの上であまりはしらなかった。ふうしゃは、よくまわった。
・たいいくかんのなか……風がふかないので、ウインドカーもはしらないし、ふうしゃもまわらなかった。うちわであいおだら、ウインドカーが走ったよ。いきをかけると、ふうしゃもまわったよ。

4）評価の観点

〔知識・技能〕

　風が強く吹くと、ウインドカーをはやく走らせることができたり、よわい風だとあまりはやく走らないことが分かる（まとめノート）。風が強く吹くと、風車をはやく回すことができたり、よわい風だとあまりはやく回せないことが分かる（まとめノート）。

〔思考・判断・表現〕
　風を利用したおもちゃを作っている（表現力）。
〔主体的に学習に取り組む態度〕
　身近な自然現象の風が動力源になることに関心をもち、意欲的にもの作りを楽しもうとする（ものづくり作品としての提出物、行動）。
　5）指導上の留意点
　風の働き学習活動で、学校内を移動するときには、廊下や階段で怪我をしないように注意が必要である。特に、子供たちが、風の実験に集中しすぎて、友達とぶつかったりして怪我をする場合があるので注意が必要である。また、風が強い日には雨が降る場合もあるので、そのような場合には無理に運動場で実験をさせないよう配慮が必要である。かさをさしての実験は、小学3年生の場合はさけるべきである。一方、晴れの日には乾燥していて砂粒などが舞い上がっていて、目にごみなどが入る場合もあるので要注意である。
　しかし、注意でがんじがらめにすると、子供たちが自ら学ぼうとする意欲を失いかねないので、子供たちの自主性にも配慮する必要がある。うまく活動がすすむためには、まず子供たちにどのような現象に気付いてほしいかを指導により意識させ、それを発見学習的に体験させるように指導することである。そして、記録もきちんととらせ、その記録から分かったことを、班発表などの方法を用いてクラス全体で共有するようにさせる。
　また、子供たちが作った作品は、教室の後ろに展示するなど、子供たち同士で学習が進むような教室環境を用意することが大切である。

【引用文献】
川村康文（2014）『理科教育法　独創力を伸ばす理科授業』講談社，pp.170-171.

【参考文献】
川村康文（2006）『遊んで学ぼう家庭でできるかんたん理科実験』文英堂，pp.100-103.
川村康文（2012）『自分で作るハブダイナモ風力発電＋』総合科学出版

（2）小学校4年「電流の働き」
1）学習指導要領の中での位置付け
小学校学習指導要領での「電流の働き」内容は、次の通りである。

> （3）「電流の働き」
> 　電流の働きについて、電流の大きさや向きと乾電池につないだ物の様子に着目して、それらを関係付けて調べる活動を通して、次の事項を身に付けることができるよう指導する。
> 　ア　次のことを理解するとともに、観察、実験などに関する技能を身に付けること。
> 　イ　電流の働きについて追究する中で、既習の内容や生活経験を基に、電流の大きさや向きと乾電池につないだ物の様子との関係について、根拠のある予想や仮説を発想し、表現すること。

「電流の働き」の学習では、アが「知識・技能」であり、具体的には、「(ア)乾電池の数やつなぎ方を変えると、電流の大きさや向きが変わり、豆電球の明るさやモーターの回り方が変わること」と示されている。「思考力・判断力・表現力」は、イに示されている。「学びに向かう力・人間性」は、第4学年の目標の③に「主体的に問題解決しようとする態度を養う」と示されている。

　これらは、理科の見方・考え方を使って指導することで達成することができる。ここでは、観察、実験などを行い、指導の際には問題解決の力を養うようにする考え方を主に使うことになる。

2）観察・実験のねらい
　内容の「A物質・エネルギー」の指導に当たっては、学習指導要領の「内容の取扱い」の(2)にて「2種類以上のものづくりを行うものとする」とされているので、「(3)電流の働き」においても、少なくとも1種類のものづくりをすることが重要である。また「内容の取扱い」の(1)では、直列つなぎと並列つなぎを扱うものとするとされているので、乾電池をつなぐ数を変えて、豆電球の明るさやモーターの回り方の変化をみる学習では、乾電池を直列につないだり並列につないで実験することが大切である。なおこのとき、豆電球だけで実験結果をみるのではなく、モーターの実験も行おう。児童は、モーターを使った動くおもちゃに強い関心を示すので、乾電池をつなぐ方法やその数について持続性を

もった学習ができるからである。乾電池をつないだときにみられる現象について天下り式に教えるというのはなく、小学校4年生なりに、試行錯誤を通して「発見的に学び」、「科学実験の結果の普遍性」に気付かせるということが大切である。さらに、電源となるものは、乾電池の他にも太陽電池もあることを、実験遊びを通して学ばせる。なお、ここでのものづくりは、乾電池ブザーや乾電池モーターカー、乾電池ロボットなどが考えられる。

3）観察・実験の展開「電流の働き」
① 導入
　3年生では、電気を通すつなぎ方や、電気を通すもの、通さないものを勉強した。4年生では、電気を通すつなぎ方をした場合、乾電池の数を増やし、その増やすときのつなぎ方の違いに気付かせる。
「電気を通すつなぎ方はどんなつなぎ方でしたか？」
・電池のプラスから電線を出して、豆電球をとおって、電池のマイナスのほうまで電線がつながっているとき。
・モーターでもいっしょだったよ。
「豆電球をより明るくするには、どうしたらいいでしょうか？」
・電池の数を増やす!!
「モーターをより強く回すのには、どうしたらいいでしょうか？」
・電池の数を増やす!!
・モーターでもいっしょだったよ。
② 展開
「なるほど、電池の数を増やすというアイデアはいいかもしれませんね。電池の数を増やすとき、みんなは、どんなつなぎ方をしますか？」
・電池のプラスを、もう1つの電池のマイナスにくっつけてつないでいく。まあ、積み木のように電池をたてにつみあげる感じです。
・電池のプラスのところばかり、マイナスのところばかりをつなぎます。まあ、電池をよこにならべるという感じです。
・電池をたてにつみあげたり、よこにならべたりをまぜるといいです。
「電池の数を増やすといっても、つなぎ方にいろいろあるのですね。今日は、

あまり難しくならないように、各班に2個ずつ乾電池をくばりますので、豆電球の明るさやモーターの回り方を調べてみましょう」
・うわー。電池をたてにつみあげると豆電球が明るくともったよ。
・モーターもいきおいよくまわったよ。
・電池をよこにならべると、豆電球は少しあかるくなるけれど、たてにつないだときほどではないです。
「たてに電池をつなぐつなぎ方を直列つなぎ、よこにならべるつなぎ方を並列つなぎというよ」
・直列つなぎのときは、豆電球が明るくなった。
・直列つなぎのときは、モーターもいきおいよく回ったよ。
・並列つなぎって、どういう価値があるんだろうか？
「いい質問ですね。並列つなぎは、どう役立っていると思いますか？」
・難しくて分からないよ。
・でも、きっと何かちがうよ。
・モーターカーを電池1個で走らせていると、授業のおわりころには、あまり走らなくなったよ。でも、並列つなぎしたモーターカーは、そのときも、いきおいよく走ったよ。
「いい観察をしていましたね。それって、どういうこと？」
・並列つなぎは、豆電球をすごく明るくすることはできないけれど、長持ちはするよ。
・並列つなぎは、モーターをいきおいよくは回さないけれど、長持ちするよ。

③ 発展

「乾電池以外に電池になるものを、身の回りのものでつくってみましょう」
・ちょっと、思いつきません。
「タブレットを使ってインターネットで調べたり、図書館で調べてみましょう」
・くだもの電池がみつかりました。LED電球をつけるのに4個、直列接続してありました。
・鉛筆の芯やスプーンで電池がつくってありました。これも直列接続をしていました。

④　まとめ

「みなさん、たいへんいい実験観察をしましたね。それでは、実験の結果をまとめてみましょう」

・直列つなぎは、豆電球を明るくしたり、モーターをいきおいよく回すので、電気をパワーアップさせているんだと思います。

・並列つなぎは、電気をパワーアップはさせないけれど、長持ちをさせるんだと思います。

「はい、みなさん、よく考えてまとめましたね。ノートにきちんとまとめておきましょうね」

4）評価の観点

〔知識・技能〕

　乾電池を直列につなぐと、電気が強くなることが説明できる（まとめのノート）。

　乾電池を並列につなぐと、電池が長持ちすることが説明できる（まとめのノート）。

〔思考・判断・表現〕

　モーターカーを走らせるときに、乾電池を直列につないだり、並列につないだりして、応用ができ、それをみんなに発表できる（表現力）。

〔主体的に学習に取り組む態度〕

　乾電池を、いろいろにつないでみて、豆電球の明るさやモーターの回転がどう変化するかに興味をもって実験をしている（授業ノート、行動、発言）。

5）指導上の留意点

　電池と豆電球、モーター、さらにはモーターカーを用いて、授業を行うので、ともすると教室内が遊びの場の雰囲気になってしまう場合も生じるかもしれない。それをきびしく叱る先生もいるが、それでは子供たちの自主性が育たないばかりか、子供たちが自ら創意・工夫しようという芽もつんでしまうことになる。実験遊びをしながら、子供たちどうしで、「どうしてなんだろう？」「なぜなんだろう？」を出し合うようにし、できるだけ話し合いをさせ、自分たちで意見をまとめるように指導しよう。そのときの話し合いは決して私語ではない。また、全

体で発表の時間をとり、子供たちの意見がクラスで共有されるように指導しよう。そのことにより、その時間内に分からなかった子供たちも、休み時間やその他の時間にも話し合う習慣が身に付き、授業外でもどんどん学びが進むクラス環境が作れる。

　ところで、乾電池を増やしてつなぎ方を考えさせる実験では、最初は2個だけで、いろいろと試行錯誤させよう。3個以上与えるのも悪くはないが、直列つなぎ、並列つなぎが混ざったつなぎ方になることもあり、直列つなぎ、並列つなぎの概念が正しく学びとられない場合も生じる可能性がある。まず、正しく、直列つなぎ、並列つなぎの学習を終えてから、次のステップとして、3個以上の乾電池を自在に組み合わせた場合を、子供たちが自主的に学ぶのはよいと思われる。しかし、概念が定着していない間は、難しい課題を強制をしてはいけない。楽しく学びとられるような学習環境を作ることが大切である。

【引用文献】
川村康文（2014）『理科教育法 独創力を伸ばす理科授業』講談社，p.151，pp.154-155．

（3）小学校5年「振り子の運動」
 1）学習指導要領の中での位置付け
 小学校学習指導要領での「振り子の運動」内容は、次の通りである。

> （2）「振り子の運動」
>   振り子の運動の規則性について、振り子が1往復する時間に着目して、おもりの重さや振り子の長さなどの条件を制御しながら調べる活動を通して、次の事項を身に付けることができるよう指導する。
>   ア　次のことを理解するとともに、観察、実験などに関する技能を身に付けること。
>   イ　振り子の運動の規則性について追究する中で、振り子が1往復する時間に関係する条件についての予想や仮説を基に、解決の方法を発想し、表現すること。

 「振り子の運動」の学習では、アが「知識・技能」であり、具体的には、「(ア)振り子が1往復する時間は、おもりの重さなどによっては変わらないが、振り子の長さによって変わること」と示されている。「思考力・判断力・表現力」は、イに示されている。「学びに向かう力・人間性」は、第5学年の目標の③に「主体的に問題解決しようとする態度を養う」と示されている。
 これらは、理科の見方・考え方を使って指導することで達成することができる。ここでは、観察、実験などを行い、指導の際には、問題解決の力を養うようにする考え方を主に使うことになる。
 2）観察・実験のねらい
 内容の「A物質・エネルギー」の指導に当たっては、学習指導要領の「内容の取扱い」の（1）にて「2種類以上のものづくりを行うものとする」とされているので、「（2）振り子の運動」においても、ものづくりは他の単元で行う場合でも、実験を行う際にものづくりを意識することが重要である。あわせて、実験においても、みられる現象について天下り式に教えるというのはなく、小学校5年生なりに、試行錯誤を通して「発見的に学び」、「科学実験の結果の普遍性」に気付かせるということが重要である。教室の天井から糸をつるすと、2m程度の振り子もできる。また、4階建ての校舎の場合は、4階の手すりから糸をつるすと10m振り子もできる。一方、普通教室の中でも、糸の長さが50cmもの

や1mのものならば簡単に作ることができる。
　3）観察・実験の展開「振り子の運動」
　①　導入
「みなさんは、ターザンブランコで遊んだことはありますね。もう5年生ですから、最近は無いかな？　ターザンブランコに3年生のお友達と5年生のみなさんが乗った場合や、ブランコの長さが違った場合に、何が変化をあったか思い出してみて下さい」
「今日は、そんな思い出をもとに、振り子の運動を理科の目でみて勉強しますね」
・ターザンブランコでは、大きい人も小さい人も同じようにふれたよ。
・長いターザンブランコのほうがゆっくりだったかな？　よく覚えていません。
　②　展開
「どうもみんなの関心は、2つにあるようですね。1つは大きい人が乗ったときと、小さい人が乗ったときの違い、もう1つはロープが長いか短いかですね。一度に両方を比べるのは難しいから、みんなの班で、どっちを調べるか決めてもらいましょう」
・僕らの班は重さを変えて調べたいです。
・私たちの班は、長さを変えて調べたいです。
「はい、どうやら班ごとで追究するテーマが決まりましたね。それでは、実験をはじめて下さい」
・僕たちの班は、振り子の長さを1mにそろえます。そして、おもりを100g、200g、300g、400g、500gにと変えて実験をしてみよう。
・私たちの班は、重さを200gにそろえて、長さを、30cm、50cm、100cm、150cmにと変えて実験をしてみよう。
・僕たちの班は、重さを500gにそろえて、長さを、30cm、50cm、100cm、150cmにと変えて実験をしてみるね。
「おもりが重くなったら、落としたとき、足の上に落ちると、とても痛いから気をつけて実験しましょうね」
・500gだと、糸が切れませんか？

「太いたこ糸を使いましょう。また、振り子がはずれないように、振り子の上の糸はしっかりととめましょう」
・1回だと、振り子がはやくて、ストップウォッチでうまく測れません。
「みなさん、どうすればうまくストップウォッチで測れるでしょうか？」
・振り子が真ん中にきたときは、とても速くて難しいです。目印が必要です。
・リズムをとってはかると測りやすいです。
　「はーい、みなさん。注目！　この班の意見を聞いて下さい」
・最初にリハーサルをして、ちょっと慣れてから測るようにしました。
・質問！先生、糸の長さは伸びないのですか？
「はーい。みなさん注目！　この班からいい質問がでました。みんなで聞いて下さい」
・実験をしているうちに、振り子の糸はのびないのですか？
・糸だから、のびるよ！
・軽いおもりをつるしているだけなら、そんなにのびないのではないかな。
・でも、長い時間つるすと、きっとのびるよ。
・じゃ、毎回測定する前に、きちんと長さをあわせればいいじゃない。
・（全員）そうだ！　そうだ！　毎回、きちんと、あわせてから測ろう。

③　発展

「運動場のブランコの運動も同じように考えられるかな？」
「カメラ付きタブレットを使って、揺らした様子を動画で撮影し、みんなでみてみましょう」

④　まとめ

「それでは、まず、長さはそのままで、重さを変えた班から発表して下さい」
・重さを変えても、振り子の一往復の時間は変わりませんでした。
「次に、重さをそのままにして、長さを変えた班から発表して下さい」
・おもりを200ｇで実験した班ですが、長さを変えると、振り子の一往復の時間が変わりました。
・おもりを500ｇで実験をした班です。200ｇの班の人と同じで、同じ長さのときは、振り子の一往復の時間が同じです。実験結果は、長さによって時

間が決まるというものでした。
「それでは、みなさんの結果を整理しておきますね。振り子の一往復の時間を『周期』といいます。振り子の周期は、長さによって決まり、おもりの重さとは無関係でしたね。長さが一定のとき、振り子の周期が一定になりましたね。このことを、『振り子の等時性』といいます」
・振り子の等時性を利用すると、時計ができます。すごいですね。

4）評価の観点
〔知識・技能〕
　振り子の長さが決まると、振り子の周期も決まることが説明できる（まとめのノート）。
　振り子の周期に、おもりの重さは関係ないことが説明できる（まとめのノート）。
〔思考・判断・表現〕
　振り子のおもりの重さや振り子の長さを、いろいろに変えて、振り子の周期がどう変わるかに興味をもって実験し、その結果をみんなに発表できる（表現力）。
〔主体的に学習に取り組む態度〕
　振り子で時間を測れるように時計が作れることに気付いたり、実際に作ったりして、脈拍などを計測する。

5）指導上の留意点
　とかく振り子の学習は、高校物理の学習にまで目を向けると、大きな問題が内包されている学習テーマである。というのは、「振り子の等時性」は、振り子の振幅が5°程度ときわめて小さいときにのみ成り立つものであり、15°以上も振った場合には、等時性は成立しなくなってくるからである。ちなみに、60°振った場合や、45°振った場合などを、教師自らが、一度予備実験として事前にやっておくべきである。60°も振った振り子では、2回目には、なめらかな状態のよい振り子でも、50°程度以下にしか振れなくなる。あわせて、振れる時間も、振幅が小さくなるとともに徐々に変化し続け一定にならない。高校生が単振り子の学習でとまどうのは、小学校の理科の授業で、教師側の「授業で元気よく

実験をさせたい」という理由で、60°も50°もと、大きな角度で振って実験をしたり、振り子は糸の長さが一定ならば等時性が成立すると、実際の実験をしないですり込まれていたりするからだ。高校での実験では、5°程度以下の場合にしか、等時性が成立しないことを学ぶ。小学校時代、理科が大好きだった子供が高校では物理を選択しない理由のひとつに、小学校理科で実験をしなかったり、しても物理学的には間違った方法で実験したことが原因であることを示す事例である。その意味でも小学校での理科実験はとても重要である。参考までに実測値を示しておく。

表2.2.1　振り子：実測値

糸の長さ(cm) 角度(°)	50 周期(秒)	100 周期(秒)	200 周期(秒)
5	1.41	2.02	2.84
10	1.41	2.02	2.85
15	1.41	2.01	2.84
20	1.41	2.04	2.85
30	1.43	2.03	2.86
45	1.46	2.07	2.94
60	1.49	2.14	不能

【引用文献】
川村康文（2014）『理科教育法 独創力を伸ばす理科授業』講談社，pp.90-91.

（4）小学校6年「てこの規則性」

1）学習指導要領の中での位置付け

小学校学習指導要領での「てこの規則性」内容は、次の通りである。

> （3）てこの規則性
> 　てこの規則性について、力を加える位置や力の大きさに着目して、てこの働きを多面的に調べる活動を通して、次の事項を身に付けることができるよう指導する。
> ア　次のことを理解するとともに、観察、実験などに関する技能を身に付けること。
> イ　てこの規則性について追究する中で、力を加える位置や力の大きさとてこの働きとの関係について、より妥当な考えをつくりだし、表現すること。

「てこの規則性」の学習では、アが「知識・技能」であり、具体的には、「(ｱ)力を加える位置や力の大きさを変えると、てこを傾ける働きが変わり、てこがつり合うときにはそれらの間に規則性があること」、「(ｲ)身の回りには、てこの規則性を利用した道具があること」と示されている。「思考力・判断力・表現力」は、イに示されている。「学びに向かう力・人間性」は、第6学年の目標の③に「主体的に問題解決しようとする態度を養う」と示されている。

これらは、理科の見方・考え方を使って指導することで達成することができる。ここでは、観察、実験などを行い、指導する際には、問題解決の力を養うようにする考え方を主に使うことになる。

2）観察・実験のねらい

内容の「A物質・エネルギー」の指導に当たっては、学習指導要領の「内容の取扱い」の（1）にて「2種類以上のものづくりを行うものとする」とされているので、「（3）てこの規則性」においても、ものづくりを行う必要がある。実験を行う際にもものづくりを意識することが重要である。あわせて、実験においても、みられる現象について天下り式に教えるというのはなく、小学校6年生なりに、試行錯誤を通して「発見的に学び」、「科学実験の結果の普遍性」に気付かせるということが重要である。科学の普遍性の学びにおいては、科学史から得られる視点も重要である。アルキメデスの「われに支点を与えよ。そうすれ

ば地球を動かしてみせよう」などは、学習者に、先人たちが積み上げた科学や科学実験の普遍性や有用性を実感させることができる例である。

3）観察・実験の展開「てこの規則性」
① 導入
「みなさんは、てんびんについては、算数でも学習をしてきましたね。てんびんのさおを利用すると重さの違う2つのものをつりさげてもつりあわせることができますね。
　シーソーで遊んだときにも、そのような経験はなかったでしょうか？
　今日は、そんな思い出をもとに、てこの規則性について、理科の目でみて勉強します」

・てんびんだと、おもり3個と2個つりあわせることができたよ。
・おもり2個のほうの長さを3目盛りに、おもり3個のほうの長さを2目盛りにするといいね。
・シーソーのとき、ぼくは身体が小さいから、後ろのほうに乗らないと、あがったままだった。

② 展開
「シーソーだと、身体の大きいお友達も小さいお友達も、工夫して遊んだんだね。そのときに、約束事も決めていたんだね。その約束事は、いつも役立ちましたか？」

・てんびんで、シーソーの場面を思い出して、実験をしてみよう。
・でも、100倍も重いお友達とだったら、そんなの実験もできないよ。最初から無理だよ。
・だったら、実験しやすい重さどうしでやったらいいじゃん。それに、あまり重すぎたら実験のてんびんのさおも折れちゃうし……。

「はい、どうやら班ごとで追究するテーマが決まりましたね。それでは、実験をはじめて下さい」

・僕たちの班は、てんびんの長さを30cmにして、片方のおもりを100g、もう片方のおもりを200g、300gにと変えて実験をしてみよう。
・私たちの班は、片方のおもりを200gにそろえて、てんびんの長さを、30cm、

50cm、100cmにと変えて、もう片方のおもりを100ｇ、200ｇ、300ｇと変えて実験をしてみよう。

「おもりが重い場合、てんびんのさおの長さが長い場合、それぞれどんな規則がありましたか？」

・僕たちは、てんびんの長さを30cmにして実験しました。片方を100ｇにして、もう片方を、200ｇ、300ｇと変えたところ、200ｇのときは、100ｇのおもりの端から20cm、反対側から10cmのところを支えるとつりあいました。

・300ｇのときは、100ｇのおもりの端から22.5cm、反対側から7.5cmのところを支えるとつりあいました。

・結局、（おもりの重さ）×（支点までの距離）が一定であると確認できました。

・私たちの班も、てんびんのさおの長さを変えて実験しましたが、同じことが確かめられました。

「それでは、軽いおもりを付けたほうを、手でもって、てんびんのこの規則を利用すると、より重いものを持ち上げることができそうですね。実は、そのようなことができる道具を『てこ』といいます」

・そういえば、すごい力持ちでも、お城の石垣の石を、どんどん持ち上げて積むなんて、想像できなかったけれど、てこを利用すると、大きな石でも動かせそう。

「てこでは、手でもつほうを力点、支えているところを支点、そして力を発揮するところを作用点といいます」

・じゃ、僕たちが体重40kgぐらいでも、強い棒があれば、支点と作用点の長さが支点までの長さの5倍あると、200kgぐらいのものが動かせるんだ！

・おいおい5倍って、どんな長さの棒なんだよ。

・力点と支点が1ｍなら、支点と作用点が5ｍだから6ｍもいるよ。これは大変だ！

・じゃ、力点と支点が10cmなら、50cmになるので全体で60cmですむぞ！

・これなら、ありそうだよ。

③　発展

「今回、勉強した『てこ』は、よくなじみのある『てこ』で、力点、支点、作用点の順番だね。でも、ピンセットも『てこ』だよ。どんな順番かな？」

・たしかに、つながっているところが支点なら、支点、力点、作用点の順じゃん。

・あれー？　力点で加えた力の大きさよりも作用点のほうが小さいぞ！　ええっ??

・穴あけパンチやホッチキスはどうなっているのかな？

「いいことに気付きましたね。インターネットなどで調べてみましょう！」

④　まとめ

「それでは、まず、よく利用するてこの場合の規則性をみてみましょう」

・力点、支点、作用点と、支点が力点と作用点の間にあるてこですね？

・（力点に作用する力の大きさ）×（力点から支点までの距離）
　　＝（作用点に作用する力の大きさ）×（支点から作用点までの距離）です。

・力点に加える力が小さくても、このてこを利用すると、作用点で大きな力を得ることができます。

・力点、支点、作用点の順番が変わったてこもありましたが、インターネットで調べると、

　　　（力点に作用する力の大きさ）×（力点から支点までの距離）
　　＝（作用点に作用する力の大きさ）×（支点から作用点までの距離）

　が成り立つとありました。

「てこの他にも、斜面を利用したり、かっ車などを利用したりもできるよ」

４）評価の観点

〔知識・技能〕

　てこの規則性から、作用点で必要な力の大きさから力点で必要な力の大きさを求めることができる（まとめのノート）。

〔思考・判断・表現〕

　てこの規則を利用した道具を、小学生レベルで工作し発表できる（表現力）。

〔主体的に学習に取り組む態度〕

　てこの規則性を活用して、実社会で活躍している道具や精密工具、あるいは

大型機械について、調べてみようとしたり、使ったり体験してみようとする活動がみられる。

5）指導上の留意点

　てこの規則性は、物理学での力学分野の基礎を構成する学習内容である。どんな量が、一定になるかのかを体験的に体得すると、いろいろな保存の法則についても、数式の暗記だけに終わらず、自ら、そのような関係性を探究的に調べてみようという意欲につながる。この分野では、よく問題演習が行われ、問題が解けた児童が優秀とされてきた傾向があるが、そういう評価に終わることなく、実験を通して科学的に自然を探究する能力を育てることが重要である。その意味でも、小学校での理科実験はとても重要である。

【引用文献】
川村康文（2014）『理科教育法 独創力を伸ばす理科授業』講談社，pp.48-49.

(5) 中学校 1 年「光と音」
 1) 学習指導要領の中での位置付け
中学校学習指導要領での「光と音」内容は、次の通りである。

> (1)「身近な物理現象」ア (ア)「光と音」
> (1) 身近な物理現象
> 　身近な物理現象についての観察、実験などを通して、次の事項を身に付けることができるよう指導する。
> 　ア　身近な物理現象を日常生活や社会と関連付けながら、次のことを理解するとともに、それらの観察、実験などに関する技能を身に付けること。
> 　　(ア) 光と音
> 　　⑦ 光の反射・屈折
> 　　　　光の反射や屈折の実験を行い、光が水やガラスなどの物質の境界面で反射、屈折するときの規則性を見いだして理解すること。
> 　　④ 凸レンズの働き
> 　　　　凸レンズの働きについての実験を行い、物体の位置と像のでき方との関係を見いだして理解すること。
> 　　⑨ 音の性質
> 　　　　音についての実験を行い、音はものが振動することによって生じ空気中などを伝わること及び音の高さや大きさは発音体の振動の仕方に関係することを見いだして理解すること。
> 　イ　身近な物理現象について、問題を見いだし見通しをもって観察、実験などを行い、光の反射や屈折、凸レンズの働き、音の性質、力の働きの規則性や関係性を見いだして表現すること。

　(1)「身近な物理現象」ア (ア)「光と音」の学習では、アが「知識・技能」であり、具体的には、「⑦ 光の反射・屈折」として「光の反射や屈折の実験を行い、光が水やガラスなどの物質の境界面で反射、屈折するときの規則性を見いだして理解すること」また、「④ 凸レンズの働き」として「凸レンズの働きについての実験を行い、物体の位置と像のでき方との関係を見いだして理解すること」、「⑨ 音の性質」として「音についての実験を行い、音はものが振動することによって生じ空気中などを伝わること及び音の高さや大きさは発音体の振動の仕方に関係することを見いだして理解すること」と示されている。「思考力・判断力・表現力」は、イに示されている。「学びに向かう力・人間性」は、中学校理科の目標の (3) に「(3) 物質やエネルギーに関する事物・現象に進んで関

わり、科学的に探究しようとする態度を養う」と示されている。

これらは、理科の見方・考え方を使って指導することで達成することができる。ここでは、身近な物理現象の光の性質に関する事物・現象に進んで関わり、科学的に探究しようとする態度を養うとともに、自然を総合的に見ることができるようにする。

2）観察・実験のねらい

内容の指導に当たっては、学習指導要領の「内容の取扱い」の（6）に「原理や法則の理解を深めるためのものづくりを、各内容の特質に応じて適宜行うようにすること」とされているので、ものづくりをしっかりと行い、観察・実験を行う際にも、ものづくりを意識することが重要である。実験においては、みられる現象について天下り式に教えるというのはなく、中学校1年生の発達段階を意識した「発見的な学び」を行わせ、「科学実験の結果の普遍性」に気付かせるということが重要である。

3）観察・実験の展開（「光と音」）

① 導入

「みなさんは、小学生のころに虫眼鏡で遊んだこともあるかと思いますが、ここからは、レンズについての学習を行います。レンズを用いると、どんなことができたかを思い出してみて下さい」

・虫眼鏡は凸レンズだった。

・凸レンズなら、大きくみえるのかな？

② 展開

「どうもみんなの関心は、凸レンズにあるようですね。近視のみなさんが使うめがねのレンズも凸レンズかな？」

・めがねでは、遠くから黒板の字をみてもはっきりみえるよ。

・虫眼鏡みたいに使っても、ノートの文字は大きくならないなー？　虫眼鏡とはちがうのかなー？

・レンズってだいたいガラスだろ。窓ガラスを通してみても大きくも小さくもみえないよ。

「はい、どうやらレンズの材質がガラスやプラスチックで、レンズにはどうも

特殊な仕組みがあるようなですね」

・葉っぱの上の水滴で、葉の表面が拡大されていたことを覚えているんですが……。
・そうそう、5円玉の真ん中に水滴をつくってのぞいてみると、文字などが拡大されるね。
・どうも、水滴のように中心が膨らんでいると、拡大されるようだよ。

「中心が、周辺よりも膨らんでいるレンズを凸レンズといいます。凸レンズは、虫眼鏡として、ものを拡大できる性質をもっているんですね。それでは、どうしてそのようなことができるのかを知るため、レンズの基本から学習をはじめましょう」

「1本の基準線を引きます。これを光軸といいます。これに対してレンズを垂直に描きます。太陽からの光は平行な光線です。これがレンズに当たるとどうなるでしょうか？　まずは、実験をしてみましょう！これから、凸レンズを配るので、決して、太陽を直接みたりしないで下さい。失明の危険があります」

・先生、太陽からの光を、レンズを通してみないというのなら、どうやって、太陽からやってきた光について調べることができるのですか？
・そういえば、ねこよけっていって、近所の家に、ペットボトルに水を入れてきらきらさせていたけれど、太陽からの光が、ペットボトルの水を通り抜けて、ブロック塀に光の模様のようなものが映っていたよ。
・そうか、太陽を背にして、レンズを通った光を地面とかにあててみるといいね。

「たいへん、いいことに気付きましたね。地面にあたる光の模様について、詳しくしらべてみて下さいね」

・光のリングが広がってぼやけたり、逆にぎゅっとしぼられてとても明るくなったりしました。

「よくみつけましたね。そうなんです！　太陽からの光が、ぎゅっとしぼられて明るくなった点を焦点といいます。そして、レンズから焦点までの距離を焦点距離といいます。焦点距離を測って下さいね」

・焦点距離は、10cmでした。
・私のほうは12cmだったわ。
「さて、それではみなさん、さきほどの図に描きこんでみましょうね。太陽からの平行光線は、光軸に沿って平行に２本描いてみましょう。この２本の光線は、レンズを通過したあと、焦点を通るんですね」
・ということは、光は曲がっているんですね。
・それって、屈折ですか？
「そうです。レンズがカーブを描いているところでは、平行に入ってきた光線は、すべて、焦点に集まります。それでは、しょう点からでた光はどうなると思いますか？」
・LEDライトを焦点において、凸レンズの反対側にスクリーンをおいて映像をみてみよう。
・あかりの輪ができています。
・あかりの輪の大きさがかわりません。
・LEDから、光が広がっていれば、あかりの輪は大きくなりそうですが、、、
・ということは、まさか、平行光線になっているの？
「はーい。みなさん注目！ いま、焦点からでた光は平行光線になるのではという意見がありました。みんなで確認をしてみましょう」
・確かに平行光線だ！
「それでは、今度は、光軸を描いて、レンズの両側に焦点をとって記号でFと書きます。そして、LEDライトを左側の焦点の外から光らせて、どんなことが起こるか、レンズの右側にスクリーンをおいて確かめてみましょう」
・LEDライトがスクリーンに、くっきりと写った。
・１か所しか、そうならないよ。他だとぼやける。
「はい。みなさん、実験結果がでましたね。スクリーンにくっきりと写ったのを『像』といいます。この場合、上下が逆にみえていますね。これを作図を通して確かめてみましょう！」
・LEDから光軸に平行に出た光線は、レンズを通ったあと、焦点を通るね。
・LEDから光は、四方八方に出ているので、たまたまレンズを通る前に焦点

を通ってレンズにいく光線もあるけど、それは、レンズを通ったあとは平行光線になるのね。
・（全員）すごい！　2本の光線が交わった。その距離を測ったら、実験で像が実際にできた距離と同じだ！

③　発展
・たまたまだけど、レンズの中心を通った3本目の光線も像のところにくるわ！　3本で1つだわ！

④　まとめ
「それでは、LEDから出た光線は、まず、平行光線は、レンズを出たあと焦点を通りました」
「次に、レンズの手前側の焦点を通った光線は、レンズを出たあと光軸に平行な光線になりました」
「この2本の光線が交わったところに、像ができました。上下が逆ですが、そこに像があるので、これを、倒立の実像といいます」
「次の時間は、正立の虚像について学習します。予習をしておいて下さい」

4）評価の観点
〔知識・技能〕
　光を出す物体の位置と、焦点距離が分かると、倒立の実像が描ける（まとめのノート）。

〔思考・判断・表現〕
　光を出す物体の位置のみが変わった場合でも、倒立の実像を作図できる。
　光を出す物体の位置はそのままで、焦点距離が変わった場合でも、像が描ける。

〔主体的に学習に取り組む態度〕
　虫眼鏡で拡大したとき、正立の像ができていることと、本時の学習における倒立の像との違いに気付き、その理由を解き明かそうと努力を始める。

5）指導上の留意点
　レンズ学習は、学習者があまり好きでない場合が多い。その理由として、実験による感動もないまま、黒板とチョークで、像の作図方法を教え込まれるか

らであるといっても過言ではない。レンズを実際にもたせて、とくにメガネもレンズであるので、日常生活で活用していることにつなげた授業展開が重要である。また、学習者が実験を通して気付きながら学習を進めるような授業展開が重要であるといえる。この延長線上に、手作り望遠鏡や、ペットボトル顕微鏡などを工作して、レンズの楽しさ・不思議さにふれることができるようしたいものである。

【引用文献】
川村康文（2014）『理科教育法 独創力を伸ばす理科授業』講談社，pp.90-91.

(6) 中学校2年「電流と磁界」
 1) 学習指導要領の中での位置付け
 中学校学習指導要領での「電流とその利用」の内容は、次の通りである。

> (3)「電流とその利用」ア (イ) 電流と磁界
> (3) 電流とその利用
> 　電流とその利用についての観察、実験などを通して、次の事項を身に付けることができるよう指導する。
> 　ア　電流、磁界に関する事物・現象を日常生活や社会と関連付けながら、次のことを理解するとともに、それらの観察、実験などに関する技能を身に付けること。
> 　(イ) 電流と磁界
> 　　⑦ 電流がつくる磁界
> 　　　磁石や電流による磁界の観察を行い、磁界を磁力線で表すことを理解するとともに、コイルの回りに磁界ができることを知ること。
> 　　④ 磁界中の電流が受ける力
> 　　　磁石とコイルを用いた実験を行い、磁界中のコイルに電流を流すと力が働くことを見いだして理解すること。
> 　　⑰ 電磁誘導と発電
> 　　　磁石とコイルを用いた実験を行い、コイルや磁石を動かすことにより電流が得られることを見いだして理解するとともに、直流と交流の違いを理解すること。
> 　イ　電流、磁界に関する現象について、見通しをもって解決する方法を立案して観察、実験などを行い、その結果を分析して解釈し、電流と電圧、電流の働き、静電気、電流と磁界の規則性や関係性を見いだして表現すること。

　(3)「電流とその利用」ア (イ) 電流と磁界の学習では、アが「知識・技能」であり、具体的には、「⑦ 電流がつくる磁界」として「磁石や電流による磁界の観察を行い、磁界を磁力線で表すことを理解するとともに、コイルの回りに磁界ができることを知ること」また、「④ 磁界中の電流が受ける力」として「磁石とコイルを用いた実験を行い、磁界中のコイルに電流を流すと力が働くことを見いだして理解すること」、「⑰ 電磁誘導と発電」として「磁石とコイルを用いた実験を行い、コイルや磁石を動かすことにより電流が得られることを見いだして理解するとともに、直流と交流の違いを理解すること」と示されている。「思考力・判断力・表現力」は、イに示されている。「学びに向かう力・人間性」は、

中学校理科の目標の（3）に「（3）物質やエネルギーに関する事物・現象に進んで関わり、科学的に探究しようとする態度を養う」と示されている。

　これらは、理科の見方・考え方を使って指導することで達成することができる。ここでは、身近な物理現象の光の性質に関する事物・現象に進んで関わり、科学的に探究しようとする態度を養うとともに自然を総合的に見ることができるようにすることを指導の際に主に使うことになる。

　2）観察・実験のねらい

　内容の指導に当たっては、学習指導要領の「内容の取扱い」の（6）に「原理や法則の理解を深めるためのものづくりを、各内容の特質に応じて適宜行うようにすること」とされているので、ものづくりをしっかりと行い、観察・実験を行う際にもものづくりを意識することが重要である。実験においては、みられる現象について天下り式に教えるというのはなく、中学校2年生の発達段階を意識した「発見的な学び」を行わせ、「科学実験の結果の普遍性」に気付かせるということが重要である。

　3）観察・実験の展開「電流と磁界」（電磁誘導と発電の学習）

　①　導入

「みなさんは、小学生のころに手回し発電機で遊んだこともあるかと思いますが、ここからは、発電の原理についての学習を行います。手回し発電機を用いると、どんなことができたかを思い出してみて下さい」

・豆電球を光らせた。LEDも光らせた。

・モーターが回った。手回し発電機を2台をつないで、片方のハンドルを回すと、もう片方のハンドルも回った。

　②　展開

「いいことに気付きましたね。手回し発電機はハンドルをまわすと電気を発電しますが、もう1つの手回し発電機が回ったということは、どういうことでしたか？」

・手回し発電機のどちらにもモーターが入っていて、片方のモーターで発電して他方のモーターを回したということです。

・モーターがまわる原理はもう分かっているから、今度は、モーターがどうや

って発電しているかを知りたいなー。

「それでは、みなさん、まず最初に、どんなときに発電するか知っているかな？」

・以前にシャカシャカ振るフルライトの実験をしたことがあります。

「シャカシャカ振るフルライトって、どんな実験でしたか？」

・1000回程度巻いたコイルがあって、そのなかを磁石がいったりきたりすると、コイルにつながったLEDがチカチカ光り、発電していることが分かりました！

「実は、1831年に、イギリスのマイケル・ファラディーが、コイルに磁石を近づけたり、遠ざけたりすると、電気が流れることをみつけました。これを電磁誘導の法則といい、流れる電流を誘導電流といいます」

「コイルに、N極を近づけると磁石が近づく面にN極ができ、N極ができる向きにコイルに電流が流れます。逆にS極を近づけるとコイルに逆向きの電流が流れます」

・先生、まるでイヤイヤをしているようですね。

「そうなんです。コイルには、磁界の変化を妨げる向きに電流が流れます」

・コイルに、磁界の変化を妨げる向きに電流が流れるなら、N極が遠ざかるときには、N極が遠ざからないようにS極を作るって考えてもよいのですか？

・S極が離れていくときには、N極ができて、S極が遠ざかろうとするのを妨げます。

・先生、電流の向きを調べてみたいです。

「電磁誘導の法則をこの実験ですると、普通の電流計では測れないので、今日は、特別に検流計を使います（無い場合は、μAまで測れる電流計でもよいです）。検流計は、こわれやすいので、先生の注意をよく守ってくださいね」

「検流計は、普通の電流計よりも、微弱な電流でもメーターが反応するように、電気抵抗が小さくなっています。なので、少しでも大きな電流が流れると検流計の中の回路が焼き切れてしまいますので、注意をお願いします」

・N極を近づけたときと、遠ざけたときで、検流計の針の振れの向きが逆だったから、流れた電流の向きも逆だったよ。

- N極を近づけたときと、S極を近づけたときで、検流計の針の振れの向きは逆でした。
- コイルに流れる電流の向きは、右ねじの法則に従う向きになんだ！
- シャカシャカ振るフルライトって、すごいね。大きな白色のLEDでまわりが明るいよ。

③ 発展

「理科室の電磁誘導の法則の実験機では、あまり発電しないけれど、実際、みなさんのお家庭や学校に届いている電気は、すごくパワーがあるよね。その違いはなんでしょうか？」

- シャカシャカ振るフルライトでは、エナメル線が、理科室のとは違って太かったよ。
- 磁力も強く、電線の電気抵抗も小さいと、大きな電流が流しやすいね
- そっかー！だからシャカシャカ振るフルライトは、夜道も照らせるほど明るかったんだ！
- 先生、本物の発電所の発電機をみてみたいです。

「そうですね。それは、クラス遠足や見学会のときの候補地として覚えておいて、是非、計画してみて下さい。電気の関係の科学館も候補ですね」

④ まとめ

「電磁誘導の法則では、コイルにN極が近づけば、磁石が近づく面にN極ができるように電流が流れます。その向きは、右ねじの法則で分かります」

「コイルでは、磁界の変化を妨げる向きに、誘導電流が流れました」

「発電所での発電機が発電できる原理も、電磁誘導の法則で説明できます」

「次の時間は、発電機の種類によって直流や交流を発電することを学習します」

4）評価の観点

〔知識・技能〕

コイルに磁石を近づけたり遠ざけたりすることで、誘導電流が流れることが分かる（実験のノートやまとめのノート）。

〔思考・判断・表現〕
　1巻きコイルが、磁界の中で回転したときに、電磁誘導により誘導電流が流れることが、流れる向きも含めて説明できる。
〔主体的に学習に取り組む態度〕
　現実社会での発電所に興味をもち、実際の発電所の発電機と、モーターなどとを比較することで、実際の発電所の発電機も同じ、電磁誘導の法則で説明できることが分かるようになる。

5) 指導上の留意点

　電気分野の学習は、学習者に好まれない場合が多い。その理由として、電気そのものが嫌いとか電気はややこしいなどが筆頭にあげられるが、電気学習へのアレルギーをいかに取り除くかを考えながら授業を組み立てないと、電磁誘導の法則の学習に至る前に授業崩壊などをしてしまう危険がある。興味をもっていなかった生徒にも、面白く楽しく、また実用的で有意義な実験を取り入れた授業を行うことが大切であるといえる。

【引用文献】
川村康文（2014）『理科教育法 独創力を伸ばす理科授業』講談社，pp.144-145.

コラム

プログラミング教育

　近年、情報化やグローバル化といった社会的変化が進展している。進化した人工知能がさまざまな判断を行い、インターネット経由で身近なことが最適化される時代の到来が、社会や生活を大きく変えていくと考えられている。このような時代に、小学校理科では、コンピュータや情報通信ネットワークなどを適切に活用することによって学習の充実を図ることが必要とされている。

　小学校学習指導要領「理科」には、「プログラミングを体験しながら論理的思考力を身に付けるための学習活動を行う」ことが示された。この実施に当たっては、プログラミングの特性をふまえて、効果的に取り入れることにより、学習内容と日常生活や社会との関連を重視した学習活動や、自然の事物・現象から見いだした問題を一連の問題解決の活動を意識しながら、論理的に解決していく学習活動の充実が求められている。観察・実験では、直接体験が基本であるが、指導内容に応じて、コンピュータや情報通信ネットワークなどを適切に活用することによって学習の充実を図ると示されている。

　小学校学習指導要領には、第6学年「電気の利用」の単元でプログラミング教育の学習が示されている。身の回りには、電気の性質や働きを利用した道具がある。エネルギーを効果的に利用するために、さまざまな電気製品にはプログラムが活用され、条件に応じて動作している。このことに気付かせ、プログラミングの体験学習を取り入れていく。エネルギー資源の有効利用という観点から、電気の効率的な利用についての学習の中で、身の回りには、人感センサーや明るさセンサーなどを使って、エネルギーを効率よく利用している道具があることを理解する。また目的に合わせてセンサーを使い、発光ダイオードの点灯を制御するなどといったプログラミングを体験することを通して、その仕組みを体験的に学習することができる。

（秋吉博之）

3.「粒子」を柱とする領域の教材開発と指導法

（1）小学校3年「物と重さ」
 1）学習指導要領の中での位置付け
小学校学習指導要領での「物と重さ」の内容は、次の通りである。

> 物の性質について、形や体積に着目して、重さを比較しながら調べる活動を通して、次の事項を身に付けることができるよう指導する。
> ア 次のことを理解するとともに、観察、実験などに関する技能を身に付けること。
> 　(ｱ) 物は、形が変わっても重さは変わらないこと。
> 　(ｲ) 物は、体積が同じでも重さは違うことがあること。
> イ 物の形や体積と重さとの関係について追究する中で、差異点や共通点を基に、物の性質についての問題を見いだし、表現すること。

小学校第3学年では、「比較しながら調べる活動を通して、自然の事物・現象について追究する中で、差異点や共通点を基に、問題を見いだすこと」が示されている。

「物と重さ」の学習では、アが「知識・技能」であり、「(ｱ) 物は、形が変わっても重さは変わらないこと」「(ｲ) 物は、体積が同じでも重さは違うことがあること」の2つが示されている。「思考力・判断力・表現力」は、イ「物の形や体積と重さとの関係について追究する中で、差異点や共通点を基に、物の性質についての問題を見いだし、表現すること」と示されている。「学びに向かう力・人間性」は、3年の目標の③の中に「物の溶け方について追究する中で、主体的に問題解決しようとする態度を養う」と示されている。ここでは、複数の自然の事物・現象を比較し、その差異点や共通点を捉えることが大切である。

この内容は、「粒子」についての基本的な概念などを柱とした内容のうちの「粒子の保存性」に関わるものであり、第5学年「物の溶け方」の学習につながるものである。

指導に当たっては、物の重さを手ごたえなどの体感を通して調べるとともに、てんびんを用いて比べたり、自動上皿はかりを用いて調べた結果を表に整理し

たりして、物の形や体積と重さとの関係について考えたり、説明したりする活動の充実を図るようにする。これらの機器の使用や重さの単位については、算数科の学習との関連を図るようにする。

図2.3.1　密度測定用体
（写真提供：株式会社ナリカ）

2）観察・実験のねらい

児童が、物の形や体積に着目して、重さを比較しながら、物の性質を調べる活動を通して、それらについての理解を図り、観察、実験などに関する技能を身に付けるとともに、主に差異点や共通点を基に、問題を見いだす力や主体的に問題解決しようとする態度を育成することがねらいである。

同じ体積で材質の違うもの、金属（鉄・アルミニウム）、ゴム、木、プラスチックを準備する。体積が同じという条件を意識させる。金属は、鉄とアルミニウムの2つを準備する。同じ金属でも材質が違うと重さも違うことを確かめられるようにする。3種類以上のものの重さを比較するときは、電子てんびんで数値化しながら比較すると分かりやすい。この場合、小数点以下をテープなどで隠すなどして、小数点以下が表示されないようにして使用するとよい。

3）観察・実験の展開

実験「同じ体積のものの重さ調べ」を行い、ものは体積が同じでも、重さは違うことを調べる。

①　導入

「前の時間に、重さ比べをしたね」

・粘土で調べました。

「ものは、形をかえたり、小さくわけたりしても、重さはかわりませんね」

・てんびんでくらべると、形をかえても粘土の重さはかわりませんでした。

②　展開

「ものの大きさのことを体積といいます」

「同じ体積でも、もののしゅるいがちがうと重さはちがうだろうか」
・できているものがちがったら、重さはちがいそうだな。
「じっけんをしてみるとどうなるだろうか」
・いろんなものを調べたら分かると思うよ。
・おなじ大きさで、重さをくらべるといいと思う。
「同じ体積のものを用意して、調べてみたらどうかな」
「木、鉄、アルミニウム、ゴム、プラスチックがあるよ。これらはみな同じ体積だよ」
・木と鉄では手ざわりがちがっていて、鉄が重いと思います。
「手でもって重さをくらべて、重いじゅんにならべてみよう」
・鉄とアルミニウムは、重さがずいぶんちがうよね。
「手ごたえが軽いものから、1つずつはかりにのせて、重さを記録しよう」
・はかりの目盛りをよんで、プリントに書きます。

表2.3.1

おもりの しゅるい	鉄	アルミニウム	ゴム	木	プラスチック
おもさ					

③ まとめ

「じっけんのけっかから、どのようなことがいえますか」
・同じ体積でも、プラスチックよりも鉄が重かったよ。
・同じ金属でも、鉄とアルミニウムは重さがちがいます。
「ものの種類がちがうと、その重さはどうですか」
・もののしゅるいがちがうと、重さがちがいます。
「同じ体積でも、もののしゅるいによって、重さはちがいますね」

4）評価の観点

〔知識・技能〕
　物の形や体積に着目して、物は体積が同じでも重さは違うことを理解してい

る（発言、ノート）。

　重さを比較しながら調べる活動を身に付けている（発言、行動、ノート）。
〔思考・判断・表現〕
　物の体積と重さとの関係について追究する中で、差異点や共通点を基に、物の性質についての問題を見いだし、表現している（発言、観察カード、ノート）。
〔主体的に学習に取り組む態度〕
　物の性質について追究する中で、主体的に問題を解決しようとしている（行動、観察カード）。

5）指導上の留意点

　身の回りにあるものを手で持って、重さを比べながら実感する活動から導入する。手で持って感じるだけでは比べられないことに気付かせ、てんびんを使用してものの重さを調べる活動につなげる。重さ比べで気付いたことから、調べてみたいことを整理していく。まず、形を変えたときのものの重さについて、てんびんを用いた活動を行う。次に、体積を同じにしたときのものの重さについてはかりを用いて調べる。

　実験では、生活経験や手に持ったときの感覚などを根拠にした予想を立てられるようにする。また、素材の違いについてイメージを膨らませて、言葉や図で考えを表現できるようにする。測定では、ものの重さを正確にはかるには、自動台ばかりを使うとよいことを確認する。記録では、グラフの形に着目させ、重い鉄と比較的に軽い木に注目させることで、ものの素材に目を向けさせていく。まとめでは、「体積」「重さ」「同じ」というキーワードを使いながら、考えを表現できるようにする。また。自分の考えを図や言葉で表現できるようにし、電子黒板などを活用しながら、考えを共有していく。

　測定では、同じ材質で同じ体積のものでも、誤差がでることがある。この場合には、数値にこだわるのではなく、結果をグラフで表して比較する。なお、小学校で「重さ」として学習した後、中学校1年では、質量（物体そのものの量）と重さ（物体にはたらく重力の大きさ）を区別して学習する。

（2）小学校4年「金属、水、空気と温度」
 1）学習指導要領の中での位置付け
 小学校学習指導要領での「金属、水、空気と温度」の内容は、次の通りである。

> 金属、水及び空気の性質について、体積や状態の変化、熱の伝わり方に着目して、それらと温度の変化とを関係付けて調べる活動を通して、次の事項を身に付けることができるよう指導する。
> 　ア　次のことを理解するとともに、観察、実験などに関する技能を身に付けること。
> 　　(ア)　金属、水及び空気は、温めたり冷やしたりすると、それらの体積が変わるが、その程度には違いがあること。
> 　　(イ)　金属は熱せられた部分から順に温まるが、水や空気は熱せられた部分が移動して全体が温まること。
> 　　(ウ)　水は、温度によって水蒸気や氷に変わること。また、水が氷になると体積が増えること。
> 　イ　金属、水及び空気の性質について追究する中で、既習の内容や生活経験を基に、金属、水及び空気の温度を変化させたときの体積や状態の変化、熱の伝わり方について、根拠のある予想や仮説を発想し、表現すること。

　第4学年では、関係付けて調べる活動を通して、「自然の事物・現象について追究する中で、既習の内容や生活経験を基に、根拠のある予想や仮説を発想すること」が示されている。

　「金属、水、空気と温度」の学習では、アの「知識・技能」では、「(ア) 金属、水及び空気は、温めたり冷やしたりすると、それらの体積が変わるが、その程度には違いがあること」「(イ) 金属は熱せられた部分から順に温まるが、水や空気は熱せられた部分が移動して全体が温まること」が示されている。イの「思考力・判断力・表現力」では、「金属、水及び空気の性質について追究する中で、既習の内容や生活経験を基に、金属、水及び空気の温度を変化させたときの体積や状態の変化、熱の伝わり方について、根拠のある予想や仮説を発想し、表現すること」が示されている。「学びに向かう力・人間性」は、4年の目標の③の中に「空気、水及び金属の性質について追究する中で、主体的に問題解決しようとする態度を養う」と示されている。ここでは、学習の過程において、自然の事物・現象から見いだした問題について、既習の内容や生活経験を基に、根

拠のある予想や仮説を発想するといった問題解決の力を育成することに重点が置かれている。

　指導に当たっては、水の温度の変化を捉える際に、実験の結果をグラフで表現し読み取ったり、状態が変化すると体積も変化することを図や絵を用いて表現したりするなど、金属、水及び空気の性質について考えたり、説明したりする活動の充実を図るようにする。さらに、水は100℃より低い温度でも蒸発していることを捉えるようにするために、第4学年「天気の様子」における自然界での水の状態変化の学習との関連を図るようにする。

2）観察・実験のねらい

　児童が、体積や状態の変化、熱の伝わり方に着目して、それらと温度の変化とを関係付けて、金属、水及び空気の性質を調べる活動を通して、それらについての理解を図り、観察、実験などに関する技能を身に付けるとともに、主に既習の内容や生活経験を基に、根拠のある予想や仮説を発想する力や主体的に問題解決しようとする態度を育成することがねらいである。

　実験の手順は次の通りである。

① ふた付きのアルミ缶に水を少量入れる。
② ガスバーナーまたは実験用ガスコンロで加熱する。この時にやけどをしないように注意する。
③ 水蒸気が激しく出てきたらガスバーナーの火を消す。
④ 火が消えているのを確認して、アルミ缶のふたをして冷水につける。
⑤ 水蒸気が液体に変化して、アルミ缶の内部が減圧して大気圧に押されて激しくへこむ。

　実験ではアルミ缶内部の変化について気付かせる。加熱前は水の液体と空気が入っている。加熱によって空気が追い出されて、アルミ缶内部は沸騰した水と水蒸気が多くなる。この状態で密閉して冷却するとアルミ缶内部の水蒸気が液体の水に変化する。小学校第4学年では大気圧については学習していないので、深入りしないようにする。アルミ缶内部の水蒸気の変化に着目して理解させる。

図2.3.2　実験のようす　　　　　図2.3.3　つぶれた空き缶

3）観察・実験の展開

① 導入

「水を沸かすとどうなりますか」

・ポットから白いけむりがでてきます。

「水を熱すると湯気になるのだね」

② 展開

「空き缶に水を入れてガスバーナーで熱します」

「湯気がたくさん出てきたら、火を消して実験台の上に置きます」

「缶の中に湯気をいっぱいにしてふたをします」

「この缶を冷やします。さあ、どうなるでしょうか」

「では、冷たい水をかけますね」

・わー、すごい。空き缶がつぶれた！

③ まとめ

「なぜ空き缶はつぶれたのかをみんなで考えていきましょう」

「加熱を止めてから栓をしました。その時に缶の中はどうなっていますか」

・最初に水を入れたのだから、まだ水が残っていると思います。

「最初とくらべて水の量はどうなっていると思いますか」

・お湯になって、それから湯気になったのかな。

「そうですね。この『湯気』のことを水蒸気といいます。ふたをする時には、容器の中には水の液体と湯気があったのですね。これに冷たい水をかけると容器の中はどうなるでしょうか」
・水蒸気は冷やされてまたもとの水にもどったのかな。
・ああ、そうか。水が水じょう気になるとふくらむのですね。
「そうですね。容器に栓をしているので、まわりから押されて、これをむずかしい言葉で大気圧というのですけど、つぶれてしまったのですね」

　4）評価の観点
〔知識・技能〕
　空気は、温めたり冷やしたりすると、それらの体積が変わることを理解している（発言、ノート）。
　体積や状態の変化に着目して、それらと温度の変化とを関係付けて、空気の性質を調べる活動を通して、観察、実験などに関する技能を身に付けている（発言、行動、ノート）。
〔思考・判断・表現〕
　空気の温度を変化させたときの体積や状態の変化、熱の伝わり方について、根拠のある予想や仮説を発想し、表現することを身に付けている（発言、観察カード、ノート）。
〔主体的に学習に取り組む態度〕
　空気の性質について追究する中で、主体的に問題を解決しようとしている（行動、観察カード）。

　5）指導上の留意点
　日常生活との関連として、鉄道のレールの継ぎ目、道路橋の伸縮装置、冷暖房時の空気循環の効果などを取り上げることが考えられる。なお、火を使用して実験したり、熱した湯の様子を観察したりする際に火傷などの危険を伴うので、保護眼鏡を着用することや使用前に器具の点検を行うこと、加熱器具などの適切な操作を確認することなど、安全に配慮するように指導する。

（3）小学校5年「物の溶け方」
 1）学習指導要領の中での位置付け
　小学校学習指導要領での「物の溶け方」の内容は、次の通りである。

> 　物の溶け方について、溶ける量や様子に着目して、水の温度や量などの条件を制御しながら調べる活動を通して、次の事項を身に付けることができるよう指導する。
> 　ア　次のことを理解するとともに、観察、実験などに関する技能を身に付けること。
> 　　(ｱ)　物が水に溶けても、水と物とを合わせた重さは変わらないこと。
> 　　(ｲ)　物が水に溶ける量には、限度があること。
> 　　(ｳ)　物が水に溶ける量は水の温度や量、溶ける物によって違うこと。また、この性質を利用して、溶けている物を取り出すことができること。
> 　イ　物の溶け方について追究する中で、物の溶け方の規則性についての予想や仮説を基に、解決の方法を発想し、表現すること。

　小学校第5学年では、条件を制御しながら調べる活動を通して、「自然の事物・現象について追究する中で、予想や仮説を基に、解決の方法を発想し、表現すること」が示されている。

　単元「物の溶け方」は、第3学年「物と重さ」の学習をふまえて、第6学年「水溶液の性質」の学習につながるものである。

　「物の溶け方」の学習では、アの「知識・技能」では、「(ｱ) 物が水に溶けても、水と物とを合わせた重さは変わらないこと」「(ｲ) 物が水に溶ける量には、限度があること」「(ｳ) 物が水に溶ける量は水の温度や量、溶ける物によって違うこと。また、この性質を利用して、溶けている物を取り出すことができること」の3つが示されている。イの「思考力・判断力・表現力」では、「物の溶け方について追究する中で、物の溶け方の規則性についての予想や仮説を基に、解決の方法を発想し、表現すること」が示されている。「学びに向かう力・人間性」は、5年の目標の③の中に「物の溶け方について追究する中で、主体的に問題解決しようとする態度を養う」と示されている。ここでは、学習の過程において、自然の事物・現象から見いだした問題についての予想や仮説を基に、解決の方法を発想するといった問題解決の力を育成することに重点が置かれている。

2）観察・実験のねらい

児童が、物が水に溶ける量や様子に着目して、水の温度や量などの条件を制御しながら、物の溶け方の規則性を調べる活動を通して、それらについての理解を図り、観察、実験などに関する技能を身に付けるとともに、主に予想や仮説を基に、解決の方法を発想する力や主体的に問題解決しようとする態度を育成することがねらいである。

3）観察・実験の展開

実験「水にとけたもののゆくえ」を通して、物が水に溶けたとき、水と物とを合わせた重さはどうなるか調べる。

① 導入

「この大きなビーカーには水が入っています。ここに食塩の粒を入れます。どうなると思いますか」

・粒は下に落ちるのではないかな。

・溶けてなくなります。

・溶けてもビーカーの中にあると思います。

「では、食塩の粒を入れますよ。よく見てくださいね」

・消えた。

・消えてなくなった。

「食塩の粒はどこにいってしまったのかな」

・水の中に混じってあると思うよ。

「ほんとうにそうだろうか。どうやったらそれが確かめられるかな」

・よく、分かりません。

・水の中を調べたらいいのかな。

・水を調べたらいいと思うよ。

「どうやって調べたらいいだろうか」

・重さをはかったら分かるのかな。

「それでは食塩を入れる前と後の重さをはかってみましょう」

② 展開

「水に食塩を入れて溶かす実験を班ごとにします。班ごとに役割分担を決めま

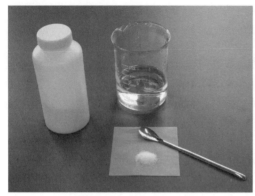

図2.3.4　実験のようす　　　　　図2.3.5　重さをはかる

しょう。どの班もビーカーに水200mℓをはかり取ります。次にそのビーカーに入れる食塩の量を決めてください。計量スプーン1杯から4杯までを決めましょう」

・食塩の量は他の班と同じになってもいいですか。

「同じになってもいいですよ。実験の後で結果を他の班とくらべましょう」

「水の量と食塩をはかり取ったら、食塩を水の中に少しずつ入れて、ガラス棒でかき混ぜてから重さをはかりましょう。実験の結果をよく見て記録係の人に記録してもらいましょう」

③　まとめ

「では結果を班ごとに発表してもらいます」

・私たちの班は食塩が全部溶けないで残りました。

・ぼくたちの班は全部溶けました。

「はかり取った食塩の量はそれぞれの班でいくらでしたか。また食塩の粒が残るときと残らない場合があることからどんなことが分かりますか」

・水に食塩をたくさんいれると溶けないで残ります。

「そうですね。料理に食塩をたくさん入れると食塩の粒が残ってしまいますね。では食塩を入れる前と入れた後の重さの変化はどうでしたか」

・私たちの班は全部溶けたけど、重さは変わりませんでした。

・ぼくたちの班は食塩がビーカーの底に残ったけど、重さはかわりませんでし

た。
「水に食塩を入れるときに、それが溶けても溶けなくても重さは変わりませんね。溶けた食塩は消えてしまったのではなくてビーカーの水の中にあるのですね」

4）評価の観点

〔知識・技能〕
　物が水に溶けても、水と物とを合わせた重さは変わらないことを理解している（発言、行動、ノート）。

〔思考・判断・表現〕
　物の溶け方について追究する中で、物の溶け方の規則性についての予想や仮説を基に、解決の方法を発想し、表現することを身に付けている（発言、観察カード、ノート）。

〔主体的に学習に取り組む態度〕
　物の溶け方について追究する中で、主体的に問題を解決しようとしている（行動、観察カード）。

5）指導上の留意点

　重さを測定するときに、水の蒸発によって変化する場合には、蓋付きの容器を使用する。物が水に溶ける量や全体の量に着目して、溶かす前の物の重さに水の重さを加えた全体の重さと、溶かした後の水溶液の重さの変化を比較しながら調べる。これらの活動を通して、溶けた物の行方についての予想や仮説を基に、解決の方法を発想し、表現するとともに、物が水に溶けてもなくならず、水と物とを合わせた重さは変わらないことを捉えるようにする。

　日常生活との関連として、水や湯に物を溶かした経験を想起させることが考えられる。なお、実験を行う際には、メスシリンダーや電子てんびん、ろ過器具、加熱器具、温度計などの器具の適切な操作について、安全に配慮するように指導する。

（4）小学校6年「燃焼の仕組み」

1）学習指導要領の中での位置付け

小学校学習指導要領での「燃焼の仕組み」の内容は、次の通りである。

> 　燃焼の仕組みについて、空気の変化に着目して、物の燃え方を多面的に調べる活動を通して、次の事項を身に付けることができるよう指導する。
> 　ア　次のことを理解するとともに、観察、実験などに関する技能を身に付けること。
> 　　(ア)　植物体が燃えるときには、空気中の酸素が使われて二酸化炭素ができること。
> 　イ　燃焼の仕組みについて追究する中で、物が燃えたときの空気の変化について、より妥当な考えをつくりだし、表現すること。

　第6学年では、多面的に調べる活動を通して、「自然の事物・現象について追究する中で、より妥当な考えをつくりだし、表現すること」が示されている。

　「燃焼の仕組み」の学習では、アが「知識・技能」として、「ア（ア）植物体が燃えるときには、空気中の酸素が使われて二酸化炭素ができること」と示されている。「思考力・判断力・表現力」として、イ「燃焼の仕組みについて追究する中で、物が燃えたときの空気の変化について、より妥当な考えをつくりだし、表現すること」と示されている。「学びに向かう力・人間性」は、6年の目標の③の中に「燃焼の仕組みについて追究する中で、主体的に問題解決しようとする態度を養う」と示されている。ここでは、学習の過程において、自然の事物・現象から見いだした問題についての予想や仮説を基に、解決の方法を発想するといった問題解決の力を育成することに重点が置かれている。

　指導に当たっては、日常生活の中で物を燃やす体験が少ない現状をふまえ、物が燃える現象を十分に観察できるような場を設定する。また、物が燃える際に、酸素の一部が使われ二酸化炭素ができることを捉えさせる。このときに二酸化炭素の有無を調べることができる石灰水や、酸素や二酸化炭素の割合を調べることのできる気体検知管や気体センサーといった測定器具などを用いることが考えられる。その際、物が燃えた時の空気の変化について、図や絵、文を用いて表現するなど、燃焼の仕組みについて考えたり、説明したりする活動の充実を図るようにする。

２）観察・実験のねらい
　児童が、空気の変化に着目して、物の燃え方を多面的に調べる活動を通して、燃焼の仕組みについての理解を図り、観察、実験などに関する技能を身に付けるとともに、より妥当な考えをつくりだす力や主体的に問題解決しようとする態度を育成することがねらいである。
３）観察・実験の展開
　実験「水中で燃える花火」を通して、物が燃えるときには、酸素が使われることを調べる。
　①　導入
「花火をしたことがありますか？」
・はい。やったことがあります。
「花火はなぜ勢いよく燃えるのですか？」
・花火の中によく燃える薬が入っているからだと思います。
「花火に火をつけて、水の中に入れるとどうなると思いますか」
・すぐに消えてしまいます。
・私もそう思います。
「水の中でなぜ消えると思いますか」
・ぬれてしまって燃えなくなります。
・火薬がしけってしまって、火が消えると思います。
「では、花火がぬれないようにすればどうでしょうか」

図2.3.6　水中で燃える花火

・それでも消えると思います。
② 展開
「それでは火がついた花火を水の中にいれます。どうなるか予想をしてみましょう」
・消えると思います。
「では、実験をします。花火の火の粉が届かない所まで、少し遠ざかってくださいね。それができたら花火に火をつけます」
「花火に火をつけました。この花火を水の中に入れますね」
・あー！ すごい！ 花火が水の中でも燃えている！
・どうして水の中で燃えているのかな。
③ まとめ
「水の中でなぜ花火が燃え続けるのか考えてみましょう」
「火をつける前の花火と同じ物をよく見てください」
・花火の周りが水でぬれにくいようになっているね。
・でも水の中でぬれなかったら何でも燃えるのかな。
「燃える時には何が必要でしたか」
「物が燃えるときには酸素が必要です」
「水の中には酸素の気体はほとんどありません。ではなぜ水の中で花火が燃え続けるのでしょうか」
・花火の中に酸素が入っているのかな。
「そうですね。花火の中には酸化剤という酸素をふくむ物が入っていて、それがあるので水の中で燃え続けるのですよ。宇宙ロケットには酸化剤（液体の酸素）が入っているので、勢いよく飛ぶのだね」
「では、花火がきれいに見えるのは何が入っているのかな」
・花火には何か色の元が入っているのかな。
「花火がきれいに見えるのは金属が入っているからです。金属にはそれぞれ特有の色を出す物があってきれいに見えるのですよ」

4）評価の観点
〔知識・技能〕
　物が燃えるときには、酸素が使われることを理解している。(発言、行動、ノート)。
〔思考・判断・表現〕
　燃焼の仕組みについて追究する中で、物が燃えたときの変化について、より妥当な考えをつくりだし、表現することを身に付けている（発言、観察カード、ノート）。
〔主体的に学習に取り組む態度〕
　燃焼の仕組みの規則性について追究する中で、主体的に問題を解決しようとしている（行動、観察カード）。

5）指導上の留意点
　植物体が燃えるときの空気の変化に着目して、植物体が燃える前と燃えた後での空気の性質や植物体の変化を多面的に調べる。これらの活動を通して、燃焼の仕組みについて、より妥当な考えをつくりだし、表現するとともに、植物体が燃えるときには、空気中に含まれる酸素の一部が使われて、二酸化炭素ができることを捉えるようにする。また、酸素には物を燃やす働きがあることや、燃えた後の植物体の様子も変化していることを捉えるようにする。さらに、実験結果や資料を基に、空気には、主に、窒素、酸素、二酸化炭素が含まれていることを捉えるようにする。その際、植物体を空気中で燃やすと、空気の入れ替わるところでは燃えるが、入れ替わらないところでは燃えなくなってしまうことを、実験を通して捉える。ここで扱う対象としては、燃焼の様子を観察しやすい植物体として、例えば、木片や紙などが考えられる。
　日常生活の中で物を燃やす体験が少ない現状をふまえ、物が燃える現象を十分に観察できるような場を設定する。物が燃えた時の空気の変化について、図や絵、文を用いて表現するなど、燃焼の仕組みについて考えたり、説明したりする活動の充実を図るようにする。なお、燃焼実験の際の火の取扱いや気体検知管の扱い方などについて十分指導するとともに、保護眼鏡を使用するなど、安全に配慮するように指導する。

（5）中学校1年「物質のすがた」

1）学習指導要領の中での位置付け

中学校学習指導要領での「身の回りの物質」の内容は、次の通りである。

> （2）身の回りの物質
> 　身の回りの物質についての観察、実験などを通して、次の事項を身に付けることができるよう指導する。
> 　　ア　身の回りの物質の性質や変化に着目しながら、次のことを理解するとともに、それらの観察、実験などに関する技能を身に付けること。
> 　　イ　身の回りの物質について、問題を見いだし見通しをもって観察、実験などを行い、物質の性質や状態変化における規則性を見いだして表現すること。

さらに、次のように示されている。

> (ｱ) 物質のすがた
> 　㋐　身の回りの物質とその性質
> 　　身の回りの物質の性質を様々な方法で調べる実験を行い、物質には密度や加熱したときの変化など固有の性質と共通の性質があることを見いだして理解するとともに、実験器具の操作、記録の仕方などの技能を身に付けること。
> 　㋑　気体の発生と性質
> 　　気体を発生させてその性質を調べる実験を行い、気体の種類による特性を理解するとともに、気体を発生させる方法や捕集法などの技能を身に付けること。
> (ｲ) 水溶液
> 　㋐　水溶液
> 　　水溶液から溶質を取り出す実験を行い、その結果を溶解度と関連付けて理解すること
> (ｳ) 状態変化
> 　㋐　状態変化と熱
> 　　物質の状態変化についての観察、実験を行い、状態変化によって物質の体積は変化するが質量は変化しないことを見いだして理解すること。
> 　㋑　物質の融点と沸点
> 　　物質は融点や沸点を境に状態が変化することを知るとともに、混合物を加熱する実験を行い、沸点の違いによって物質の分離ができることを見いだして理解すること。

中学校理科第1学年では、思考力・判断力・表現力等については、「問題を見いだし見通しをもって観察、実験などを行い、『規則性、関係性、共通点や相違点、分類するための観点や基準』を見いだして表現すること」と示されている。また、学びに向かう力・人間性等については、第1分野として「物質やエネルギーに関する事物・現象に進んで関わり、科学的に探究しようとする態度を養う」と示されている。

「身の回りの物質」の学習では、アの「知識・技能」で、「身の回りの物質の性質や変化に着目しながら、次のことを理解するとともに、それらの観察、実験などに関する技能を身に付けること」が示されている。「思考力・判断力・表現力」は、イに「身の回りの物質について、問題を見いだし見通しをもって観察、実験などを行い、物質の性質や状態変化における規則性を見いだして表現すること」と示されている。「学びに向かう力・人間性」は、教科の目標の中に「自然の事物・現象に進んで関わり、科学的に探究しようとする態度を養う」と示されている。

ここでは、理科の見方・考え方を働かせ、身の回りの物質についての観察、実験などを行い、物質の性質や溶解、状態変化について理解させるとともに、それらの観察、実験などに関する技能を身に付けさせ、思考力、判断力、表現力等を育成することが主なねらいである。その際、物質の水への溶解や状態変化では、粒子のモデルを用いて微視的に事物・現象を捉えさせることが大切である。思考力、判断力、表現力等を育成するに当たっては、身の回りの物質について、問題を見いだし見通しをもって観察、実験などを行い、その結果を分析して解釈し、物質の性質や状態変化における規則性を見いだして表現させることが大切である。その際、レポートの作成や発表を適宜行わせることも大切である。また、物質を調べるための実験器具の操作や、実験結果の記録の仕方などの技能を身に付けさせることが大切である。扱う物質としては、身近なものをできるだけ取り上げ、物質に対する興味・関心を高めるようにする。

小学校では、物質の性質や変化に関する内容として、第3学年で「物と重さ」、「磁石の性質」「電気の通り道」、第4学年で「金属、水、空気と温度」、第5学年で「物の溶け方」、第6学年で「燃焼の仕組み」について学習している。

「状態変化と熱」の学習では、小学校では、第4学年で、水は温度によって水蒸気や氷に変わること、水が氷になると体積が増えることについて学習している。

2）観察・実験のねらい

物質を加熱したり冷却したりすると状態が変化することを観察し、状態が変化する前後の体積や質量を比べる実験を行い、状態変化は物質が異なる物質に変化するのではなくその物質の状態が変化するものであることや、状態変化によって物質の体積は変化するが質量は変化しないことを見いださせ、粒子のモデルと関連付けて理解させることがねらいである。

3）観察・実験の展開

あたためたり冷やしたりすることで、エタノールの状態変化を観察し、物質の状態は変化するが、他の物質に変わっているわけではないことを理解する。

① 導入

「空気、水、金属はあたためると体積はどうなりましたか」

・空気や水それに金属は、温めると体積は増えました。

「では、水は何℃でこおりましたか。また、何℃で沸とうしましたか」

・水は0℃でこおり、100℃で沸とうすると習いました。

「条件を整えて実験をすれば、そのような結果になりますね」

・水がふっとうしてときブクブクと泡がでています。

「水が沸とうしているときの泡の正体は何ですか」

・水蒸気だと思います。

「そうですね。泡は水が気体となった水蒸気ですね」

② 展開

「エタノールが入ったポリエチレン袋に熱湯をかけるとどうなりますか」

・袋がふくらむと思います。液体のエタノールが気体になるのかな。

「では実験で確かめましょう」

③ 発展

「ドライアイスや鉄を加熱したり、冷やしたりしたらどうなるか調べてみましょう」

④ まとめ

「温度を上げたり下げたりすると、物質の状態はどうなりますか」

・気体、液体や固体になります。ドライアイスのように液体にならない物質もあります。

「物質が固体、液体、気体の間で状態を変えることを状態変化といいます」

「状態変化では、物質の状態が変わっても、ほかの物質にかわってはいなのですね」

4）評価の観点

〔知識・技能〕

エタノールの状態変化から、物質の状態は変化するが、他の物質に変わっていないことを理解している（発言、行動、ノート）。

〔思考・判断・表現〕

見通しをもってエタノールの状態変化の実験を行い、規則性や関係性の観点を見いだして表現する（発言、観察カード、ノート）。

〔主体的に学習に取り組む態度〕

物質の状態変化に関する事物・現象に進んで関わり、科学的に探究しようとしている（行動、観察カード）。

5）指導上の留意点

観察、実験に当たっては、保護眼鏡の着用などによる安全性の確保や、適切な実験器具の使用と操作による事故防止に留意する。その際、試薬は適切に取り扱い、廃棄物は適切に処理するなど、環境への影響などにも十分配慮する。

粒子のモデルと関連付けて扱う際には、状態変化によって粒子の運動の様子が変化していることにも触れるようにする。特に状態変化の様子を観察する際には、体積が変化することによって、容器の破損や破裂などの事故が起こらないように留意する。

（6）中学校3年「水溶液とイオン」
　1）学習指導要領の中での位置付け
　中学校学習指導要領での「化学変化とイオン」の内容は、次の通りである。

> （6）化学変化とイオン
> 　化学変化についての観察、実験などを通して、次の事項を身に付けることができるよう指導する。
> 　ア　化学変化をイオンのモデルと関連付けながら、次のことを理解するとともに、それらの観察、実験などに関する技能を身に付けること。
> 　イ　化学変化について、見通しをもって観察、実験などを行い、イオンと関連付けてその結果を分析して解釈し、化学変化における規則性や関係性を見いだして表現すること。また、探究の過程を振り返ること
> 　(ア)　水溶液とイオン
> 　　㋐　原子の成り立ちとイオン
> 　　水溶液に電圧をかけ電流を流す実験を行い、水溶液には電流が流れるものと流れないものとがあることを見いだして理解すること。また、電解質水溶液に電圧をかけ電流を流す実験を行い、電極に物質が生成することからイオンの存在を知るとともに、イオンの生成が原子の成り立ちに関係することを知ること。
> 　　㋑　酸・アルカリ
> 　　酸とアルカリの性質を調べる実験を行い、酸とアルカリのそれぞれの特性が水素イオンと水酸化物イオンによることを知ること。
> 　　　㋒　中和と塩
> 　　　中和反応の実験を行い、酸とアルカリを混ぜると水と塩が生成することを理解すること。
> 　(イ)　化学変化と電池
> 　　㋐　金属イオン
> 　　　金属を電解質水溶液に入れる実験を行い、金属によってイオンへのなりやすさが異なることを見いだして理解すること。
> 　　㋑　化学変化と電池
> 　　　電解質水溶液と2種類の金属などを用いた実験を行い、電池の基本的な仕組みを理解するとともに、化学エネルギーが電気エネルギーに変換されていることを知ること。

　中学校理科第3学年では、思考力・判断力・表現力等については、「見通しをもって観察、実験などを行い、その結果（や資料）を分析して解釈し、『特徴、規則性、関係性』を見いだして表現すること。また、探究の過程を振り返るこ

と」と示されている。

　小学校では、第6学年で「水溶液の性質」について学習している。また、中学校では、第1学年で「身の回りの物質」、第2学年で「化学変化と原子・分子」について学習している。

　「化学変化とイオン」の学習では、アが「知識・技能」であり、「化学変化をイオンのモデルと関連付けながら、次のことを理解するとともに、それらの観察、実験などに関する技能を身に付けること」と示されている。「思考力・判断力・表現力」は、イに「化学変化について、見通しをもって観察、実験などを行い、イオンと関連付けてその結果を分析して解釈し、化学変化における規則性や関係性を見いだして表現すること。また、探究の過程を振り返ること」と示されている。「学びに向かう力・人間性」は、教科の目標の中に「自然の事物・現象に進んで関わり、科学的に探究しようとする態度を養う」と示されている。

　「水溶液とイオン」では、理科の見方・考え方を働かせて、水溶液の電気的な性質、酸とアルカリ、イオンへのなりやすさについての観察、実験などを行い、水溶液の電気伝導性、中和反応、電池の仕組みについて、イオンのモデルと関連付けて微視的に捉えさせて理解させ、それらの観察、実験などに関する技能を身に付けさせるとともに、思考力、判断力、表現力等を育成することが主なねらいである。

思考力、判断力、表現力等を育成するに当たっては、化学変化について見通しをもって観察、実験などを行い、イオンと関連付けてその結果を分析して解釈し、化学変化における規則性や関係性を見いだして表現するとともに、探究の過程を振り返らせることができるようにすることが大切である。その際、レポートの作成や発表を行わせることも大切である。

　2）観察・実験のねらい

　中和反応の実験を行い、中和反応によって水と塩が生成することをイオンのモデルと関連付けて理解させることがねらいである。中和反応においては水素イオンと水酸化物イオンから水が生じることにより、酸とアルカリがお互いの性質を打ち消し合うことや、塩化物イオンとナトリウムイオンから塩化ナトリウムと

いう塩が生じることをイオンのモデルを用いて考察させ理解させることがねらいである。

　3）観察・実験の展開
　うすい塩酸とうすい水酸化ナトリウム水溶液を中和させる実験を行い、中性になった液を蒸発・乾固させると塩化ナトリウムの結晶が生じることを理解させる。塩酸と水酸化ナトリウム水溶液をイオンのモデルで表し、塩が生じることを考察させ理解させる。

　① 導入
「小学校6年で、水溶液には酸性、アルカリ性、中性のものがあることを学びましたね。金属を変化させる水溶液があることについて実験をしましたね」
・鉄にうすい塩酸を加えると、気体が発生しました。

　② 展開
「うすい塩酸にうすい水酸化ナトリウム水溶液を加えてたときの変化を調べます」
・加えると赤い色が消えました。
「混ぜた水溶液をスライドガラスに取って、水分を蒸発させて顕微鏡で観察します」
・立方体の結晶があります。塩化ナトリウムの結晶かな。

　③ 発展
「実験で起きたことを次のモデルで考えましょう」
　　　水素イオン　＋　水酸化物イオン　→　水
　　　ナトリウムイオン　＋　塩化物イオン　→　塩化ナトリウム
・水と塩化ナトリウムができているのですね。

　④ まとめ
「水素イオンと水酸化物イオンから水が生じることにより、酸とアルカリがたがいの性質を打ち消し合う反応を中和といいます」
「アルカリの陽イオンと酸の陰イオンが結び付いてできた物質を塩といいます」

4）評価の観点

〔知識・技能〕

　うすい塩酸とうすい水酸化ナトリウム水溶液を中和させると塩化ナトリウムの結晶が生じることを理解している（発言、行動、ノート）。

〔思考・判断・表現〕

　見通しをもって中和の実験を行い、その結果を分析して解釈するとともに、自然環境の保全と科学技術の利用の在り方について、科学的に考察して判断しようとしている（発言、観察カード、ノート）。

〔主体的に学習に取り組む態度〕

　中和に関する事物・現象に進んで関わり、イオンのモデルを用いて科学的に探究しようとしている（行動、観察カード）。

5）指導上の留意点

　中和反応においては水素イオンと水酸化物イオンから水が生じることにより酸とアルカリがお互いの性質を打ち消し合うことや、塩化物イオンとナトリウムイオンから塩化ナトリウムという塩が生じることをイオンのモデルを用いて考察させ理解させる。その際、中性にならなくても中和反応は起きていることにも触れる。また、塩化ナトリウムのように水に溶ける塩のほか、硫酸バリウムのような水に溶けない塩が生じることにも触れる。

　ここで扱う事象は理科室の中だけで起こっているものではなく、日常生活や社会の中で見られることに気付かせ、物質や化学変化に対する興味・関心を高めるようにするとともに、これまで学んだことと関連付けながら身の回りの物質や事象を捉えることが大切である。

　観察、実験に当たっては、保護眼鏡の着用などによる安全性の確保及び試薬や廃棄物の適切な取扱いに十分留意する。

4．「生命」を柱とする領域の教材開発と指導法

（1）小学校3年「身の回りの生物」
　1）学習指導要領の中での位置付け
　小学校学習指導要領での「身の回りの生物」の内容は、次の通りである。

> （1）身の回りの生物
> 　身の回りの生物について、探したり育てたりする中で、それらの様子や周辺の環境、成長の過程や体のつくりに着目して、それらを比較しながら調べる活動を通して、次の事項を身に付けることができるよう指導する。
> 　ア　次のことを理解するとともに、観察、実験などに関する技能を身に付けること。
> 　イ　身の回りの生物の様子について追究する中で、差異点や共通点を基に、身の回りの生物と環境との関わり、昆虫や植物の成長のきまりや体のつくりについての問題を見いだし、表現すること。

　「身の回りの生物」の学習では、アが「知識・技能」であり、具体的には、「(ｱ) 生物は、色、形、大きさなど、姿に違いがあること。また、周辺の環境と関わって生きていること」「(ｲ) 昆虫の育ち方には一定の順序があること。また、成虫の体は頭、胸及び腹からできていること」「(ｳ) 植物の育ち方には一定の順序があること。また、その体は根、茎及び葉からできていること」と示されている。「思考力・判断力・表現力」は、イに示されている。「学びに向かう力・人間性」は、3年の目標の③に「生物を愛護する態度や主体的に問題解決しようとする態度を養う」と示されている。
　これらは、理科の見方・考え方を使って達成することができる。ここでは、多様性と共通性の視点と比較する考え方を主に使うことになる。
　2）観察・実験のねらい
　昆虫についての観察・実験のねらいは、「育ち方には一定の順序があること。成虫の体は頭、胸および腹からできていること」である。多様性と共通性の見方と比較する考え方の育成が求められているので、複数の昆虫を観察することが望ましい。

3）観察・実験の展開

昆虫を題材として紹介する。

① 導入

「モンシロチョウがキャベツ畑(ばたけ)に来ています。モンシロチョウを飼ってみましょう」

「絹糸をはくカイコの卵も持ってきました。モンシロチョウと比べながら飼ってみましょう」

・モンシロチョウは、うまれたすぐはどんなすがたをしているのかな。
・カイコは見たことがないよ。

② 展開

「色、形、大きさ、様子などを観察カードにかき、モンシロチョウとカイコの育ち方を調べていきましょう」

・たまごは、モンシロチョウもカイコもとても小さかった。モンシロチョウのたまごは黄色で、カイコのたまごは黒かった。
・よう虫になると、モンシロチョウもカイコもえさとなる葉をすごいはやさで食べていた。
・モンシロチョウの体の色は緑色で頭がどこかよく分からなかった。
・カイコのよう虫の体の色は、白色で、頭は茶色だった。体は、いくつかに分かれているように見えた。体にもようがあった。
・カイコのせなかを見ると、緑色のすじがあり、大きくなったり小さくなった

図2.4.1 カイコの幼虫

図2.4.2 モンシロチョウの幼虫

図2.4.3　カイコの幼虫　　　　図2.4.4　モンシロチョウの幼虫

りしていた。
・モンシロチョウもよく見ると、背中に緑色のすじが見えた。
・モンシロチョウもカイコもえさを食べなくなったあと、皮をぬいでいた。
・モンシロチョウもカイコもさなぎになった。カイコの体は、よう虫と比べると、とても小さくなった。
・カイコの成虫は、えさを食べないね。
・モンシロチョウの成虫は、花の蜜を吸っているみたいだね。

「カイコとモンシロチョウの成虫の体のつくりはどうなっていますか。描いてみましょう」
・体がいくつかにわかれているみたいだ。
・腹から見ると、体のつくりがよく分かる。
・脚が6本ある。
・はねも4枚ある。

③　まとめ

「観察カードをまとめながら、カイコとモンシロチョウの育ち方と体のつくりをまとめましょう」
・カイコとモンシロチョウのそだち方は、たまご → よう虫 → さなぎ → せい虫だった。
・せい虫からまた、たまごにもどるね。
・カイコとモンシロチョウのからだは、あたま、むね、はらにわかれていて、あしの数は、6本だった。
・カイコは体全体に毛が多いけど、モンシロチョウはそれほど多くなかった。

4）評価の観点
〔知識・技能〕
　昆虫には、卵→幼虫→蛹→成虫の順に育つものがいること（ノート）。
　昆虫の体は、頭、胸、腹からできており、胸には３対の脚があること（ノート）。
〔思考・判断・表現〕
　カイコとモンシロチョウを比較することで、昆虫としての共通点に気付き、カイコとモンシロチョウの体の特徴に気付く（ノート、発言）。
〔主体的に学習に取り組む態度〕
　カイコとモンシロチョウを命ある生きものとして大切に育てている（様子）。
　観察カードを丁寧に書き、それをもとに考えている（観察カード、発言）。

5）指導上の留意点
　モンシロチョウは、日本中で広く飼育されている教材である。カイコは、教材会社や試験場から入手可能な昆虫であり、飼育法が確立されている。いずれも完全変態の昆虫であり、子供たちが観察して、興味を持つことができる飼育動物である。
　モンシロチョウもカイコも幼虫の時に、旺盛な食欲を示す。また、終齢幼虫のころ、背中の背脈管（心臓）に気付くことができる。脈を打っている様子を観察することができる。幼虫の写真の背中をみると、一本の筋が見える、これが背脈管である。子供たちは、これを見ると昆虫が生きていることを実感するであろう。成虫の体のつくりは、シャーレなどにモンシロチョウとカイコを入れて観察した方がよいだろう。
　観察の際に、どの方向から見るかによって、見えるものが異なってくる。幼虫の背脈管は背中側から見た方がよい。幼虫の食べる様子は、横から見た方がよい。成虫の体の頭、胸、腹の区別は、腹側から見ないと、分からない。見方を意識させるとよりよい観察を行うことができるだろう。

【参考文献】
森精（1995）『カイコと教育・研究』サイエンスハウス

(2) 小学校4年「季節と生物」
 1) 学習指導要領の中での位置付け
小学校学習指導要領での「季節と生物」の内容は、次の通りである。

> 　身近な動物や植物について、探したり育てたりする中で、動物の活動や植物の成長と季節の変化に着目して、それらを関係付けて調べる活動を通して、次の事項を身に付けることができるよう指導する。
> 　ア　次のことを理解するとともに、観察、実験などに関する技能を身に付けること。
> 　イ　身近な動物や植物について追究する中で、既習の内容や生活経験を基に、季節ごとの動物の活動や植物の成長の変化について、根拠のある予想や仮説を発想し、表現すること

「季節と生物」の学習では、アが「知識・技能」であり、具体的には、「(ア) 動物の活動は、暖かい季節、寒い季節などによって違いがあること」「(イ) 植物の成長は、暖かい季節、寒い季節などによって違いがあること」と示されている。「思考力・判断力・表現力」は、イに示されている。「学びに向かう力・人間性」は、4年の目標の③に「生物を愛護する態度や主体的に問題解決しようとする態度を養う」と示されている。

　これらは、理科の見方・考え方を使って達成することができる。ここでは、多様性と共通性の視点と関係付けて考えることを主に使うことになる。

 2) 観察・実験のねらい
　観察・実験のねらいは、「(ア) 動物の活動は、暖かい季節、寒い季節などによって違いがあること。(イ) 植物の成長は、暖かい季節、寒い季節などによって違いがあること」である。動物も植物もそれぞれ2種類以上観察することが求められている。

 3) 観察・実験の展開
　① 　導入
「動物、植物の様子が1年間の季節でどのようにかわっていくか調べてみよう」
「自分の住んでいるところで、よく見かける動物、植物のなかから2つ以上えらぼう」

② 展開

「春の生きものの様子はどうかな。気温もいっしょに測っておこう」

・ヒキガエルは、オタマジャクシだった。池にいたよ。
・オオカマキリの幼虫を見つけた。とても小さかった。
・ツルレイシとヘチマを植えよう。
・気温は、18℃だった。

「夏の生きものの様子はどうかな。春の様子と比べてみよう。気温もいっしょに測っておこう」

・ヒキガエルの子供がいた。水辺からはなれていた。
・オオカマキリの幼虫は、皮をぬいで大きくなっていった。
・ツルレイシとヘチマは、どんどん大きくなり、雄花と雌花が咲き始めた。
・気温は、26℃だった。

「秋の生きものの様子はどうかな。夏の様子と比べてみよう。気温もいっしょに測っておこう」

・ヒキガエルは、見かけなくなった。
・オオカマキリの成虫は、卵を産んでいた。
・ツルレイシとヘチマは、枯れ始めた。
・気温は、12℃だった。

「冬の生きものの様子はどうかな。秋の様子と比べてみよう。気温もいっしょに測っておこう」

・ヒキガエルは、見かけなくなった。本で調べると土の中にいるらしい。
・オオカマキリの卵のうを見つけた。
・ツルレイシとヘチマは、種をとることができた。
・気温は、4℃だった。

③ まとめ

「自分たちの調べた結果から、動物、植物の様子が1年間の季節でどのようにかわっていったかまとめてみよう」

・ヒキガエルとオオカマキリは、春に見かけるようになって、夏に大きく成長し、秋に見かけなくなり、冬にオオカマキリは卵を見つけることができた。

・ツルレイシとヘチマは、春に種をまき、夏に大きく育ち花が咲き、秋に枯れてきて種をとることができた。
・動物も植物も、春から夏にかけて成長し、秋から冬にかけておとなしくなったり、枯れてきたりした。温度が高いときに、活動が活発になり、温度が低いときに活動しなくなるのかもしれない。

4）評価の観点

〔知識・技能〕

動物の活動、植物の成長の様子、気温を記録している（観察カード）。

動物の活動、植物の成長と気温は関係がある（ノート、発言）。

〔思考・判断・表現〕

春、夏、秋、冬の観察カードを1年間の季節の変化としてまとめている（観察カード、ノート）。

動物の活動や植物の成長の変化と1年間の季節の気温の変化を関係付けて考察し、自分なりの考えを表現している（ノート、発言）。

〔主体的に学習に取り組む態度〕

植物を命ある生きものとして大切に育てている（様子）。

観察カードを丁寧に書き、それをもとに考えている（観察カード、発言）。

5）指導上の留意点

「季節と生き物」の学習は、「生物季節phenology」に関連している。「生物季節phenology」とは、「季節的におこる自然界の動植物が示す諸現象の時間的変化および気候あるいは気象との関連を研究する学問」（岩波生物学辞典　2013）である。気象庁が主に観測している動物、植物は、下記の通りである。

動物：ヒバリ、ウグイス、ツバメ、モンシロチョウ、キアゲハ、トノサマガエル、シオカラトンボ、ホタル、アブラゼミ、ヒグラシ、モズ

植物：ウメ、ツバキ、タンポポ、サクラ、ヤマツツジ、ノダフジ、ヤマハギ、アジサイ、サルスベリ、ススキ、イチョウ、カエデ

有名なのは、各地の気象台の観測結果をもとにしてつくられる「サクラ前線」であろう。サクラを春の象徴として多くの人々が考えているからである。

動物の活動、植物の成長に気温が関係していることは、分かりやすいが、日

長が関係していることも留意すべき点である。日長の変化は、小学校ではなく中学校で学習するため、この単元では取り上げられないが、日長は、季節を表す重要な要因である。気温は、年によっても、日によっても大きく変化するが、日長は、規則的に変化する。そのため、生物が季節の変化として日長を選択したのであろう。

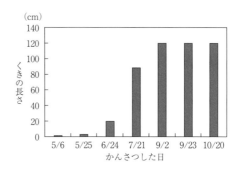

図2.4.5　ツルレイシの成長の観察記録

この単元では、植物の成長の様子を棒グラフで表すこともできる。例として図2.4.5にツルレイシの成長の様子を示している。このグラフを見ると6月7月と気温が高くなるにつれて、ツルレイシが成長していることが分かる。し

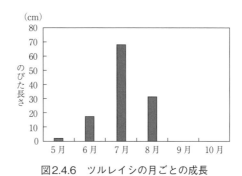

図2.4.6　ツルレイシの月ごとの成長

かし、図2.4.6のように月ごとの成長のグラフを描いてみると、8月は少し成長が鈍くなり、9月、10月は、ほとんど成長しなくなることが分かる。ツルレイシは、気温が上がるにつれて、成長し、気温が下がるについて、成長がとまることが読み取ることができる。月ごとの成長という概念を理解することが、小学校4年生には難しいと思われるが、理解できる子供たちであれば、このようなグラフを描かせて考えさせるのもよいだろう。

さらに、花暦を授業に取り入れることも考えられる。トリやセミの鳴き声を採集し、子供たちに、名前を当てさせるのも観察の視点を広げさせるためには、よい活動である。

【引用文献】

巌佐ら（2013）『岩波生物学辞典』岩波書店

（3）小学校5年「動物の誕生」
　1）学習指導要領の中での位置付け
　小学校学習指導要領での「動物の誕生」の内容は、次の通りである。

> （2）動物の誕生
> 　動物の発生や成長について、魚を育てたり人の発生についての資料を活用したりする中で、卵や胎児の様子に着目して、時間の経過と関係付けて調べる活動を通して、次の事項を身に付けることができるよう指導する。
> 　ア　次のことを理解するとともに、観察、実験などに関する技能を身に付けること。
> 　イ　動物の発生や成長について追究する中で、動物の発生や成長の様子と経過についての予想や仮説を基に、解決の方法を発想し、表現すること。

　「動物の誕生」の学習では、アが「知識・技能」であり、具体的には「(ア) 魚には雌雄があり、生まれた卵は日がたつにつれて中の様子が変化してかえること」「(イ) 人は、母体内で成長して生まれること」と示されている。「思考力・判断力・表現力」は、イに示されている。「学びに向かう力・人間性」は、5年の目標の③に「生物を尊重する態度や主体的に問題解決しようとする態度を養う」と示されている。
　これらは、理科の見方・考え方を使って達成することができる。ここでは、多様性と共通性の視点と条件を制御する考え方を主に使うことになる。
　2）観察・実験のねらい
　観察・実験のねらいは、「(ア) 魚には雌雄があり、生まれた卵は日がたつにつれて中の様子が変化してかえること。(イ) 人は、母体内で成長して生まれること」である。魚の成長は、実体顕微鏡を用いて観察すること、母体内の成長は、映像や模型などの資料を活用して調べることが求められている。観察・実験は、魚の成長で実施する。
　3）観察・実験の展開
　観察・実験が可能である魚の成長を中心に説明する。
　①　導入
　「メダカの雄と雌をいっしょに飼おう」
　・めすが、お腹に卵を付けている。

・おすは、どうするだろうか。

「雄が卵に精子をかけて受精するよ。受精とは、卵と精子がいっしょに結び付くことだよ」

「卵が子メダカになる様子を観察しよう」

・卵の中に最初から顕微鏡で見えるくらいの小さい子メダカがいるかな。

・ニワトリの卵は、黄身と白身だね。

・ヒトの卵は、どうだろうか。

・メダカの卵の直径は、1 mm くらいだ。

「双眼実体顕微鏡や解剖顕微鏡を使って観察しよう」

「双眼実体顕微鏡は、両目を使って観察しよう。双眼実体顕微鏡の使い方を学んでから観察しよう」

・あわのようなものが見える。

・予想と違って、小さい子メダカは見えない。

② 展開

「観察を続けて、観察カードに記録しよう」

・こんなに何もないところから、メダカが生まれてくるのかな。

・3日目に、目が見えてきたよ。

・5日目に、心臓のようなものが見えてきた。血液の流れみたいなものが見えるよ。

・心臓は、一本の筒みたいだ。

・心臓が動いているのが見えた。

・体の形がはっきり見えた。

・卵の膜を破って、子メダカが出てきた。

・生まれた子メダカは、お腹がとてもふくらんでいるよ。

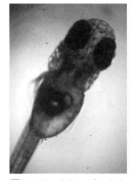

図2.4.7　オタマジャクシ

・子メダカが育っている間、気温は同じくらいだったよ。

「子メダカは、しばらく、お腹の養分を使って成長するよ」

③ 発展

「ウニの発生の様子を資料を使って調べよう」

・ウニの卵にウニの精子をかけると、卵が成長を始める。
・最初は、卵が割れていくようだ。
・卵のなかに腸みたいなものができるそうだ。

④ まとめ

「観察カードをまとめてポスターにして発表しよう」

・メダカのおすとめすがいて、卵が受精して成長をはじめる。
・卵は、少しずつ変化して、子メダカとなって孵化する。
・植物にもめすとおすがあるのかな。
・植物のめすとおすも受精するのかな。

図2.4.8 ウニ

4) 評価の観点

〔知識・技能〕

メダカには、雌雄があり、受精するには、雌雄が必要であることを理解している(ポスター、ノート)。

メダカの生まれた卵の変化の様子を理解している(ポスター、ノート)。

双眼実体顕微鏡もしくは解剖顕微鏡を操作して、記録している(行動、パフォーマンステスト)。

〔思考・判断・表現〕

メダカの発生について予想し、観察している(観察カード、発言、ノート)。

メダカの発生の記録をまとめ、自分の考えを整理している(ポスター)。

〔主体的に学習に取り組む態度〕

メダカの発生に興味を持ち、辛抱強く卵の観察を続けている(行動、観察カード)。

5) 指導上の留意点

メダカに限らず、生き物の観察、世話は、休むことができないので、大変である。そのため、生物を愛護する態度、我慢する心を育てるためにも子供たちに生き物の世話をさせることは、有意義である。

水槽で飼育し、子供たちに当番を決めさせて観察させるのも一つの方法であ

るが、ペットボトルを用いて、子供たち、一人一人に責任を持たせて飼育、観察させるのも一つの方法である。ペットボトルを水槽として用いた場合は、温度管理が難しいかもしれない。メダカの飼育は、20℃前後が適しているので、季節を選んで実施する必要がある。

双眼実体顕微鏡は、学校によっては、十分な数が準備できないかもしれない。準備できた場合は、教科書に操作方法とパフォーマンステスト（実技テスト）ができるよう示されていることがあるので、利用して、子供の顕微鏡操作技能を高めるとよい。

メダカの発生の学習では、雄と雌を用意することから始まるので、雄と雌の役割を意識させることが難しいかもしれない。雄の受精行動を促すには、雄と雌を2日ほど分けて飼育し、一緒にするとよい。受精した卵は、別にしておかないと大人のメダカが食べてしまうことがある。

メダカの学習のあとに、植物の受粉、受精の学習をすることになる。植物は、雄しべ、雌しべと生殖器官が大きいので、雌と雄の必要性が分かりやすい。植物の受粉、受精の学習の際に、メダカの学習を想起させると、生物の多様性と共通性の見方を深めることができる。

発生に関する誤概念としては、18世紀まで主張された前成説が有名である。精子や卵の中に小さい子供がいるというものであり、ヒトの発生を対象に説明されることがあった。特に、精子の中に非常に小さいヒトがいるという考え方が支持された。男性優位社会を反映したものであろう。子供たちも同様な誤概念を持つものがいる。当初の考えとして否定せずに、子供たち自身の観察結果をもとに考えさせることで、誤概念の修正をはかりたいものである。

ヒトの受精と初期発生については、NHK for schoolのビデオで視聴することができる。ウニの初期発生も提示できれば、ヒトとウニの初期発生は、区別がつかないくらいよく似ていることに子供たちは、気付くであろう。生物の多様性と共通性の見方を育てることができる。

【参考文献】
大沢一爽（1982）『メダカの実験33章』共立出版

（4）小学校6年「生物と環境」
　1）学習指導要領の中での位置付け
　小学校学習指導要領での「動物の誕生」の内容は、次の通りである。

> （3）生物と環境
> 　生物と環境について、動物や植物の生活を観察したり資料を活用したりする中で、生物と環境との関わりに着目して、それらを多面的に調べる活動を通して、次の事項を身に付けることができるよう指導する。
> 　　ア　次のことを理解するとともに、観察、実験などに関する技能を身に付けること。
> 　　イ　生物と環境について追究する中で、生物と環境との関わりについて、より妥当な考えをつくりだし、表現すること。

　「生物と環境」の学習では、アが「知識・技能」であり、具体的には「(ｱ) 生物は、水及び空気を通して周囲の環境と関わって生きていること」「(ｲ) 生物の間には、食う食われるという関係があること」「(ｳ) 人は、環境と関わり、工夫して生活していること」と示されている。
　「思考力・判断力・表現力」は、イに示されている。「学びに向かう力・人間性」は、6年の目標の③に「生物を尊重する態度や主体的に問題解決しようとする態度を養う」と示されている。
　これらは、理科の見方・考え方を使って達成することができる。ここでは、多様性と共通性の視点と多面的に調べる考え方を主に使うことになる。
　2）観察・実験のねらい
　観察・実験のねらいは、「(ｱ) 生物は、水及び空気を通して周囲の環境と関わって生きていること」「(ｲ) 生物の間には、食う食われるという関係があること」である。食う食われる関係は、水中の小さな生物を観察することにより、魚が水中にいる小さな生物を食べて生きていることを推察できるようにすることも留意しなければならない。
　3）観察・実験の展開
　観察・実験が可能である「生物の間の食う食われる関係」を中心に説明する。
　①　導入
　「生物はどのようなものを食べているのだろうか」

・人間は、いろいろな食べ物を食べているよ。
・魚や肉、お米、野菜などどれも生きものだね。
・魚は何を食べているのだろう。
・ウシやブタは何を食べているのだろうか。

図2.4.9　ザリガニ

② 展開

「動物の食べ物を調べてみよう」

・モンシロチョウは、キャベツを食べていたね。
・カイコは、クワの葉だけを食べていた。
・シカは、いろいろな植物を食べているよ。
・アメリカザリガニは、急に動いてメダカを捕まえたよ。
・ライギョが、メダカを一口で食べるところを見たことがあるよ。
・ヒキガエルは、じっとしていたけど、いきなりミミズをくわえたよ。

「魚は水中のどんな生き物を食べているのだろうか」
「池の水をすくって、顕微鏡で調べてみよう」

・目で見ても、何か小さなものが動いているのが見えるよ。
・顕微鏡は、5年生の花粉の観察の時に使ったよ。これを使って拡大してみよう。
・倍率40倍で動いている生物が見えたよ。
・教科書に載っている池や小川にいる小さな生物みたいだよ。
・大きいのはミジンコみたいだ。
・倍率100倍で見てみよう。
・小さいのは、ミドリムシみたいだ。
・メダカなどの小さい魚は、ミジンコやミドリムシを食べているのかな。
・プランクトンの図鑑を見ると、ケイソウ

図2.4.10　カエル

やゾウリムシ、ミカヅキモみたいなものも見つけたよ。

③　発展

「ダンゴムシが、枯葉を食べるか調べてみよう」

・やわらかい葉がいいかもしれない。
・枯れたサクラの葉を使ってみよう。
・ダンゴムシは、日かげの湿ったところで見つかるから、同じような環境をつくってあげよう。
・3日後には、ほとんど食べられていたよ。

図2.4.11　ミジンコ

④　まとめ

「調べたことを発表しよう」

・植物を食べる動物がいる。
・動物を食べる動物もいる。
・生物には、「食べる、食べられる」関係がある。

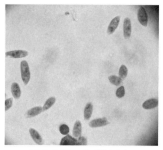

図2.4.12　ミドリムシ

4）評価の観点

〔知識・技能〕

　生物の間には、食う食われる関係があることを理解している（行動、ノート）。

　池や小川にはプランクトンが生息し、魚の餌となっていることを理解している（発言、ノート）。

　顕微鏡を適切に操作して、記録している（行動、パフォーマンステスト）。

〔思考・判断・表現〕

　人や動物の食べ物を資料を活用したり観察したりして調べている（観察カード、発言、ノート）。

　プランクトンを採集し、観察した結果をまとめている（観察カード、発言）。

〔主体的に学習に取り組む態度〕

　人や動物の食べ物について興味関心をもって意欲的に調べている（行動、観察カード）。

魚の食べ物に興味を持ち、自ら進んで採集し、観察している（行動、観察カード）。

顕微鏡に興味を持ち、積極的に操作している（行動）。

5）指導上の留意点

食物連鎖に関しては、実験観察が難しい。アメリカザリガニとメダカを捕まえて、アメリカザリガニがメダカを食べるところ子供たちに見せることは容易であるが、見せるかどうかは、教師の判断となる。

教科書にも分かりやすい写真が掲載されているので、それらを活用することもできるし、さまざまな映像資料を活用することも可能であるが、活用に際しては、子供たちの心理面への配慮が必要である。

草食動物については、すでに３年生で、モンシロチョウやカイコを飼育しているので、子供たちは理解しやすいであろう。肉食動物については、子供たちは、知識はあると思うが、現実感が乏しいかもしれない。本単元で初めて意識することとなるだろう。

プランクトンの観察については、学習指導要領では、６年生のこの単元で学習することとなった。顕微鏡操作は、５年生でも行っているが、再度、パフォーマンステストを実施するなどして、顕微鏡の各部の名称と顕微鏡操作を確実なものにさせたい。プランクトンの厳密な同定は、困難であるので、図鑑を参照させ、どのプランクトンの仲間であるか探させるとよい。子供たちの興味関心を高めさせたい。

ダンゴムシが枯葉を食べる様子の観察は、中学校の分解者の学習へとつながるものである。ダンゴムシについては、参考文献に示している英語の本が読みやすいので、子供たちに紹介したいものである。英語は、Pill Bug（錠剤の虫）もしくは、Roly Polies（丸くなるもの）という。

【参考文献】
滋賀の理科教材研究委員会編（2005）『やさしい日本の淡水プランクトン』合同出版
Emily Morigan,（2013）"Next Time You See a PILL BUG" NSTA

(5) 中学校2年「動物の体のつくりと働き」
 1) 学習指導要領の中での位置付け
中学校学習指導要領での「生物の体のつくりと働き」の内容は、次の通りである。

> (3) 生物の体のつくりと働き
>   生物の体のつくりと働きについての観察、実験などを通して、次の事項を身に付けることができるよう指導する。
>   ア 生物の体のつくりと働きとの関係に着目しながら、次のことを理解するとともに、それらの観察、実験などに関する技能を身に付けること。
>   イ 身近な植物や動物の体のつくりと働きについて、見通しをもって解決する方法を立案して観察、実験などを行い、その結果を分析して解釈し、生物の体のつくりと働きについての規則性や関係性を見いだして表現すること。

「生物の体のつくりと働き」の学習では、アが「知識・技能」であり、具体的には次のように示されている。

「(ア) 生物と細胞
 ⑦ 生物と細胞
  生物の組織などの観察を行い、生物の体が細胞からできていること及び植物と動物の細胞のつくりの特徴を見いだして理解するとともに、観察器具の操作、観察記録の仕方などの技能を身に付けること」

「(イ) 植物の体のつくりと働き
 ⑦ 葉・茎・根のつくりと働き
  植物の葉、茎、根のつくりについての観察を行い、それらのつくりと、光合成、呼吸、蒸散の働きに関する実験の結果とを関連付けて理解すること」

「(ウ) 動物の体のつくりと働き
 ⑦ 生命を維持する働き
  消化や呼吸についての観察、実験などを行い、動物の体が必要な物質を取り入れ運搬している仕組みを観察、実験の結果などと関連付けて理解すること。また、不要となった物質を排出する仕組みがあることについて理解すること。
 ④ 刺激と反応
  動物が外界の刺激に適切に反応している様子の観察を行い、その仕組みを

感覚器官、神経系及び運動器官のつくりと関連付けて理解すること」

「思考力・判断力・表現力」は、イに示されている。「学びに向かう力・人間性」は、第2分野の目標「（3）生命や地球に関する事物・現象に進んで関わり、科学的に探究しようとする態度と、生命を尊重し、自然環境の保全に寄与する態度を養うとともに、自然を総合的に見ることができるようにする」に示されている。

2）観察・実験のねらい

「(ウ) 動物の体のつくりと働き」においては、動物の消化、呼吸及び血液循環や外界の刺激に対する反応についての観察や実験などを通して、動物の体のつくりの多様性と共通性に気付かせるとともに、動物の体のつくりと働きを関連付けて理解させることが主なねらいである。

3）観察・実験の展開

「④ 刺激と反応」を中心に説明する。

① 導入

「受け取った刺激に対するヒトの反応時間を調べよう」

・二人一組で調べるよ。

・一人が物差しを落とすよ。

・もう一人が受け取るよ。

② 展開

「結果を整理してみよう」

・10回やってみた。

・平均をとると、18.2 cmだった。

・時間になおすと、約0.19秒になるよ。

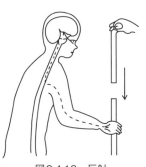

図2.4.13　反射

・反応が早いヒトだと、どのくらいの時間なのかな。

「陸上競技の短距離走などのスタートでは、0.1秒より短いスタートをフライイング（不正スタート）として選手を失格としています」

・ヒトは、0.1秒より反応できないのか。なぜだろう。

「感覚神経で受けた刺激を脳に伝えて、脳から運動神経に信号を送るので時間がかかります」

③ 発展

「脳のつくりをニワトリを使って調べてみよう」

「ニワトリの脳は鶏頭水煮を使おう」

「柔らかいので、ピンセットで皮と骨をはずすと脳を観察することができる」

・大脳は、とても大きい。

・小脳には、しわみたいなものが見える。

・中脳は、下の方にある。

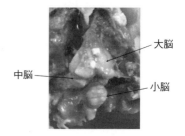

図2.4.14　ニワトリの脳1

「裏側を見ると、中脳と視神経がつながっている様子を観察することができる」

・丸いのが中脳みたいだ。

・中脳と視神経が交差しているようだ。

「中脳は、視葉とも言う。視覚に関係している」

・大脳は、思考に関係しているよ。

図2.4.15　ニワトリの脳2

・小脳は、体のつり合いに関係しているよ。

「サカナの骨を折ると、脊髄を観察することができる」

・脊髄は、サカナの背骨の中にあるね。

④ まとめ

「刺激と反応に関係している神経系についてまとめよう」

・神経系は、脳やせきずいの中枢神経と中枢神経から分かれている末梢神経から構成されているよ。

図2.4.16　魚の脊髄

・末梢神経は、刺激に関係する感覚神経と運動に関係する運動神経があるよ。

4）評価の観点

〔知識・技能〕

刺激に対するヒトの反応時間を調べる実験を通して、感覚神経、運動神経と

関連付けている（行動、ノート）。

　実験誤差と平均の関係に気付き、実験計画を立て、実験を遂行している（発言、ノート）。

〔思考・判断・表現〕

　運動神経、感覚神経と器官とのつながりを図示することができる（レポート、行動）。

　脳の解剖結果と教科書や資料の記述とを関連付けている（レポート、行動）。

〔主体的に学習に取り組む態度〕

　刺激に対するヒトの反応時間を調べる実験を意欲的に行っている（行動）。

5）指導上の留意点

　「刺激と反応」に関する内容は、最終的には、資料を基にした学習となるが、できる限り実験観察を取り入れたいものである。物差しを落として、受け取る実験がよく知られているが、これ以外に③発展で紹介したように脳の観察も実施可能である。鶏頭水煮を使ったニワトリの脳の観察は、入手が簡単で、観察も容易である。

　このほか、焼き魚を用いた脳、脊髄の観察も実施可能である。アジやイワシなどのサカナを焼いて、脳の観察を行うことができる。脳を保護している骨を取り除くのがやや難しいが、観察可能である。頭の先頭から嗅神経、大脳、小脳を観察することが

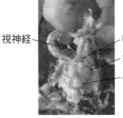

図2.4.17　魚の脳

できる。大脳と小脳の下部に中脳があり、ニワトリの脳と同様に、中脳から視神経が交差して、目につながっている様子も確認できる。

　サカナとニワトリの両方の脳を観察することができれば、頭部に占める脳の割合の違いも分かる。

【参考文献】

大橋順・桜井亮太・千葉喜久枝訳（2017）『体のしくみとはたらき図鑑』創元社

(6) 中学校3年「遺伝の規則性と遺伝子」
 1) 学習指導要領の中での位置付け
中学校学習指導要領での「生命の連続性」の内容は、次の通りである。

> (5) 生命の連続性
>   生命の連続性についての観察、実験などを通して、次の事項を身に付けることができるよう指導する。
>   ア 生命の連続性に関する事物・現象の特徴に着目しながら、次のことを理解するとともに、それらの観察、実験などに関する技能を身に付けること。
>   イ 生命の連続性について、観察、実験などを行い、その結果や資料を分析して解釈し、生物の成長と殖え方、遺伝現象、生物の種類の多様性と進化についての特徴や規則性を見いだして表現すること。また、探究の過程を振り返ること。

「生命の連続性」の学習では、アが「知識・技能」であり、具体的には次のように示されている。
「(ア) 生物の成長と殖え方
  ⑦ 細胞分裂と生物の成長
    体細胞分裂の観察を行い、その順序性を見いだして理解するとともに、細胞の分裂と生物の成長とを関連付けて理解すること。
  ④ 生物の殖え方
    生物の殖え方を観察し、有性生殖と無性生殖の特徴を見いだして理解するとともに、生物が殖えていくときに親の形質が子に伝わることを見いだして理解すること」
「(イ) 遺伝の規則性と遺伝子
  ⑦ 遺伝の規則性と遺伝子
    交配実験の結果などに基づいて、親の形質が子に伝わるときの規則性を見いだして理解すること」
「(ウ) 生物の種類の多様性と進化
  ⑦ 生物の種類の多様性と進化
    現存の生物及び化石の比較などを通して、現存の多様な生物は過去の生物が長い時間の経過の中で変化して生じてきたものであることを体のつくりと関

連付けて理解すること」

「思考力・判断力・表現力」は、イに示されている。「学びに向かう力・人間性」は、第2分野の目標「（3）生命や地球に関する事物・現象に進んで関わり、科学的に探究しようとする態度と、生命を尊重し、自然環境の保全に寄与する態度を養うとともに、自然を総合的に見ることができるようにする」に示されている。

2）観察・実験のねらい

「(イ) 遺伝の規則性と遺伝子」においては、交配実験の結果などから形質の表れ方の規則性を見いだし、染色体にある遺伝子を介して親から子へ形質が伝わること及び分離の法則について理解させることがねらいである。

3）観察・実験の展開

「⑦ 遺伝の規則性と遺伝子」を中心に説明する。

① 導入

「子の代の形質が同じ場合の孫の代への形質の伝わり方を調べよう」

「アサガオの色の遺伝を考えよう。アサガオは有色が優性で白色が劣性だ」

・付箋を使って遺伝子を表そう。
・2枚一組で精細胞、卵細胞の遺伝子を表すよ。
・子から孫へ遺伝子が伝わる時に、付箋を1枚ずつにして、組み合わせをつくろう。

② 展開

「結果を整理してみよう」

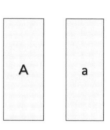

図2.4.18　遺伝子

・二人一組で5回組み合わせをつくったら、クラス全体では、100回のデータを得ることができた。
・結果は、AAが24、Aaが53、aaが23となった。
・子の代では、形質がすべて同じでアサガオの色は有色となったけど、孫の代では、白色が現れた。
・遺伝子型の比は、AA：Aa：aaが約1：2：1となった。
・優性と劣性の形質の比は、約3：1となった。

③ 発展

「インターネットを使って他の生物の形質を調べてみよう」

・トマトの色は、赤色が優性で黄色が劣性だ。
・小麦は、晩生が優性で早生が劣性だ。
・ニワトリの羽毛の色は、黒色が優性で白色が劣性だ。
・カイコの繭の色は、黄色が優性で白色が劣性だ。
・カタツムリの殻は、太い筋がないのが優性で太い筋があるのが劣性だ。
・ヒトの眼の色は、褐色が優性で青色が劣性だ。

④ まとめ

「有性生殖で親の形質が子へどのように伝わるか調べたことをもとにしてまとめよう」

・遺伝子の組み合わせにより、親の形質が現れたり現れなかったりすることが確認できた。
・組み合わせの回数が多いと、親の形質を比として表せるが、組み合わせの回数が少ないと親の形質の現れ方に偏りがあり、比として表すことは難しい。

4）評価の観点

〔知識・技能〕

　有性生殖における遺伝には規則性が見られることを理解している（ノート）。
　減数分裂の仕組みと遺伝子と関連付けて考えることができる（発言、ノート）。
　分離の法則、優性の形質、劣性の形質を理解している（ペーパーテスト）。
　遺伝のシミュレーションを行うことができる（行動、ノート）。

〔思考・判断・表現〕

　両親の形質が生殖細胞の染色体を通して子に伝えられることを減数分裂、受精と関連付けて考えることができる（レポート、行動）。
　分離の法則、優性の形質、劣性の形質などの用語を適切に使って、遺伝の規則性を説明できる（レポート、行動）。

〔主体的に学習に取り組む態度〕

　遺伝の規則性を意欲的に確かめようとしている（行動）。
　シミュレーションを通じて、遺伝の規則性を調べるには数多いデータが必要であることに気付いている（行動、発言）。

5）指導上の留意点

　遺伝の学習において、遺伝の規則性を学ぶためにはメンデルの実験は、適しているが、遺伝の学習の有用性を子供たちに感じさせるには、ヒトの遺伝が適している。子供たちに興味を持たせるには、耳たぶ（大：優性、小：劣性）、えくぼ（あり：優性、なし：劣性）、耳垢（湿性：優性、乾性：劣性）などの形質であることを示すとよいが、興味本位に走らないよう留意する必要がある。

　遺伝に関する病気も重要な知識である。高等学校で学習するフェニルケトン尿症という病気がある。常染色体劣性の遺伝病であり、中学校で学習するメンデル遺伝の考え方が適用できる。この病気は、アミノ酸の代謝異常を引き起こし、知能障害、歩行障害を引き起こす。しかし、乳児期からフェニルアラニンの少ない食事療法を行えば、防ぐことができることが分かっている。そのため、日本では、新生児は、検査を行いフェニルケトン尿症の有無を調べている。遺伝の知識が病気の対策に役立っている適切な例である。

　色覚に関する遺伝も有用な知識である。赤色と緑色の区別がつかない色覚を持つヒトがいることがよく知られている。これは、性染色体の遺伝であり、高校の学習内容であるが、知らせてもよい内容である。ヒトの染色体には、性染色体と常染色体がある。常染色体は、22対であり、性染色体は、男性がXY、女性がXXであり、男性の場合、染色体が対をなしていない。そのため、メンデル遺伝とは異なっている。右図に示している例では、Aが優性、aが劣性（赤色と緑色の区別が困難な色覚）を示している。母親が保因者であり、父親は正常である場合、娘は正常ホモと保因者となるが、色覚には問題がない。息子は、半分の確率で赤色と緑色の区別が困難な子供が生まれることになる。このように、メンデル遺伝とは異なった遺伝子の伝わり方をするのである。

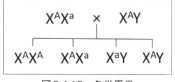

図2.4.19　色覚異常

【参考文献】

巌佐庸ら（2013）『岩波生物学辞典』岩波書店

5．「地球」を柱とする領域の教材開発と指導法

（1）小学校4年「雨水の行方と地面の様子」
1）学習指導要領の中での位置付け
　小学校学習指導要領での「雨水の行方と地面の様子」の内容は、次の通りである。

> （3）雨水の行方と地面の様子
> 　雨水の行方と地面の様子について、流れ方やしみ込み方に着目して、それらと地面の傾きや土の粒の大きさとを関係付けて調べる活動を通して、次の事項を身に付けることができるよう指導する。
> 　　ア　次のことを理解するとともに、観察、実験などに関する技能を身に付けること。
> 　　　(ｱ)　水は、高い場所から低い場所へと流れて集まること。
> 　　　(ｲ)　水のしみ込み方は、土の粒の大きさによって違いがあること。
> 　　イ　雨水の行方と地面の様子について追究する中で、既習の内容や生活経験を基に、雨水の流れ方やしみ込み方と地面の傾きや土の粒の大きさとの関係について、根拠のある予想や仮説を発想し、表現すること。

　「雨水の行方と地面の様子」の学習では、上のア、イの2つの項目が示され、特に前者では、「(ｱ)　水は、高い場所から低い場所へと流れて集まること」「(ｲ)　水のしみ込み方は、土の粒の大きさによって違いがあること」と記載され、これを観察・実験などの実施から理解することが求められている。
　ここでの内容は、「地球」についての基本的な概念などを柱とした内容のうちの「地球の内部と地表面の変動」「地球の大気と水の循環」に関わるものであり、その後の第5学年「B (3) 流れる水の働きと土地の変化」、第6学年「B (4) 土地のつくりと変化」の学習につながるものである。普段は見慣れていても意識しない地球の表層に対する新たな気付きを促すこととなる。
　具体的な学習のねらいとしては、まず、児童が校庭など身近な地域の水の流れ方やしみ込み方に着目する。それらと土地の傾きや土の粒の大きさとを関係付けて、雨水の行方と地面の様子を調べる活動を行う。この活動を通して、現

象の理解を図り、観察、実験などに関する技能を身に付ける。それとともに、主に既習の内容や生活経験を基に、根拠のある予想や仮説を発想する力や主体的に問題解決しようとする態度を育成することが学習指導要領解説理科編（以下、「解説」と略記する）でも記されている。

２）観察・実験のねらい

ここでの観察と実験のねらいについて、解説から取り上げてみる。

まず、(ア) 雨水が地面を流れていく様子から、雨水の流れ方に着目して、雨水の流れる方向と地面の傾きとを関係付けて、降った雨の流れの行方を調べる。これらの活動を通して、校庭での雨水の流れ方から学校周辺での雨水の集まる場所について、既習の内容や生活経験を基に、根拠のある予想や仮説を発想し、表現する。それとともに、水は高い場所から低い場所へと流れて集まる一般性や普遍性についても意識するようにする。具体的な方法としては、地面にできた雨水の流れの方向を観察するとともに、普段の生活では気が付かなかった地面の傾きの違いについて、雨水の流れる方向と地面の傾きとの関係を捉えるようにする。

次に、(イ) 雨があがった後の校庭や教材園などの地面の様子から、水のしみ込み方に着目して、水のしみ込み方と土の粒の大きさとを関係付けて、降った雨の流れの行方を調べる。これらの活動を通して、土の粒の大きさによる水のしみ込み方の違いについて、既習の内容や生活経験を基に、根拠のある予想や仮説を発想し、表現するとともに、水のしみ込み方は土の粒の大きさによって違いがあることを捉えるようにする。その際、水たまりができている地面とできていない地面を観察するとともに、水のしみ込み方の違いについて、虫眼鏡で土の粒の大きさを観察したり、粒の大きさの違う土を用いて、水がしみ込むまでの時間を比べたりすることが考えられる。

ここで扱う対象としては、(ア) については、雨があがった後の校庭や教材園などに見られる雨水の流れが考えられる。(イ) については、校庭や教材園、砂場などにある、粒の小さい土や粒の大きい土などが考えられる。

日常生活との関連として、ここでの学習が排水の仕組みに生かされていることや、雨水が川へと流れ込むことに触れることで、自然災害の発生原因や防災

との関連を図ることも考えられる。
　なお、校庭での観察については、急な天候の変化や雷などに留意し、事故防止に配慮するように指導する。
　3）観察・実験の展開
　① 導入
　　大雨の後、校庭にたまった水は、どの場所から消えていくのか、児童に自分たちの経験から考えさせる。場合によっては、あらかじめ大雨が降っている時の校庭の様子、雨がやんだ直後の校庭の様子、少しずつ乾いていく様子、完全に乾いた状態の写真を準備し、時間軸に沿って児童に見せる。特に雨が降っている時、校庭の中でもどの方向に水が流れていくかをビデオなどで記録したものを見せることができれば、その後の学習の展開も好都合である。
　② 展開
　　授業時間中に雨が降っている時でも校舎内から、校庭の状況を観察させたり、授業外であれば、その時の様子をビデオで撮影して校庭に降った雨水の様子を観察させたりする。ここでの指導に当たっては、雨水の行方と地面の様子について調べる際、雨が止んだ後に、実際に校庭や教材園などに出て、地面の傾きの様子を調べたり、虫眼鏡で土の粒の大きさを観察したり、校庭や教材園、砂場などから土を採取して、粒の大きさの違いによる水のしみ込み方の違いを調べたりすることが考えられる。
　　これらの活動では、普段気が付かなかったこと、例えば、水平に見えていたり、均質に見えたりするグランドでも、雨水の行方を観察することによって、はじめて気付くことがある。
　③ 発展
　　校区などの地域でも、水がたまりやすいところはどこか、その理由は何かを応用として考えることもできる。地形図を用いて、水が流れやすいところや水のたまりやすいところを学習者なりに考えることができるように導く。校庭などの地面や草地などでは、大雨が降っても時間とともに、水は地中にしみこんでいくが、コンクリートやアスファルトなどに覆われた都市部などではどのようになっているのかを考えさせる。それらをふまえながら、都市部ではどの

ような治水施設があるのかも触れ、日常生活との関わりに気が付かせる。

都市部での洪水が起こること、大雨の時やその後に、様子を見に行くことがなぜ危険なのか理解できるようになることも防災教育と関連して重要である。

図2.5.1 校庭での雨水の行方から地域の水害の理由を話し合う

④ まとめ
・水は、高い場所から低い場所へと流れて集まること。校庭だけでなく、地域全体にも応用して考えることができる。
・水のしみ込み方は、土の粒の大きさによって違いがあること。

4）評価の観点
〔知識・技能〕
　雨水の流れる方向と地面の傾きとを関係付けて、降った雨の流れの行方を調べることができる。水は、高い場所から低い場所へと流れて集まること。水のしみ込み方は、土の粒の大きさによって違いがあることを理解しており、その根拠として、虫眼鏡やルーペなどを正しく使用できるようになっている。
〔思考・判断・表現〕
　自分の観察結果に基づいて、土地の特徴からその原因に気付き、雨水の流れを判断して、説明することができるようになることを活動として意識する。
〔主体的に学習に取り組む態度〕
　校庭での雨水の流れの学習結果を発展させ、自分の住んでいる地域の水害原因を考え、危険な場所や安全な場所を科学的な思考・判断力によって導こうとする。また、地域の人たちにそれを知らせ、ともに安全・安心な地域づくりができるような基盤を培う。

5）指導上の留意点

　台風などの豪雨の時には、外出しないこと、毎年のように田畑などを見に行った人が犠牲になっていることも話題として取り上げる。また、校庭に降った雨水は、地表面から地中にしみこんでいくだけでなく、太陽の熱などによる蒸発の影響についても触れておく。さらに校庭の土の粒を観察するために用いる虫眼鏡やルーペの正しい使い方を指導しておく。絶対に太陽を見たり、近くにいる人に向けたりすることがないように注意しておく。

コラム

「地球」を柱とする領域での系統性

　「地球」を柱とする領域では、自然の事物・現象に対する時間的・空間的な見方が系統的に深まるよう、第4学年から第6学年に単元が設定されている。第4学年「雨水の行方と地面の様子」では、雨水の行方と地面の様子について、流れ方やしみ込み方に着目して、それらと地面の傾きや土の粒の大きさとを関係付けて調べる活動を行う。

　第5学年「流れる水の働きと土地の変化」では、流れる水の働きと土地の変化について、水の速さや量に着目して、それらの条件を制御しながら調べる活動を行う。この活動を通して、時間的・空間的な見方を川や流域全体に広げて、流れる水の働きと土地の変化を捉えるようにする。この時に第4学年「雨水の行方と地面の様子」の学習の「雨水の流れ」を「流れる水」に、「地面の様子」を「土地の変化」に置き換えるなどして、対象を変えて視点を広げ、見方を深めていくようにする。

　第6学年「土地のつくりと変化」では、土地やその中に含まれる物に着目して、土地のつくりやでき方を多面的に調べる活動を行う。このときに時間的・空間的見方を歴史的・地球的規模に広げて、土地のつくりと変化を捉えるようにする。

　自然の事物・現象の働きなどが、短い期間や限られた空間で起こると、極端な自然現象が発生することがある。これらの単元は、自然災害との関連を図るうえで重要である。

（秋吉博之）

（2）小学校5年「流れる水の働きと土地の変化」
　1）学習指導要領の中での位置付け
　小学校学習指導要領での「流れる水の働きと土地の変化」の内容は、次の通りである。

> （3）流れる水の働きと土地の変化
> 　流れる水の働きと土地の変化について、水の速さや量に着目して、それらの条件を制御しながら調べる活動を通して、次の事項を身に付けることができるよう指導する。
> 　　ア　次のことを理解するとともに、観察、実験などに関する技能を身に付けること。
> 　　　(ｱ) 流れる水には、土地を侵食したり、石や土などを運搬したり堆積させたりする働きがあること。
> 　　　(ｲ) 川の上流と下流によって、川原の石の大きさや形に違いがあること。
> 　　　(ｳ) 雨の降り方によって、流れる水の量や速さは変わり、増水により土地の様子が大きく変化する場合があること。
> 　　イ　流れる水の働きについて追究する中で、流れる水の働きと土地の変化との関係についての予想や仮説を基に、解決の方法を発想し、表現すること。

　「流れる水の働きと土地の変化」の学習では、解説によると、「(ｱ) 流れる水には、土地を侵食したり、石や土などを運搬したり堆積させたりする働きがあること」「(ｲ) 川の上流と下流によって、川原の石の大きさや形に違いがあること」「(ｳ) 雨の降り方によって、流れる水の量や速さは変わり、増水により土地の様子が大きく変化する場合があること」が示され、身近な河川の観察から河川流域の特色を理解できるようになることが期待されている。

　河川は明治以来、日本の理科教育での伝統ある教材と捉えることができる。ただ、河川の観察については、流速や流量など、水に注目されることが多かったが、その水の働きが運搬・侵食・堆積の作用を生じ、これが地域の地形の形成に大きく関わっていることも気付かせたい。

　2）観察・実験のねらい
　本内容は、先述の第4学年「B (3) 雨水の行方と地面の様子」の学習をふまえて、「地球」についての基本的な概念などを柱とした内容のうちの「地球の内部と地表面の変動」「地球の大気と水の循環」に関わるものであり、第6学年「B

(4) 土地のつくりと変化」の学習につながるものである。

　河川は学校の近くを流れていることが多く、都市部でも数少ない自然環境と言える（人間の手が加わっていない河川はないが）。ここでは、児童が、流れる水の速さや量に着目し、それらの条件を制御しながら、流れる水の働きと土地の変化を調べる活動を行う。それらを通して理解を図り、観察、実験などに関する技能を身に付けるとともに、主に予想や仮説を基に、解決の方法を発想する力や主体的に問題解決しようとする態度を育成することがねらいである。

　3）観察・実験の展開
　① 導入
　　学校や地域の河川では、護岸堤防が見られることも多い。蛇行している河川には、コンクリートブロックで護岸されているところとそうでないところがある。写真などを見せて、まず、河川は蛇行していること、次に護岸も一様でないことに気付かせる。次にこの理由をグループごとに考えさせる。
　② 展開
　　（ⅰ）学校周辺の川を流れる水の速さや量に着目して、それらと土地の変化とを関係付けて、流れる水の働きを調べる。これらの活動を通して、流れる水の働きと土地の変化との関係についての予想や仮説を基に、解決の方法を発想し、表現するとともに、流れる水には、土地を侵食したり、石や土などを運搬したり堆積させたりする働きがあることを捉えるようにする。
　　（ⅱ）川を流れる水の速さや量に着目して、それらと川原の石の大きさや形とを関係付けて、川の様子の違いを調べる。これらの活動を通して、石の大きさや形と流れる水の働きとの関係についての予想や仮説を基に、解決の方法を発想し、表現するとともに、川の上流と下流によって、川原の石の大きさや形に違いがあることを捉えるようにする。また、上流から下流まで、川を全体として捉え、上流では侵食の働きがよく見られ、下流では堆積の働きがよく見られることなど、流れる水の働きの違いによる川の様子の違いを捉えるようにする。
　　（ⅲ）雨が短時間に多量に降ったり、長時間降り続いたりしたときの川を流れる水の速さや量に着目して、水の速さや量といった条件を制御しながら、増

水による土地の変化の様子を調べる。これらの活動を通して、水の速さや量の変化に伴う流れる水の働きの変化についての予想や仮説を基に、解決の方法を発想し、表現するとともに、雨の降り方によって、水の速さや量が増し、地面を大きく侵食したり、石や土を多量に運搬したり堆積させたりして、土地の様子が大きく変化する場合があることを捉えるようにする。

ここでの指導に当たっては、野外での直接観察のほか、適宜、人工の流れをつくったモデル実験を取り入れて、流れる水の速さや量を変え、土地の変化の様子を調べることで、流れる水の働きについて捉えるようにする。さらに、観察、実験の結果と実際の川の様子とを関係付けて捉えたり、長雨や集中豪雨により増水した川の様子を捉えたりするために、映像、図書などの資料を活用することが考えられる。日常生活との関連としては、長雨や集中豪雨がもたらす川の増水による自然災害に触れるようにする。

③ 発展

2つのバットにグランドなどの土を入れて傾きをもった蛇行河川をつくる。傾きの上の方から水を注ぎ、その量が多くなると、河川流路を超えてしまう（破堤する）ことを観察させる。次に、破堤しそうなところを推測し、グループでどの部分に補強すればよいのかを話し合って、コンクリート（もしくは粘土）を用いて水を流す。

図2.5.2 流れる水のはたらきについての実験

④ まとめ

流れる水には、土地を侵食したり、石や土などを運搬したり堆積させたりする働きがあること。川の上流と下流によって、川原の石の大きさや形に違いがあること。雨の降り方によって、流れる水の量や速さは変わり、増水により土地の様子が大きく変化する場合があること。

4）評価の観点

〔知識・技能〕

　実際の河川を観察することによって、科学的な知識・技能が深まることをねらいとする。河川では、水の働きだけでなく、その結果としての土砂への影響もある。これらの関係を観察や実験によって理解できるようになる。

〔思考・判断・表現〕

　流れる水の働きと土地の変化との関係についての予想や仮説を基に、解決の方法を発想し、表現するとともに、流れる水には、土地を侵食したり、石や土などを運搬したり堆積させたりする働きがあることを捉えるようにする。

〔主体的に学習に取り組む態度〕

　河川と人間との関わりは有史以来のものであると言ってよい。各地域では、利水・治水に莫大なエネルギーが注がれてきた。社会科での取扱いとは異なり、理科で河川教材を取り扱う場合、自然環境に注目すべきではあるが、学校での学びが学校外でも応用されることに気付くことができるのも事実である。

5）指導上の留意点

　海外では、河川は上流・中流・下流と分けられることがあるが、日本の河川では、この分け方が適切であるとは限らない。日本列島では、上流・下流はあっても中流を明確にすることができにくい場合も多い。見方によっては、日本の河川は全てが海外の河川の上流に相当することがある。そこで、海岸部に注ぐ河川でも礫はゴツゴツしているなど、丸くなっていないことも珍しくない。

　川の現地学習に当たっては、気象情報に注意するとともに、事故防止に配慮するように指導する。河川は降水によって短時間で大きく変化する。それらの観察は重要な意味があるが、くれぐれも安全に配慮し、危険な箇所には近づかない指導も徹底する必要がある。

　つまり、洪水や河川氾濫などについての正しい知識や技能を習得することが、防災にもつながることを意識しておくべきであろう。危険予測や自分の身を守ることができる適切な判断など、安全な行動がとれるようになることは理科にとっても重要である。

（3）小学校6年「土地のつくりと変化」
1）学習指導要領の中での位置付け

小学校学習指導要領での「土地のつくりと変化」の内容は、次の通りである。

> （4）土地のつくりと変化
> 　土地のつくりと変化について、土地やその中に含まれる物に着目して、土地のつくりやでき方を多面的に調べる活動を通して、次の事項を身に付けることができるよう指導する。
> 　　ア　次のことを理解するとともに、観察、実験などに関する技能を身に付けること。
> 　　　(ｱ)　土地は、礫、砂、泥、火山灰などからできており、層をつくって広がっているものがあること。また、層には化石が含まれているものがあること。
> 　　　(ｲ)　地層は、流れる水の働きや火山の噴火によってできること。
> 　　　(ｳ)　土地は、火山の噴火や地震によって変化すること。
> 　　イ　土地のつくりと変化について追究する中で、土地のつくりやでき方について、より妥当な考えをつくりだし、表現すること。

本内容は、第4学年「B（3）雨水の行方と地面の様子」、第5学年「B（3）流れる水の働きと土地の変化」の学習をふまえて、「地球」についての基本的な概念などを柱とした内容のうちの「地球の内部と地表面の変動」「地球の大気と水の循環」に関わるものであり、中学校第2分野「（2）大地の成り立ちと変化」の学習につながるものである。

ここでは、児童が、土地やその中に含まれている粘土、砂、礫などの堆積物に着目して、土地のつくりやでき方を多面的に調べる活動を通して、土地のつくりや変化についての理解を図り、観察、実験などに関する技能を身に付けるとともに、主により妥当な考えをつくりだす力や主体的に問題解決しようとする態度を育成することがねらいである。

2）観察・実験のねらい

指導に当たっては、児童が土地のつくりや変化について実際に地層を観察する機会をもつようにすることが理想である。そうでない場合も映像、模型、標本などの資料を活用し、土地を構成物といった部分で見たり、地層のつくりや広がりといった全体で見たりすることで、理解を深めるようにする。

3）観察・実験の展開
① 導入
　ビデオや写真などで、学校近辺や身近な地域、さらには国内外の代表的な地形や地層を見させる。これらの地層は、どのような堆積物から構成されているのか、考察させる。

図2.5.3　地層が観察できる露頭

　確かに学校ではボーリング資料などが残されているところもあるが、そのまま児童に見せても、十分な教材とは言えない。分かりやすい地質柱状図を準備したり、地層剥ぎ取り標本で観察させたりする方が理解しやすいことが多い。

② 展開
　できる限り、児童が土地のつくりや変化について実際に地層を観察する機会をもつようにする。しかし、学校近くに観察させる適当な地層がなかったり、また、児童を引率するには時間的制約などがあったりする場合が普通である。そこで土地の構成物を調べる際には、地質ボーリングの資料を利用したり、「地層剥ぎ取り標本」を用いたりして観察させることが考えられる。
　むしろ教室内においては、地層剥ぎ取り標本が地層を理解することに効果的と考えられる。昨今は剥ぎ取りの薬剤の入手も簡単になっており、作業も困難でもないため、同僚と作成して授業で使用することも考えられる。
　（ⅰ）ここでは、一応、野外観察を想定した取組を述べる。崖や切り通しなどで土地やその中に含まれる物に着目して、土地のつくりを多面的に調べる。これらの活動を通して、土地のつくりについて、より妥当な考えを組み立て、表現するとともに、土地は、礫、砂、泥、火山灰などからできており、幾重にも層状に重なり地層をつくって広がっているものがあることを捉えるようにする。また、地層には化石が含まれているものがあることや、礫、砂、泥については、粒の大きさに違いがあることを捉えるようにする。その際、複数の地点の地層のつくりを層の構成物の粒の大きさや形、色を相互に関係付けて

調べ、地層の重なりや広がりを捉えるようにする。

（ⅱ）土地やその中に含まれる物に着目して、粒の大きさや形や色などの特徴から、土地のでき方を多面的に調べる。これらの活動を通して、地層ができた要因について、より妥当な考えをつくりだ

図2.5.4　化石が含まれる地層

し、表現するとともに、地層は、流れる水の働きや火山の噴火によってできることを捉えるようにする。例えば、地層の中に含まれる丸みを帯びた礫や砂などから、流れる水の働きによってつくられた地層であることを推定できるようにする。流れる水の働きでできた岩石として礫岩、砂岩、泥岩を扱うこととするが、観察されるのはそれだけとは限らない。火山灰や多くの穴をもつ石が地層の中に含まれていることなどから、火山の噴火によってつくられた地層もあることを捉えるようにする。地史の組み立ての基本的な学びとなる。

（ⅲ）土地の様子に着目して、火山の活動や地震による土地の変化を多面的に調べる。これらの活動を通して、土地のつくりやでき方について、より妥当な考えを導き、表現するとともに、土地は、火山の噴火や地震によって変化することも捉えるようにする。その際、火山の噴火によって、溶岩が流れ出したり、火山灰が噴き出したりして変化した土地の様子や、大きな地震によって地割れが生じたり断層が地表に現れたり崖が崩れたりした様子を考えさせる。

③　発展

遠足や移動教室などあらゆる機会を生かすとともに、博物館や資料館などの社会教育施設を活用することが考えられる。また、地形から、その地域の生い立ちなどを理解につながるような学びも期待できる。

④　まとめ

土地は、礫、砂、泥、火山灰などからできており、層をつくって広がっているものがあること、また、地層には化石が含まれているものがあることができるようになる。さらに、地層は流れる水の働きや火山の噴火によってできる

こと、土地は、火山の噴火や地震によって変化することを理解できるようになる。

4）評価の観点

〔知識・技能〕

　土地のつくりについて、より妥当な考えをつくりだし、表現するとともに、土地は、礫、砂、泥、火山灰などからできており、幾重にも層状に重なり地層をつくって広がっているものがあることを理解できるようになっているか。また、地層には化石が含まれているものがあることや、礫、砂、泥については、粒の大きさに違いがあることが捉えるようになっているか。

〔思考・判断・表現〕

　土地を、全体として漠然と見るのではなく、礫、砂、泥などの構成物といった部分で見たり、地層のつくりや広がりといった空間や時間のスケールを意識しながら見たりすることで、理解を深めるようになる。また、どこに着目するかを指導してスケッチをさせることも重要である。

〔主体的に学習に取り組む態度〕

　自分たちの地域がどのようにできたのかを知るための基本が、地域の地層観察である。また、中学校以降の発展的な学びから、ジオパークの形成の理解など、地域への興味関心が愛着につながる場合も多い。

5）指導上の留意点

　地層のつくりや、地層が流れる水の働きによってできる場合があることを理解するために、第4学年「（3）雨水の行方と地面の様子」、第5学年「（3）流れる水の働きと土地の変化」の学習との関連を図る。また、日常生活との関連としては、火山の噴火や地震がもたらす自然災害に触れる。その際、映像、図書などの資料を基に調べ、過去に起こった火山の活動や大きな地震によって土地が変化したことや将来にも起こる可能性があることを捉えるようにする。

　なお、土地の観察に当たっては、それぞれの地域に応じた指導を工夫するようにするとともに、野外観察においては安全を第一に考え、事故防止に配慮するように指導する。また、岩石サンプルを採る際には、保護眼鏡を使用するなど、安全に配慮するように指導する。

（4）中学校1年「大地の成り立ちと変化」
　1）学習指導要領の中での位置付け
　中学校学習指導要領での「大地の成り立ちと変化」の内容は、次の通りである。

> （2）大地の成り立ちと変化
> 　大地の成り立ちと変化についての観察、実験などを通して、次の事項を身に付けることができるよう指導する。
> 　ア　大地の成り立ちと変化を地表に見られる様々な事物・現象と関連付けながら、次のことを理解するとともに、それらの観察、実験などに関する技能を身に付けること。
> 　（ア）身近な地形や地層、岩石の観察
> 　　㋐　身近な地形や地層、岩石の観察
> 　　　身近な地形や地層、岩石などの観察を通して、土地の成り立ちや広がり、構成物などについて理解するとともに、観察器具の操作、記録の仕方などの技能を身に付けること。
> 　（イ）地層の重なりと過去の様子
> 　　㋐　地層の重なりと過去の様子
> 　　　地層の様子やその構成物などから地層のでき方を考察し、重なり方や広がり方についての規則性を見いだして理解するとともに、地層とその中の化石を手掛かりとして過去の環境と地質年代を推定できることを理解すること。
> 　（ウ）火山と地震
> 　　㋐　火山活動と火成岩
> 　　　火山の形、活動の様子及びその噴出物を調べ、それらを地下のマグマの性質と関連付けて理解するとともに、火山岩と深成岩の観察を行い、それらの組織の違いを成因と関連付けて理解すること。
> 　　㋑　地震の伝わり方と地球内部の働き
> 　　　地震の体験や記録を基に、その揺れの大きさや伝わり方の規則性に気付くとともに、地震の原因を地球内部の働きと関連付けて理解し、地震に伴う土地の変化の様子を理解すること。
> 　（エ）自然の恵みと火山災害・地震災害
> 　　㋐　自然の恵みと火山災害・地震災害
> 　　　自然がもたらす恵み及び火山災害と地震災害について調べ、これらを火山活動や地震発生の仕組みと関連付けて理解すること。
> 　イ　大地の成り立ちと変化について、問題を見いだし見通しをもって観察、実験などを行い、地層の重なり方や広がり方の規則性、地下のマグマの性質と火山の形との関係性などを見いだして表現すること。

「大地の成り立ちと変化」の学習では、地球表面で起こる現象について、身近な地域の内容を取り上げ、地球全体の状況を理解できるようになることが期待されている。これまでの理科では、自然現象を理解するための知識や技能の習得にとどめ、災害や防災など、人間生活との関わりは最低限にとどめられていた。しかし、東日本大震災発生後では、その後も頻繁に日本列島を襲う自然災害への対応として、防災・減災も無視できなくなっている背景がある。

2）観察・実験のねらい

身近な地域の地形や地層、岩石などの観察から、地層及びその構成物、火山、地震などの現象が互いに関連していることを捉えさせ、大地の成り立ちと変化について、総合的に見ることができるようにする。

3）観察・実験の展開

① 導入

近年、日本では外国からの観光客が増えている。自然豊かな日本列島の魅力を世界に発信する機会でもある。自分たちの地域（都道府県や隣接地域に広げてもよい）には、どのような国立公園・国定公園、ジオパークがあるか調べさせる。また、その自然景観はどのようにしてできたのかを地学的な観点から考察する。このように大地の成り立ちと変化に関する学習を進める際には、身近な地域の実態に合わせて地形や地層、岩石などの観察の機会を設け、興味・関心を高めるようにする。

② 展開

観光ガイドブックをきっかけとして、地域の地形図や地質図を準備する。地域はどのような岩石や地質からできているのか、地質図や現地調査から調べる。具体的には、地形や露頭の観察を行ったり、ボーリングコアや博物館の標本などを活用したりして、地層の構成物の違いなどに気付かせ、地層の広がりなどについての問題を見いだし、学校内外の土地の成り立ちや広がり、構成物などについて理解させる。その際、地形や地層、岩石の観察器具の基本的な扱い方や観察方法と、観察記録の仕方を身に付けさせる。また、地域の特色を理解するために、ハザードマップなどがあれば、それを用いて授業を展開する。

③　発展

　地層の広がり方の規則性については、離れた地点の幾つかの地層や剥ぎ取り標本を比較したり、地域のボーリングコアなどを活用したりして問題を見いだし、火山灰層や砂層などを手掛かりに解決させる活動などがある。地層に見られる断層、褶曲については、大地の変動と関連付けて触れる。溶岩がドーム状に盛り上がっている火山と、広く平らに広がっている火山とを比較し、岩石や火山灰などの観察をもとに、火山の形の違いをマグマの性質と関係付けて、火山の形が異なる理由が粘性と関係があるという問題を見いださせる。

④　まとめ

　自然は、美しい景観、住みよい環境などの恩恵をもたらしていることを調べさせ、自然が人々の豊かな生活に寄与していることに気付かせる。また、資料などを基に、火山活動や地震による災害について調べさせ、火山活動や地震発生の仕組みと関連付けて理解させる。火山活動による恩恵については地形や景観、温泉、地熱などに触れることが考えられる。

４）評価の観点

〔知識・技能〕

　地層及びその構成物と火山、地震などの現象が関連していることを捉え、大地の成り立ちと変化について、総合的に見ることができるようになる。地震の原因については、日本列島付近の震源から、プレートの動きによって説明できるようになる。地震についての体験や地震計の記録、過去の地震の資料などを基に、その揺れの大きさや伝わり方の規則性に気付くとともに、地震の原因をプレートの動きと関連付けて理解し、地震に伴う土地の変化の様子を理解する。

〔思考・判断・表現〕

　思考力、判断力、表現力等を育成するに当たっては、大地の成り立ちと変化について、問題を見いだし見通しをもって観察、実験などを行い、その結果を分析して解釈し、地層の重なり方や広がり方の規則性や、地下のマグマの性質と火山の形との関係性などを見いだして表現できるようになることが大切である。レポートの作成や発表を適宜行うことも重要である。

〔主体的に学習に取り組む態度〕

　近年、自然災害に対する防災が重要となっている。理科の学びと防災のつながりが考える様な取組が望まれる。例えば、地震災害を扱う際は、資料を基に地震によって生じた現象と被害の特徴との関係を整理させる。津波については、その発生の基になる地震の規模や、震源の位置、沿岸の地形の特徴と被害の関係を整理させる。水を含んだ砂層では液状化現象が起こることについて触れる。火山災害を扱う際は、例えば、ハザードマップなどから、集落や田畑、森林などに予想される被害を読み取る。また、噴火警戒レベルを取り上げ、火山活動の状況から、人命に危険を及ぼす火山現象などを理解する。

5）指導上の留意点

　この領域を学校で取り扱うのが難しいのは、日本列島は地域によって、自然環境がまったく異なり、地史も違っていることである。日本列島の多様性を気付かせる必要がある。確かに、地域は地層から形成されているが、地層を観察できる場所が都市部など、皆無に近いところもある。また、野外観察の機会も大きく減少している。ただ、地形については至るところで観察が可能である。

　自然は人間に都合よくできているものではなく、中立であることも意識させる必要がある。ややもすると災害の恐ろしさから防災の観点が現在の教育界のあらゆるところに見られるが、理科では、災害につながる自然現象のメカニズム、ダイナミクスを取り扱うことを中心としたい。自然災害の備えなどが、重視される傾向ではあるが、自然は人間に、むしろ日常には大きな恩恵となっていることも具体的な例を取り上げて、生徒に理解させる必要がある。

【引用文献】

藤岡達也編（2006）『環境教育からみた自然災害・自然景観』協同出版

（5）中学校2年「気象とその変化」
1）学習指導要領の中での位置付け

中学校学習指導要領での「気象とその変化」の内容は、次の通りである。

> （4）気象とその変化
> 　身近な気象の観察、実験などを通して、次の事項を身に付けることができるよう指導する。
> 　ア　気象要素と天気の変化との関係に着目しながら、次のことを理解するとともに、それらの観察、実験などに関する技能を身に付けること。
> 　（ア）気象観測
> 　　㋐　気象要素
> 　　　　気象要素として、気温、湿度、気圧、風向などを理解すること。また、気圧を取り上げ、圧力についての実験を行い、圧力は力の大きさと面積に関係があることを見いだして理解するとともに、大気圧の実験を行い、その結果を空気の重さと関連付けて理解すること。
> 　　㋑　気象観測
> 　　　　校庭などで気象観測を継続的に行い、その観測記録などに基づいて、気温、湿度、気圧、風向などの変化と天気との関係を見いだして理解するとともに、観測方法や記録の仕方を身に付けること。
> 　（イ）天気の変化
> 　　㋐　霧や雲の発生
> 　　　　霧や雲の発生についての観察、実験を行い、そのでき方を気圧、気温及び湿度の変化と関連付けて理解すること。
> 　　㋑　前線の通過と天気の変化
> 　　　　前線の通過に伴う天気の変化の観測結果などに基づいて、その変化を暖気、寒気と関連付けて理解すること。
> 　（ウ）日本の気象
> 　　㋐　日本の天気の特徴
> 　　　　天気図や気象衛星画像などから、日本の天気の特徴を気団と関連付けて理解すること。
> 　　㋑　大気の動きと海洋の影響
> 　　　　気象衛星画像や調査記録などから、日本の気象を日本付近の大気の動きや海洋の影響に関連付けて理解すること。
> 　（エ）自然の恵みと気象災害
> 　　㋐　自然の恵みと気象災害
> 　　　　気象現象がもたらす恵みと気象災害について調べ、これらを天気の変化や日本の気象と関連付けて理解すること。

> イ　気象とその変化について、見通しをもって解決する方法を立案して観察、実験などを行い、その結果を分析して解釈し、天気の変化や日本の気象についての規則性や関係性を見いだして表現すること。

　ここでは、身近な気象の観察、実験などを行い、その観測記録や資料を基に、気象要素と天気の変化の関係に着目しながら、天気の変化や日本の天気の特徴を、大気中の水の状態変化や大気の動きと関連付けて理解させるとともに、それらの観察、実験などに関する技能を身に付けさせ、思考力、判断力、表現力等を育成することが主なねらいである。

２）観察・実験のねらい

　継続的な気象観測を通し、さまざまな気象現象の中に規則性があることを見いださせる。観測方法や記録の仕方を身に付け、時間の変化に伴う気温や湿度などの気象要素間の関係を見いだす課題を設定する。観測の場所や器具、期間などについて観測の計画を立てさせ、観測記録から分析して解釈させ、各気象要素間に関係があることを見いだして理解させる。

３）観察・実験の展開

① 導入

　まず、霧や雲の発生についての観察、実験を行い、大気中の水蒸気が凝結する現象を気圧、気温及び湿度の変化と関連付けて理解させる。具体的には、窓や鏡、コップがくもるなど大気中の水蒸気が水滴に変化する現象から露点の測定を行う。霧については、気温が下がると飽和水蒸気量が小さくなるため湿度が上がるという規則性や気温の低下に伴って大気中の水蒸気が凝結して霧が発生することを理解させる。

② 展開

　(ⅰ)雨、雪などの降水現象に関連させ、水の循環については太陽のエネルギーによって引き起こされることに触れる。前線の通過による気温、湿度、気圧、風向、天気の変化などを、暖気や寒気と関連付けて理解させる。気象観測などのデータや天気図から、前線付近の暖気と寒気の動きに気付かせ、前線の通過に伴う天気の変化やその時の高気圧、低気圧のまわりの風の吹き方

に触れる。

　(ⅱ) 前線の構造については、前線が通過する際の気温、湿度、気圧、風向、風速、天気の変化、雲の種類の観測結果や実際の経験と関連付けて理解させる。寒冷前線が通過時に、短時間の比較的強い降雨、雷、通過後の気温の低下、風向の変化などの現象が観測できることから、寒冷前線に伴う暖気、寒気の入れ替わりを考察させる。暖気、寒気のぶつかり合いを表すモデル実験などの方法を工夫し前線の構造についての理解を深める。

　(ⅲ) 天気図や気象衛星画像から、気圧配置と風の吹き方や天気の特徴との関係を見いださせ、日本の天気の特徴を気団と関連付けて理解させる。気団の特徴は、それが発生した場所の気温や大気中に含まれる水蒸気の量によって決まり、気団が発達したり衰退したりすることで、季節に特徴的な気圧配置が形成され、日本の天気に特徴が生じることを、天気図や気象衛星画像、気象データを比較することで理解させる。

　(ⅳ) 日本付近の大気の動きについては、1週間程度の天気図や気象衛星画像の変化、上空の風向などの観測データを用いて捉えさせる。温帯低気圧や移動性高気圧が西から東へ移動していくことや、日本付近の気象衛星画像の動画などの雲の移動の様子から、日本の上空には一年中西から東へ偏西風が吹いていることに気付かせる。その際、地球を取り巻く大気の動きや地球の大きさに対して気象現象の起こる大気の層の厚さがごく薄いことにも触れる。

③　発展

　全国のアメダス（AMeDAS；地域気象観測システム）のデータと天気図や気象衛星画像などを用い、冬に北西の季節風が顕著なのは、シベリアで発達する高気圧に対して海洋上が低気圧となることなどから海洋の影響を理解させる。その際、日本がユーラシア大陸の東岸に位置するために、日本付近の気象は大陸の影響を受けながらも海洋の影響を大きく受けていることを取り上げる。

④　まとめ

　日本の気象への海洋の影響については、日本の天気に影響を与える気団の性質や季節風の発生、日本海側の多雪などの特徴的な気象に海洋が関わって

いる。

4）評価の観点

〔知識・技能〕

　気象要素として、気温、湿度、気圧、風向などを理解する。気象観測を継続的に行い、観測記録などに基づいて、気温、湿度、気圧などの変化と天気との関係を見いだして理解し、観測方法や記録の仕方を身に付ける。霧や雲の発生、前線の通過に伴う天気の変化などについて、それが起こる仕組みと規則性を理解し、霧や雲の発生についての観察、実験を行うための技能を身に付ける。

〔思考・判断・表現〕

　思考力、判断力、表現力等の育成に当たっては、気象とその変化に関する自然の事物・現象について、見通しをもって観察、実験などを行い、結果を分析して解釈し、天気の変化や日本の気象についての規則性や関係性を見いだして表現させる。その際、レポートの作成や発表を行い、科学的な根拠に基づく表現力を育成する。

〔主体的に学習に取り組む態度〕

　天気とその変化に関する学習を進める際には、継続的な気象観測の機会を設けて興味・関心を高める。天気の変化や日本の天気の特徴が大気中の水の状態変化や大気の動き、海洋の影響と関連していることを捉え、気象とその変化について総合的に見ることができるようにする。

5）指導上の留意点

　気象現象がもたらす恵みと気象災害について調べ、天気の変化や日本の気象と関連付けて理解させる。気象現象は、さまざまな恩恵をもたらしていることを調べさせ、自然が人々の豊かな生活に寄与していることに気付かせる。また、資料などを基に、台風や前線などによる大雨・大雪や強風による気象災害について調べさせ、天気の変化や日本の気象と関連付けて理解させる。

(6) 中学校3年「地球と宇宙」
 1) 学習指導要領の中での位置付け
　中学校学習指導要領での「地球と宇宙」の内容は、次の通りである。

> (6) 地球と宇宙
> 　身近な天体の観察、実験などを通して、次の事項を身に付けることができるよう指導する。
> 　ア　身近な天体とその運動に関する特徴に着目しながら、次のことを理解するとともに、それらの観察、実験などに関する技能を身に付けること。
> 　　(ア) 天体の動きと地球の自転・公転
> 　　　㋐　日周運動と自転
> 　　　　天体の日周運動の観察を行い、その観察記録を地球の自転と関連付けて理解すること。
> 　　　㋑　年周運動と公転
> 　　　　星座の年周運動や太陽の南中高度の変化などの観察を行い、その観察記録を地球の公転や地軸の傾きと関連付けて理解すること。
> 　　(イ) 太陽系と恒星
> 　　　㋐　太陽の様子
> 　　　　太陽の観察を行い、その観察記録や資料に基づいて、太陽の特徴を見いだして理解すること。
> 　　　㋑　惑星と恒星
> 　　　　観測資料などを基に、惑星と恒星などの特徴を見いだして理解するとともに、太陽系の構造について理解すること。
> 　　　㋒　月や金星の運動と見え方
> 　　　　月の観察を行い、その観察記録や資料に基づいて、月の公転と見え方を関連付けて理解すること。また、金星の観測資料などを基に、金星の公転と見え方を関連付けて理解すること。
> 　イ　地球と宇宙について、天体の観察、実験などを行い、その結果や資料を分析して解釈し、天体の運動と見え方についての特徴や規則性を見いだして表現すること。また、探究の過程を振り返ること。

　ここでは、理科の見方・考え方を働かせ、身近な天体の観察、実験などを行い、その観察記録や資料などを基に、地球の運動や太陽系の天体とその運動の様子を関連付けて理解させるとともに、それらの観察、実験に関する技能を身に付けさせ、思考力、判断力、表現力等を育成することが主なねらいである。

2）観察・実験のねらい

　太陽系と恒星については、可能な限り望遠鏡を用いて太陽の観察を行い、その観察記録や資料に基づいて、太陽の特徴を見いだして理解する。惑星と恒星については、観測資料などを基に、惑星と恒星などの特徴を見いだして理解するとともに、太陽系の構造について理解する。月や金星の運動と見え方については、月の観察を行い、その観察記録や資料に基づいて、月の公転と見え方を関連付けて理解できるようになること。また、金星の観測資料などを基に、金星の公転と見え方を関連付けて理解することをねらいとする。

3）観察・実験の展開

① 導入

　透明半球を用いて太陽の日周運動の経路を調べたり、天球の各方位の星座の見かけの動きを観察したり、長時間にわたり撮影した星座の写真を活用したりして、太陽や星の天球上の見かけの動き方を調べ、それらの見かけの動きと地球が自転していることとを関連付ける。年周運動と公転については、同じ時刻に見える星座の位置が変わるのは、地球の公転による見かけの動きであることを理解させる。太陽の南中高度や、日の出、日の入りの時刻などが季節によって変化することを、地球の公転や地軸の傾きと関連付けて理解させる。例えば、同じ時刻に見える星座の位置を一定期間ごとに観察させ、星座の位置が東から西へ少しずつ移動することに気付かせる。そして、観察記録を、太陽を中心とした地球の公転と関連付けて考察させる。太陽を中心に公転する地球とその外側にそれぞれの季節の代表的な星座を描いた図を配したモデルを活用し、地球のモデルを動かすことにより、見える星座が変わっていくことから、年周運動と地球の公転の関連を理解させる。

② 展開

　（ⅰ）観察記録や資料に基づいて、太陽は太陽系で最も大きいこと、自ら光を放出している天体であること、球形で自転していることを理解させる。太陽から放出された多量の光や熱のエネルギーは、地球における大気の運動や生命活動に影響を与えていることにも触れる。

　（ⅱ）実際の観測資料などを基に、惑星と恒星などの特徴を見いだして理解

させるとともに、太陽系の構造を理解させる。惑星の特徴については、大きさ、密度、大気組成、表面温度、衛星の存在を取り上げる。惑星は大きさによって、地球を代表とするグループと木星を代表とするグループに分けられることを見いださせ、大気組成や表面温度の比較によって地球には生命を支える条件が備わっている。太陽系の構造を取り上げる際に、太陽や各惑星の位置や大きさの関係をモデルとして表すと、太陽系の構造を概観しやすい。さらに、太陽系には小惑星や彗星、冥王星などの天体が存在することにも触れる。

(iii) 恒星は、自ら光を放つこと、太陽も恒星の一つであることを理解させる。太陽以外の恒星を観察しそれらが点にしか見えないことや常に相互の位置関係が変わらないため、恒星は、太陽系の天体と比べてきわめて遠距離にあることを理解させる。その際、恒星が集団をなし銀河系を構成していることにも触れる。

(iv) 金星の見かけの形と大きさの変化を、金星が地球の内側の軌道を公転していることと関連付けて理解させる。月の運動と見え方については、日没直後の月の位置と形を継続的に観察し、その観察記録や写真、映像などの資料を基に、月の見え方の特徴を見いださせ、それを太陽と月の位置関係や月の運動と関連付けて理解させる。金星の運動と見え方については、観測資料を基に金星の見かけの形と大きさが変化することを見いださせる。その上で、地球から見える金星の形がどのように変化するかという課題を解決するため、太陽と金星の位置関係に着目してモデル実験の計画を立てて調べさせる。

③ 発展

ある時刻の方位に見える星座が季節によって異なることを説明させる太陽や星座の日周運動の観察を行う。天体の日周運動が地球の自転による相対運動であるため、季節ごとの星座の位置の変化や太陽の南中高度の変化を調べ、観察させる。地球が公転していることや地軸が傾いていることと関連付けて理解させ、天体の動きを観察する技能を身に付けさせる。観察記録を地球の自転と関連付けて考察させるために、観察者の視点（位置）を、自転する地球の外に移動させる必要があるため、天球儀や地球儀を用いたモデル実験か

ら考察させる。
　④　まとめ
　　日周運動と自転については、観察した太陽や星の日周運動が、地球の自転によって起こる相対的な動きによるものである。
　4）評価の観点
〔知識・技能〕
　日周運動と自転では、天体の日周運動の観察を行い、その観察記録を地球の自転と関連付けて理解する。年周運動と公転では、星座の年周運動や太陽の南中高度の変化などの観察を行い、その記録を地球の公転や地軸の傾きと関連付けて理解する。天体望遠鏡の使い方を習得し、太陽表面の黒点の観察を数日行う。それらの観察記録や写真、映像などの資料を基に、太陽表面の特徴を理解させ、黒点の形状や動きなどの様子から、太陽は球形で自転していることを見いださせる。
〔思考・判断・表現〕
　思考力、判断力、表現力等を育成するには、地球と宇宙について、見通しをもって観察、実験などを行い、その結果や資料を分析して解釈し、天体の運動と見え方についての特徴や規則性を見いだして表現させるとともに、探究の過程を振り返らせる。その際、レポートの作成や発表を適宜行わせる。
〔主体的に学習に取り組む態度〕
　地球と宇宙に関する学習を進める際には、身近な天体を継続的に観察する機会を設け、興味・関心を高めるようにする。また、天体についての最新の情報に興味を持つようになり、日常生活とも関わっていることに気付くようになる。
　5）指導上の留意点
　観察者の視点（位置）を移動することで、天体の運動と見え方を関連させて捉えることができるようにする。太陽の観察に当たっては、望遠鏡で直接太陽を見ることのないよう配慮する必要がある。また、各惑星の特徴を理解させるために、惑星探査機や大型望遠鏡による画像などを活用する。

第3章
理科学習の評価と授業実践

　第3章では理科の学習指導で取り組むべき課題について論じる。まず第1節では、すべての教科・領域で学習指導の根幹ともいえる教育評価についての概要をふまえ、理科の具体的な評価方法について論じる。第2節では環境教育の具体的な内容と実践について論じる。第3節では理科の授業で実施する野外観察の意義と進め方、第4節では観察・実験での安全指導について具体的に解説する。次いで、第5節では防災教育の理科教育での取り組みについて論じる。第6節では、「科学技術と人間」を取り上げて、授業実践と評価について解説する。さらに第7節では、「コケ植物」の理科授業での位置付けと具体的な実践例について詳述する。

1．理科学習の評価

（1）評価の方法
　1）評価の目的と役割
　評価とは、人物・事象・行為などの評価対象に対して、価値付けをすることである。理科教育における評価の対象には、児童・生徒の学習や行動、教師の指導計画、学習指導法、教育課程などがあげられる。これらの対象に対して、理科教育の目的や目標の観点から、価値付けをすることが理科学習の評価といえる。
　梶田叡一は、教育における評価の目的と役割を次の4つに大別している[1]。第1に、入学試験、進級や卒業の認定、通知表や指導要録による成績評価など管理や運営の方向付けのためのもの、第2に指導計画を立てるときに子供の能

力を調べたり、指導の過程で子供のようすを調べたりするように、指導や教授の改善や方向付けのためのもの。第3に学習者自身の学習や努力の直接的方向付けのためのもので、教師からの評価のみならず、自己評価、自己診断に関わる広範な活動があげられる。そして第4に指導法の検討を行うとか、教育環境や教育条件が子供の能力や特性の形成・発展にどのような影響を及ぼすか分析するといった調査や研究のためのものがあげられる。

2）評価の対象と方法

教育活動に関して評価を行う場合に、その活動をどの時期に実施するかによって診断的評価、形成的評価、総括的評価の3つに区分される。

診断的評価は、単元の学習を効果的に実施するための前提条件となる既習の基礎知識や技能を調査するものである。理科では学習内容に関して、日常生活のなかでいかに体験しているかを捉えることも必要である。具体的には、学力検査や質問紙による調査がある。

形成的評価とは、活動の途中で、その成果を中間的に把握し、それに基づいて指導計画に変更を加えたり、必要な補充指導を行ったり、一人一人の子供の実態に即した学習指導を割り当てたりするような評価のあり方である。

総括的評価とは、単元、学期、学年といった一定期間における指導目標が達成できたかどうかを児童・生徒一人一人について評価するものである。具体的には、単元末の小テストや学期末試験などの結果に基づいて指導要録を記入することになる。この他に全国学力テストや国際比較テストなどのように、実態把握する評価のことを外圧的評価と呼んでいる。

3）形成的評価

形成的評価とは、教育活動の中途で実施し、それまでの指導内容を学習者がどの程度理解したかを評価する。実施の具体的な例として、まず単元の中で学習目標を明確にして、目標相互の関連性を構造的に位置付けて単元目標分析表を作成する。次いで、その表に基づいてそれぞれの目標が到達しているかを確認することで、一人一人の子供について目標達成状況を構造的に把握することになる。このように児童・生徒へ調査を実施することで、それぞれの子供が目標のどこまで到達しており、最終的な目標達成までに至らないのはどこに困難があ

るのかを知ることができる。

　形成的評価を具体的にどのような教育活動で実施するかについては、次の3つがあげられる。第1には、授業の過程で実施する形成的評価である。これは児童・生徒の態度の観察、ワークシートの記述内容の確認などによって、教育活動の途中に実施してフィードバックを行い、これによって学習指導計画の修正を図るものである。第2は、単元を単位とした形成的評価である。具体的には、その単元で設定された到達目標を把握し、もし未到達であるならば、補充指導を行い、最終的には全員にすべての目標を達成させようというものである。これによって、その単元に関するカリキュラム構成や教材内容など、具体的な改善策を明らかにしようというものである。第3は、学期・学年を単位とした形成的評価である。具体的には中間考査や期末考査、通知表や指導要録における成績評定といった総括的評価の手立てに形成的評価の機能をもたせようというものである。

4）自己評価

　形成的評価は、教育者が学習者に対して改善の手立てを得ようとするものであり、その意味では指導する側の論理である。しかし形成的評価が教育者側の論理だけに終わるのではなく、学習者の論理として生かしていく手立てが必要である。そのためには、学習者が自己評価の能力と習慣を身に付けておくことがあげられる。外部の評価を学習者が自己評価として取り入れていく工夫が必要とされる。梶田叡一は、自己評価に備えるべき主要な条件を3つあげている[2]。

　① 自分なりの目標や評価基準に照らしての自己評価であること。
　② 外的評価、客観的評価をふまえた自己評価であること。
　③ 形成的な自己評価であること。

　自己評価の具体的な例として、質問紙による自由記述式やチェックリストなどがある。これは児童・生徒による評価であるために、自己に対する厳しさの程度が異なるために、他の評価方法との併用が必要となってくる。

5）相対評価と絶対評価

　通知表や指導要録における学業成績の評定について、これまでに相対評価で

行われてきたことがあった。相対評価とは、学習者間の学習達成度の違いから個人の学習成績をその集団内に位置付ける評価法である。相対評価では、児童・生徒の属する集団（学級・学校）の成績に基づいて評価基準が設定される。相対評価の基準はその集団の成績が正規分布することを想定している。したがってテストの成績が正規分布するような評価問題が作成されれば、児童・生徒は集団内における相対的な位置関係を知ることができる。このため教師の主観が入りにくいので、評価結果の客観性が保障される。しかし相対評価は、所属する集団内での児童・生徒それぞれの相対的な位置関係を表すものなので、学級など集団が異なれば相対評価の結果を比較することはできない。さらに集団全体の中での相対的な位置付けであるので、集団全体の成績が上昇すれば個人としての成績は上がらないことになってしまう。

これに対して絶対評価とは、あらかじめ定められた基準・目標に準拠してその達成度を調べる評価法である。各評点の意味する学力内容が明確に定められる。評価に当たっては、教師が児童・生徒の集団（学級・学年）の実態をふまえ、カリキュラムや指導目標に基づいて設定する。この評価では個人の伸びや学級全体の伸びが評価される。絶対評価では学級目標の設定や評価配点の基準を明確にしておかねばならない。そうでないと教師の個人的な価値観や主観に影響されて、評価の客観性に不具合が生じてしまう。また評価の定め方によっては集団の中で極端に偏りが生じることになる。

6）ルーブリック

ルーブリックは、観点を定めて、その観点について尺度（数段階）ごとに判断基準を表す記述語からなる評価指標で示す。成功の度合いを示す数値的な尺度と、それぞれの尺度に見られる認識や行為の特徴を示したものである。授業を通じて、児童・生徒の認識や行為の質は、より素朴なものからより洗練されたものへと連続的に深まっていく。このような質的な転換点にあわせて、児童・生徒の達成度を判定していく手段がルーブリックである。

7）評価規準と観点別学習状況

1991（平成3）年に文部省（当時）の通知により、観点別学習状況の評価を行うために「評価規準」の概念が導入された。さらに2001（平成13）年には文部科

学省の「指導要録の改善通知」の中で、「各学校において、評価が効果的に行われるようにするため、各教科の評価の観点及びその趣旨を参考として、評価規準の工夫・改善を図ることが望まれる」と示された。

子供一人一人に対して絶対評価を行うためには評価規準、評価の観点を用意する必要がある。評価の観点とは、「知識・技能」「思考・判断・表現」「主体的に学習に取り組む態度」の3観点から、学習を通して子供に付けたい力を短い語句で示したものである。学習指導要領をふまえて目標に準拠した評価を実施するためには、学習指導のねらいが明確になっている必要がある。そして、学習内容のねらいが児童・生徒に学習状況として実現されることが大切である。このような状況を具体的に示したものが評価規準である。観点別学習状況の評価や評定を実施する手順は、図3.1.1のように示される。

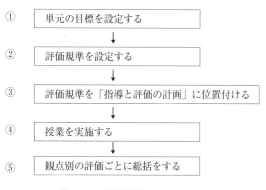

図3.1.1　評価の進め方

学習指導要領で示された目標や内容をふまえて、単元の指導計画に基づいて目標を設定する。この時に、児童の実態や前単元までの学習状況を把握することが必要となる。

さらに評価規準を設定する。評価規準とは、評価の観点によって示された子供に付けたい力を、子供の成長の姿として具体的に表したもので、「何を評価するのか」「何を身に付けさせたいか」という目標や行動などを文章で表す。すなわち設定した目標について、児童・生徒がどのような学習状況を実現すればよいのかを具体的に想定したものである。

次いで、授業を実施する。評価を行うに当たっては、児童・生徒の学習状況を把握して次の指導に生かすことが重要である。授業中のようすや授業後に集めたワークシートなどをもとに、それぞれに評価結果（A、B、C）を決める。これらの基礎資料を使って、観点別の総括的評価（A、B、C）を定めることになる。

8）観点別学習状況の判断基準例

小学校学習指導要領（平成29年告示）解説理科編には、第6学年「土地のつくりと変化」の目標は次のように示されている。

> （4）土地のつくりと変化
> 　土地のつくりと変化について、土地やその中に含まれる物に着目して、土地のつくりやでき方を多面的に調べる活動を通して、次の事項を身に付けることができるよう指導する。
> 　ア　次のことを理解するとともに、観察、実験などに関する技能を身に付けること。
> 　　(ｱ) 土地は、礫れき、砂、泥、火山灰などからできており、層をつくって広がっているものがあること。また、層には化石が含まれているものがあること。
> 　　(ｲ) 地層は、流れる水の働きや火山の噴火によってできること。
> 　　(ｳ) 土地は、火山の噴火や地震によって変化すること。
> 　イ　土地のつくりと変化について追究する中で、土地のつくりやでき方について、より妥当な考えをつくりだし、表現すること。

この目標をふまえて、次の3つ「知識・技能」「思考・判断・表現」「主体的に学習に取り組む態度」から観点別評価を行う。この中で「思考・判断・表現」として、「土地のつくりと変化のようすを調べ、その過程や結果を記録している」との評価規準を設定し、野外で児童が観察を行った場合の判断基準を例示する。判断のための指標として記号を（A、B、C）で作成した例を次に示す。

〔判断基準A〕
　観察地点での土地のつくりのようすが記録用紙に鮮明に記録されており、文章でその説明が正しく示されている。

〔判断基準B〕
　観察地点での土地のつくりのようすが記録用紙におおむね記録され、文章で

その説明が簡潔に示されている。

〔判断基準C〕

　観察地点での土地のつくりのようすが記録用紙に記録されていないか、文章でその説明が書かれていない。

　これらの判断基準にしたがって、野外観察時の児童のようすやワークシートの記述内容などから観点別学習状況（A、B、C）を決めることになる。このような活動を毎時間の授業などで実施して、その積み重ねによって観点別の総括的評価を定めることになる。

（2）理科の授業と評価

1）学習指導の改善と評価

　教育における評価の中で、特に学習指導や授業の改善については教師が取り組むべき課題である。学習指導は、Plan（計画）→ Do（実施）→ See（評価）→ Improve（改善）の繰り返しのなかで改善していくことが大切である。アフリカ諸国では理数科教育の改善の手法として、この頭文字をとってPDSIとして広く知られている。授業を評価し、それを次の授業に生かしていく姿勢が授業者には必要である。授業は多くの要素が複雑に絡みあって成り立っている。その授業をできるだけ多面的に評価して、改善に結び付けていくことが大切である。授業設計の手順として、図3.1.2のように①〜④によって授業を組み立てながら改善を進めることがあげられる。

　授業を評価をするには、その目的や内容を明確にしておくことが重要である。

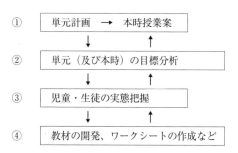

図3.1.2　学習指導の改善と評価

単なる印象的な評価、身勝手な評価とならないように留意する必要がある。授業者による授業の評価方法として、自由記述式のフリーカード法、評価対象となる項目を用意して行動や特性の出現に応じて授業中にチェックを行うチェックリスト法、対立する形容詞をおいて3～7段階で選択するSD法などがある。

2）情意面の評価と学習意欲

　児童・生徒が自然に対する興味・関心を持ち、探究的な活動を継続していこうとする意欲を高めることは重要である。学習活動の中で観察法や質問紙法によって調査し、それを記録していくことで児童・生徒の情意面の評価をする。さらに児童・生徒の情意面を評価し、学習指導に改善を加えることで学習意欲を高める取り組みができる。学習意欲を高める学習指導には、児童・生徒が課題を自己の目標として捉え、その目標を達成していく工夫が大切である。さらに目標を達成するだけでなく、その結果が児童・生徒に喜びや満足感を与えるものでなければならない。

　このように学習意欲を育てる学習指導には、児童・生徒に達成しようとする動機を持たせ、それを高めていく工夫が必要である。理科の学習では、観察・実験を実施するなかで、学習指導の工夫を行っていくことが大切である。さらに生涯学習の視点からも、自己を正しく評価し、それを次の学習に役立てることは大切であると考える。児童・生徒の学習意欲を高めるには、学習指導過程のなかで成就感や充実感を持たせることが大切である。理科の学習では観察や実験を行うことが、学習意欲に有意に機能することが報告されている。

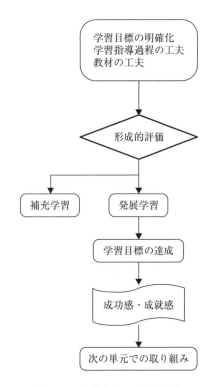

図3.1.3　意欲を高める学習指導

教材・教具を工夫し、学習指導過程を工夫していくことが学習意欲を高めることにつながるといえる。このように学習意欲を高める学習には、次の3つの観点からの授業実践が重要である。
① 学習目標の明確化
② 学習指導過程の工夫
③ 教材の工夫
学習意欲を高める学習を意図した指導の流れを図3.1.3に示す。
3）評価をふまえた授業の改善
授業の中で自己評価を形成的評価として生かしていくようにすると、児童・生徒のつまずきや努力の結果が分かりやすくなる。特に自由記述式の評価表を用いると子供の持っている意見がつかみやすい。このように児童・生徒の実態をつかむことで教材や授業方法の改善を図ることができる。このような手順を図3.1.4に示す。

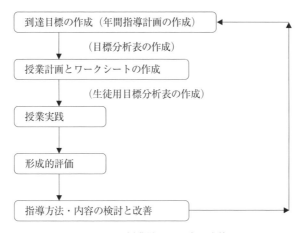

図3.1.4　授業計画の反省と改善

学習活動の役に立つように、児童・生徒の実態にあわせて自作のワークシートを作成し、授業に用いることで効率よく授業に取り組むことができる。またこのワークシートの中に目標を示して、その目標が達成できたかどうかをワークシートにある自己評価表に書き込むということで、自己評価を行わせることができ

る。またそのワークシートを回収し、その記述内容を確認することで次の授業に生かすことができる。

　自己評価は授業終了前に実施することもあるし、単元末に実施することもある。単元末の自己評価表の例を図3.1.5にあげる。

　自己を正しく評価しそれを次の学習に役立てることは、学校での学習のみならず、生涯にわたって学んでいくうえで必要である。ただし自己評価では留意することがある。それは自己に甘い子供と厳しい子供がいて、評価そのものに絶対

```
【学習を終えて】
①この単元の学習目標が理解できましたか。



②この単元では進んで観察・実験に参加できましたか。



③この単元で印象に残った観察・実験を書きなさい。


④この単元で学習した内容でもっと調べたい、学習したいことがありますか。



⑤この単元での授業態度はどうでしたか。
次の単元でも続けたいこと。



次の単元では改めたいこと。

```

図3.1.5　単元末の自己評価表（中学校）

的な信頼がおけないことである。自己に甘いか厳しいかをあらかじめ調べておき、児童・生徒の個性的な評価に修正を加味することが必要である。

　4）パフォーマンス評価

　パフォーマンスとは、課題や手順を実行して完成させることである。この知識やスキルを活用することを求めるような評価方法のことをパフォーマンス評価という。何かを成し遂げる能力は、特定の課題や文脈のなかで、知識やスキルを使って、自分自身の作品をつくり上げるプロセスや、そのなかでつくり上げた作品・表現によって評価することができる。パフォーマンス課題とは、さまざま知識やスキルを総合して使いこなすことを求めるような複雑な課題のことである。具体的には、論説文やレポート、展示物といった完成作品やスピーチ、プレゼンテーション、実験の実施といった実演を評価する課題などである。理科の授業では、実験器具の操作、課題研究の発表などの場面で実施される。このときに課題遂行の度合いを評価するためのルーブリックをつくり、評価基準を明確にすることが重要である。

　5）ポートフォリオ評価法

　ポートフォリオとは、学習者（児童・生徒）の作品や自己評価の記録、教師の指導と評価の記録などを系統的に蓄積していくものをいう。ポートフォリオ評価法とは、ポートフォリオの作成を通して、学習者が自らの学習のあり方について自己評価することを促すとともに、教師も学習者の学習活動と自らの教育活動を評価するアプローチである。

　ポートフォリオに収められるのは、①学習の成果としての作品や学習のプロセスを示す作業メモ、②子供の自己評価、③教師による指導と評価の記録などがあげられる。ポートフォリオに収められた収集物に基づいて、教師や児童・生徒が、その成長を評価する方法をポートフォリオ評価法という。

　ポートフォリオは、児童・生徒が自己の成長を記録し、自分の努力や成長、達成の証拠としてさまざまな作品を集める。ポートフォリオの作成から、児童・生徒は、自分の作品を通して学習を振り返り、次の見通しをもつことができる。また教師は、継続的な学習への参加を促し、そのプロセスに沿って評価することができる。教師の指導と評価の記録が収められる。また、教師だけで

なく、子供の相互評価や保護者や地域の人の評価をポートフォリオに加えると、評価が多面的でより豊かなものとなる。

6）「主体的・対話的で深い学び」の実現

小学校学習指導要領（平成29年告示）解説理科編には、目標について、どのような学習過程を通して資質・能力を育成するか明示したうえで、(1)「知識及び技能」、(2)「思考力、判断力、表現力等」、(3)「学びに向かう力、人間性等」の3つの観点が示されている。

理科の各内容において、「理科の見方・考え方」である児童が自然の事物・現象を捉えるための視点や考え方を示し、それを軸とした授業改善の取組を活性化させ、理科における資質・能力の育成を図ることが示されている。

問題解決の過程として、自然の事物・現象に対する気付き、問題の設定、予想や仮説の設定、検証計画の立案、観察・実験の実施、結果の処理、考察・結論といった過程がある。この問題解決のそれぞれの過程において、どのような資質・能力の育成を目指すのかを明確にし、指導の改善を図っていくことが重要になる。そこで、理科で育成を目指す資質・能力を「知識及び技能」「思考力、判断力、表現力等」「学びに向かう力、人間性等」の三つの視点から、より具体的なものとして示されている。

さらに、「理科の見方・考え方」を働かせ、見通しをもって観察、実験を行うことなどの問題解決の活動を通して、「主体的・対話的で深い学び」の実現を図ることが示されている。

「主体的な学び」については、自然の事物・現象から問題を見いだし、見通しをもって観察、実験などを行っているか、観察、実験の結果を基に考察を行い、より妥当な考えをつくりだしているか、自らの学習活動を振り返って意味付けたり、得られた知識や技能を基に、次の問題を発見したり、新たな視点で自然の事物・現象を捉えようとしたりしているかなどの視点がある。

「対話的な学び」については、問題の設定や検証計画の立案、観察、実験の結果の処理、考察の場面などでは、あらかじめ個人で考え、その後、意見交換したり、根拠を基にして議論したりして、自分の考えをより妥当なものにする学習となっているかなどの視点がある。

「深い学び」については、「理科の見方・考え方」を働かせながら問題解決の過程を通して学ぶことにより、理科で育成を目指す資質・能力を獲得するようになっているか、さまざまな知識がつながって、より科学的な概念を形成することに向かっているか、さらに、新たに獲得した資質・能力に基づいた「理科の見方・考え方」を、次の学習や日常生活などにおける問題発見・解決の場面で働かせているかなどの視点がある。これらの3つの視点から、授業の改善を図ることが重要である。

7）理科教師の指導力向上と評価

教師の指導力は多くの経験と研修の積み重ねによって深まっていくものである。理科の課題として、児童・生徒の実態把握、指導計画、授業展開、授業の分析と改善、教材・教具の開発、教育器機の利用、理科室の設備と備品、危険防止と応急処置などがあげられる。

理科の課題の中で、教材の工夫、そして授業への活用が重要である。例えば「エネルギー」を柱とする領域では、身近な物理現象を実験で提示して、それを児童・生徒の実態にあわせて解き明かす。「粒子」を柱とする領域では、実験の規模を小さくして、多くの児童・生徒が実験に取り組めるようにする。「生命」を柱とする領域では、教科書に掲載されている生物教材だけでなく、地域の身近な教材を授業に取り入れる。「地球」を柱とする領域では、身近な地域の地学的特色を児童・生徒へ提示することなど多くの工夫があげられる。このように教材を工夫し、それを授業に生かしていくことで、日々の授業が充実していく。

児童や生徒にとって、授業が充実しているかを知る手がかりとして評価の活用がある。独り善がりの授業実践にならないためにも、児童・生徒の自己評価を形成的評価として生かしていくなど何らかの方策が必要である。児童・生徒からの評価の結果を真摯に受け止め、それをふまえて授業の改善を行い実践を積み重ねることである。このような取り組みの中で教師の指導力は向上していくと考える。

【引用文献】

1）梶田叡一（2013）『教育評価〔第2版補訂2版〕』有斐閣，pp.3-4.
2）梶田叡一（2013）『教育評価〔第2版補訂2版〕』有斐閣，pp.103-105.

【参考文献】
秋吉博之（2009）『理科教員研修の指導と評価―ケニア理数科教育教科計画での実施―』多賀出版
小林辰至 編（2017）『探究する資質・能力を育む理科教育』大学教育出版
田中耕治 編著（2010）『よくわかる教育評価　第2版』ミネルヴァ書房

2．環境教育

（1）理科と環境教育、ESD（持続可能な開発のための教育）
1）環境教育の潮流

　国内外で「国連持続可能な開発のための教育（ESD）の10年」（2005～2014）が展開されたなか、学校教育でもさまざまな取り組みが見られた。学校での環境教育は『環境教育指導資料』（当時：文部省）が、1991（平成3）年に中・高等学校編、1992（平成4）年に小学校編が発行されたことから始まる。これは、2007（平成19）年3月には、『環境教育指導資料（小学校編）』（国立教育政策研究所）と改訂され、2014（平成26）年11月には『環境教育指導資料（幼稚園・小学校編）』として刊行された。この間、教育基本法の改正をはじめ、教育3法などの制定など環境教育を取り巻く教育環境そのものが大きく変わってきたことも無視することはできない。

　2008（平成20）年度からは、これらの流れをふまえて、小学校から順に従前の学習指導要領が告示され、2017（平成29）年には、小中学校学習指導要領が告示された。注目したいのは、「生きる力」の重要性を継続した学習指導要領でのこれからの児童・生徒の育成したい観点と「持続可能な開発のための教育；Education for Sustainable Development（以後、本稿では、ESDと略記する）」のねらいが一致することである。2011（平成23）年に発生した東日本大震災後は、持続可能な社会の構築がいっそう求められるようになった。

　以上をふまえて、ここでは、理科教育と関連した環境教育の具体的な内容と実践について述べたい。

　改訂された『環境教育指導資料（小学校編）』（2007）（以後、『前指導資料』」と略記）『環境教育指導資料（幼稚園・小学校編）』（2014）（以後、『新指導資料』と略記）には、理科のねらいや学習内容、指導上の留意事項が環境教育と関連して示されている。まず、これについて学習指導要領と関連付けて触れてみる。

2）理科のねらいと環境教育

　小学校理科の目標は、次のように示されている。

> 　自然に親しみ、理科の見方・考え方を働かせ、見通しをもって観察、実験を行うことなどを通して、自然の事物・現象についての問題を科学的に解決するために必要な資質・能力を次のとおり育成することを目指す。
> (1) 自然の事物・現象についての理解を図り、観察、実験などに関する基本的な技能を身に付けるようにする。
> (2) 観察，実験などを行い、問題解決の力を養う。
> (3) 自然を愛する心情や主体的に問題解決しようとする態度を養う。

さらに、中学校理科の目標は、次のように示されている。

> 　自然の事物・現象に関わり、理科の見方・考え方を働かせ、見通しをもって観察、実験を行うことなどを通して、自然の事物・現象を科学的に探究するために必要な資質・能力を次のとおり育成することを目指す。
> (1) 自然の事物・現象についての理解を深め、科学的に探究するために必要な観察、実験などに関する基本的な技能を身に付けるようにする。
> (2) 観察、実験などを行い、科学的に探究する力を養う。
> (3) 自然の事物・現象に進んで関わり、科学的に探究しようとする態度を養う。

　『前指導資料』では、「小学校理科において、重要視されている自然を愛する心情や生命を尊重する態度は、環境教育のねらいとも重なっている」と記述されている。小学校段階では、その発達段階をふまえると、環境保全や自然保護など、その内容を知識として理解すること以上に、自然と関わった経験が重要な意味をもつ。つまり、小学校段階（もちろん、それ以前の発達の段階においても）で、自然と関わり、自然のすばらしさ、自然の恐さを体験すると、成人しても自然に対する畏敬の念を失わない。こう考えると、環境教育推進の観点からも自然体験と関わった原体験は不可欠である。

　また、理論的な思考力が高まる中学校段階の理科教育においては、生徒が主体的な学習によって、自然の美しさ、精妙さ、偉大さに気付いていくことは、環境教育を推進していく上で重要な姿勢を培うことにつながる。これは、小学校段階でも、自然の美しさ、精妙さ、偉大さに気付くことがあっても、大人の働きかけが大きいのに比べ、中学校段階では受動的な学習だけでなく、能動的な学習によっても自然に対する認識の高まりの期待ができるからである。

　つまり、中学生では「自然の事物・現象に関わる」活動を行うことができる

ようになることが環境教育のねらいそのものと大きく関わることになる。

3）理科の学習内容と環境教育

　環境教育のねらいに基づいた活動として、これまでも多くの実践が報告されているが、より効果的な取り組みには、理科教育で培われるべき知識やスキルが基本となっている。

　『前指導資料』『新指導資料』ともに、環境を捉える視点の例が示されている。これらは、多くの理科の学習内容と深く関連している。例えば、『前指導資料』では、「実際の指導においては、観察・実験、飼育・栽培など、自然の事物・現象への直接的・意図的な働きかけを通して、環境を見つめる目や、環境問題に対する関心と意欲を育てていく必要がある。また、地域素材の教材化を図ったり、『水質の状態』『動植物の保護』などの身近な問題を取り上げたりすることが大切である」と示されている。これらをふまえて、理科の学習内容と環境を捉える視点との関係が表3.2.1のように提示されている。『新指導資料』では、「環境をとらえる視点」として、「資源の循環」「自然や生命の尊重」「生態系の保全」「資源の有限性」「エネルギーの利用」の他に「異文化の理解」「共生社会の実現」「生活様式の見直し」など、ESDの流れをふまえた内容も加わっている。理科の知識を核として、(2) で述べるように「総合的な学習の時間」を展

表3.2.1　環境をとらえる視点と理科の学習内容との関係

環境をとらえる視点の例	理科の学習内容の例
循　　環	季節と生き物、人の体のつくり、ものの温まり方、燃焼と空気、自然界の水の行方、流れる水の働き
共　　生	植物や昆虫の育ち方、季節と生き物、生き物のくらしと環境
多 様 性	季節と生き物、生き物のくらしと環境、流れる水の働き
有 限 性	生き物と環境、電気や光の働き、燃焼と空気、電流の働き
保　　全	生き物と環境、流れる水の働き
生命尊重	植物や昆虫の育ち方、季節と生き物、植物の発芽・成長・結実、生き物の暮らしと環境
生命の連続性	植物や昆虫の育ち方、植物の発芽・成長・結実、人や魚の誕生

(出典：国立教育政策研究所『環境教育指導資料（小学校編）』国立教育政策研究所, 2007, p.30)

開するに当たっては重要な視点である。しかし、ここでは、理科の学習内容との関連性を取り上げるため、『前指導資料』を基にした。

　4）指導上の留意事項

　また、『前指導資料』では、以下の3点を指導上の留意事項としている。「1．学習対象となる自然の特徴を考えた指導を行う」「2．身近な環境を取り上げ、直接体験を重視した指導を行う」「3．環境への負荷や汚染に配慮した指導を行う」。

　次にこれらの内容について、学習指導要領をふまえて、『前指導資料』に基づいて詳述する。

　まず、「1．学習対象となる自然の特徴を考えた指導を行う」としては、理科の学習内容は、『A物質・エネルギー』『B生命・地球』の2つの区分から構成され、さらに「エネルギー」「粒子」「生命」「地球」を柱とする4つの内容になっている。「エネルギー」「粒子」領域では、自然の事物・現象の性質や規則性を扱い、実験という活動が行われる。実験を通して科学的に調べたり、データに基づいて考えたりする態度が育まれる。「生命」領域では、生き物を扱い、栽培や飼育という活動が行われる。栽培や飼育の活動を通して、生物を愛護する態度や生命を尊重する態度が育まれる。「地球」領域では空間的、時間的なスケールの大きな自然の存在や変化を扱い、観察や観測という活動が行われる。観察や観測を通して、自然のスケールの大きさや地球規模での変化のバランスなどを感じ、考える態度が育まれる。このような多様な自然の特徴や自然の調べ方に留意するとともに、4つの区分の内容の関連を図りながら指導することにより、理科における環境教育を推進することが重要である。

　一般的に小学校理科で取り扱う自然領域の範囲は広い。また、実験、観察なども対象とする事物や現象によって手法は大きく異なる。これらのすべての手法を教員養成の段階だけで取得することは至難である。ここにも教員研修の必要性が指摘できるが、ここでは、その指摘のみにとどめておく。

　また、「2．身近な環境を取り上げ、直接体験を重視した指導を行う」では、「児童が身近な環境にふれあうことは、学習を児童の生活環境に結び付けることであり、科学的な見方や考え方を育成し、実感を持った理解を図ることを可能

にするものである。このことは、さらに自らが住んでいる地域の自然を見直し、自然を大切にしようとする心情や態度を養うことにつながる。このような体験は、自然の保護や保全の大切さを感じさせることに有用であり、児童の自然環境に対する認識の拡大を図るものである。教師は、身近な環境を積極的に取り上げ、直接体験を重視した指導を心がけることが重要である」(『前指導資料』p.31)と記されている。

　環境教育においても児童・生徒にとって身近なものを取り扱うことが必要である。「理科離れ・理科嫌い」が問題視されてから久しい。児童・生徒には、学校で取り扱う理科と自分の周囲での自然や事物に関わる理科とが別なものであるという意識がある。教員としても、自分の身の回りにあるものには理科の原理が働いていること、周辺の自然環境の理解には、理科の知識が不可欠であることを体験を通して認識させる必要がある。

　ただ、身近な自然現象を取り扱う場合も、「エネルギー」「粒子」領域の内容であれば、全国どこでも実施可能な観察や実験の方法がある。しかし、「生命」「地球」領域では必ずしもそうはいかない。気候区分を考えても、日本列島では北は冷帯から、南は亜熱帯まで、幅広く属する。また、地域によって、地質や地形なども大きく異なる。当然ながら、それらに伴って植生、生態系なども違ってくる。学習指導要領では、全国画一的な記載にならざるを得ないが、平成15年の学習指導要領の一部改正によって、取扱いを広げることが可能になった。さらに、次項で述べる「総合的な学習の時間」と理科の授業を連動させることによって、地域の特色に応じた自然環境なども取り扱うことができる。

　次に、「3．環境への負荷や汚染に配慮した指導を行う」の中で「理科では、様々な器具や機器、薬品などを使用する。これらを適切に使用し、処理することは環境との関係できわめて重要なことである。例えば、使用済みの乾電池や破損したガラス器具などは、児童の安全と環境汚染という観点から、使用後の手洗い励行や中和処理などの指導を徹底することが大切である」(『前指導資料』p.31)と記されている。

　毎年、理科の授業の中でも、実験などにともなってさまざまな事故が報告されている。教員は、安全に配慮したり、事故や災害から児童・生徒を守ったり

するための努力を怠ることができない。

　さらに、これらは、『前指導資料』で記されたように「環境教育」の一環と捉えることができる。実験で用いる薬品には人体や生物にとって有害なものも少なくない。そのため、実験をともなう理科の授業によって、今日、大きな問題となっている化学物質の知識や処理への理解を深めることが期待できる。

（2）理科と「総合的な学習の時間」

　前項で紹介したように、環境教育の実践には自然に関する理科教育で学ぶべき知識が基礎となっていることが多い。さらに環境教育の具体的な取り組みは理科教育と「総合的な学習の時間」との連動によっていっそう深めることができると言ってもよいだろう。

　「総合的な学習の時間」では、「体験型学習」「問題解決型学習」の展開が期待されている。学習指導要領によると、「総合的な学習の時間」の具体的な取り組み例として、「自然体験」「観察・実験」「ものづくり」「ボランティア活動などの社会体験」「見学調査」「発表や討論」などが示されている。これらの多くは従来から理科教育でも取り組まれていたものである。

　また先述したように、近年、ESDへの取り組みが国際的にも不可欠な課題となっており、学校でも必然的に実践が進んでいる。ここで育成したい力は「総合的な学習の時間」とも関わってくる。

　今日、児童・生徒に育成が期待されている力は、OECD（経済協力開発機構）による生徒の学習到達度調査（PISA）（以下、OECD-PISAと略記）において示されている科学的リテラシーの育成とも関連している。ここでは、科学的リテラシーの重要性として、「知識の習得において重要なことは、それがより広い概念や技能に基づいており、かつ社会で直面する様々な状況や課題に適応できるようなものであるか。科学的リテラシーでは、今日の社会で議論になっている科学的な問題、すなわちエネルギー消費、生物多様性、人間の健康など広い概念や主題を理解する能力が、単に植物や動物の名前を知っていることよりも重要である」（国立教育政策研究所, 2007）と記されている。

　ただ、このような観点の取り組みは理科教育の中でも決して新しいものではな

い。その例として、STS教育（Science-Technology-Societyの略、科学・技術・社会の相互関連を重視した教育）を理科教育の中で実践する動きはこれまでも見られる。また、環境教育とSTS教育の関連性の深さは従来から論じられており、STS教育は科学技術に関連した意思決定や合意形成を育成する観点からも意義がある。例えば、現代社会では、エネルギー資源の取扱いや自然災害に対する防災など、科学技術を社会的文脈から捉えていく必要のある課題も多い。これらを理科教育の教材としてどのように取り上げるかは検討の余地がある。

従来、日本の理科教育では、社会的に結論が出ていない内容や価値観をともなうものについては、理科教育での取扱いを避けていたことが多かった。しかし、科学は必ずしも答えが一つだけに限られたものではなく、科学の発達によって、すべての問題が解決できるわけではない。メリットやリスクなどを専門家から説明を聞いて、納得した上で受ける、いわゆるインフォームドコンセントが一般社会の中でもますます重要視されつつある。

OECD－PISA調査においては、「今日、国や文化を越えて生徒が身に付けるべき、広範で総合的な技能というものが存在すると考えられる。これらにはコミュニケーション能力、対人関係能力、順応性、柔軟性、問題解決能力、情報通信技術の活用能力などが含まれる」と記されている。また、小学校の教員や中学校で理科を担当とする教員にとっても、理科が社会との関係の中でどのように関連しているのか、つまり、学校で学ぶ、教科としての理科は日常生活とどのように関わっているのかを理解して、児童・生徒に伝えていくことが求められる。

日本の子供たちは理科の成績は良いのに理科が嫌いであるという不思議な現象がOECD－PISAだけでなく国際数学・理科教育動向調査（TIMSS）などの結果からも明らかになっている。小学校の場合、必ずしも理科を専門とする教員ばかりではない。しかし、小学校教員を希望する人も教員採用試験を受験する機会に自ら理科の楽しさを知るつもりで、理科を学ぶことが期待される。理科好きの児童は理科好きの先生から生まれるといっても過言ではないからである。

(3) 今日の理科授業の課題

　OECD－PISAの結果から、日本の理科教育の現状がおもわしくないことはさまざまなところで論じられている。一般的には国際的比較の順位の変動に注目されることが多い。しかし、理科を専門とする教員にとって成績の順位より気になるのは、理科の授業の在り方が他の国とは異なっているところであろう。例えば、「対話を重視した理科の授業に関する生徒の認識」「観察実験などの体験を重視した理科の授業に関する生徒の認識」「生徒の科学研究を取り入れた理科の授業に関する生徒の認識」「モデルの使用や応用を重視した理科の授業に関する生徒の認識」を構成する質問に対する日本の生徒の肯定的な回答の割合が低い（国立教育政策研究所, 2007）。

　また、「生徒は課題についての話し合いをする」「理科の問題を実験室でどのように調べるかを、生徒が計画するように指示されている」や「生徒に自分の課題を選ぶ機会が与えられている」の回答割合はOECD－PISA調査に参加する国の中でも最も低いレベルである。つまり、日本の学校の授業では、自ら実験方法を考えたり、推論を行ったりすること、また、他の生徒と意見交換をして考えを修正していく機会が少ないといえるのである。これらは、従来、日本の理科教育の授業で展開されてきたことと、欧米での科学教育との違いともいえるかもしれない。理科として取り扱う内容には議論があるところだが、発表形式として、レポートだけでなく、実際に報告の機会を設定することも、これからの理科教育では取り入れる必要がある。児童・生徒には調べたことを発表したいという気持ちもあるし、発表する緊張感を通して、自分が取り組んだことに対する充実感から自己肯定感につながることにもなる。

　さらに従来から指摘されてきたところではあるが、将来、理科に関する職業に就きたいという生徒が少なく、日常生活と授業との関わりが理解できていない生徒も多い。これは、キャリア教育に以前から取り組んでいたアメリカなどでの実践を参考にすることも考えられる。

　また、STS教育とも関連するが、教員としても生徒の「先生は技術的な応用を例にして、いかに理科が社会生活と関係しているかを解説してくれる」と回答した割合が他の国と比較しても低い。これらは長期的な展望で捉えた場合、大

きな課題を含んでいるといえる。学校で学んでいる内容が将来どのように役に立つのかが理解できていない生徒が多く、また多くの教員がそのことを意識した授業を行っていないことも危惧される。先のキャリア教育とも関連して、これからの理科の授業を捉え直す時期にきているといえ、そのためには従来と違った理科教育の展開が必要とされている。

　ここでは、「総合的な学習の時間」を理科と関連付ける意味についてもう少し述べてみたい。「総合的な学習の時間」は現行の学習指導要領では、時間数が減らされており、この時間の意義が薄くなったような誤解が生じているかもしれない。しかし、「総合的な学習の時間」の中でねらいとして記されている「自ら考え、自ら学び」という姿勢は今後いっそう、日本の教育の中で育成すべき姿勢として望まれているのである。また、理科の中でもこのような観点は不可欠であり、今回の学習指導要領で時間が増えたのは、かつて教示されていた内容が復活されたというレベルにとどまるのではなく、このような探究型の授業が期待されているといえる。

　さらに、注目したいのは、「総合的な学習の時間」の実践の中では、地域に根ざした活動が展開されていることである。身近な課題に取り組むことが、学習者の意欲・関心を高めることにもつながり、これらの学習の成果は従来からさまざまなところで報告されている。

　加えて、「総合的な学習の時間」との連動が理科において重要であるのは、地域によって自然環境が異なり、特色に応じてそれらを活用することが可能となることである。例えば、自然災害などの教材化は理科教育の内容を発展させながら、「総合的な学習の時間」の中で地域に根ざした効果的な教育活動が行われていることが報告されている（例えば、藤岡, 2011など）。生物や地学に関する領域は地域によって、その特色の違いが明確になることも多い。これらをどのように活用するかは担当教員の力量にかかっているといえる。

　また、自然科学館や天文台・プラネタリウムなど、学校周辺に位置する自然科学に関する社会教育施設を活用する時間が確保できる利点もあげられる。最近では、世界ジオパークや日本ジオパークの活用に伴って、フィールドミュージアムと呼ばれる地域のフィールドへ児童・生徒を引率し、それが地域の活性化

につながることまで期待されることがある。

　近年、サイエンス・パートナーシップ・プログラム事業の展開など、理科教育に関する連携の意義やその方法などが紹介されることが多い。しかし、上で述べた施設や人材の活用など、それ以外にも、さまざまな場でパートナーシップの構築の意義を指摘することができる。

　理科を担当する教員にとっても理科室だけでなく、学校周辺はじめ多くの場や機会にコミュニケーション能力が不可欠となっていることを示す例といえるだろう。

【参考文献】
藤岡達也（2007）「総合的な学習の時間における環境教育展開の意義と課題」『環境教育』第32
　巻第2号，日本環境教育学会，pp.34-56.
藤岡達也（2011）『環境教育と総合的な学習の時間』協同出版
藤岡達也（2011）『持続可能な社会をつくる防災教育』協同出版
国立教育政策研究所（2007）『環境教育指導資料（小学校編）』国立教育政策研究所
国立教育政策研究所（2014）『環境教育指導資料（幼稚園・小学校編）』東洋館出版社
国立教育政策研究所（2007）『生きるための知識と技能③OECD生徒の学習到達度調査（PISA）
　2006年調査国際結果報告書』ぎょうせい，pp.131-169.

3．野外観察

(1) 野外観察の意義

　自然とのふれあいの中で学ぶことは多くある。豊かな自然にひたり、多様な体験を通して豊かな感受性を習得させたい。美しい自然と多様な生物とのふれあいを通して生命尊重や自然を大切にする心を養い、多様な生き方や価値観を身に付けるのも学びである。また豊かな自然体験を通して因果関係や自然の道理、ものの見方や考え方を深め、問題解決の能力を身に付けるのも自然の中での学びである。そして自然そのものの現象や仕組みを理解し、自然と人間との関わりについて知る知的な学びもある。このような学びを野外観察の中で体験できるようにすることが大切である。

(2) 野外観察の進め方

　小学校学習指導要領〈理科〉には「自然を愛する心情や主体的に問題解決しようとする態度を養う」と示されている。児童・生徒を自然の中に連れて行ったりする際には、対象である自然の事物・現象への関心や意欲を高め、そこから問題意識を持たせるような活動を工夫することが必要である。また飼育や栽培を通して、生命の連続性や神秘性に気付き、周囲の環境との関係の中で生きていることを理解できるような体験を通して、生命を尊重しようとする態度を育てていくことが大切である。

　小学校の学習の中で野外での活動が実施できる単元として次があげられる。第3学年では「身の回りの生物」「太陽と地面の様子」、第4学年では「季節と生物」「雨水の行方と地面の様子」「天気の様子」「月と星」、第5学年では「植物の発芽・成長・結実」「流れる水の働きと土地の変化」「天気の変化」、第6学年では「生物と環境」「土地のつくりと変化」「月と太陽」などである。

　中学校の学習の中で野外での活動が実施できる単元として次があげられる。中学校第1学年「生物の観察と分類の仕方」「身近な地形や地層、岩石の観察」「地層の重なりと過去の様子」、中学校第2学年では「気象観測」「天気の変化」、

中学校第3学年では「天体の動きと地球の自転・公転」「生物と環境」などである。

　理科の学習では自然に直接関わるような直接体験を充実するために、身近な地域で自然の事物を教材化し、それらを積極的に活用することが大切である。地域の実情に応じて適切に教材を選び、児童・生徒が主体的な問題解決の活動ができるように指導の工夫改善を図ることである。さらに理科の学習を効果的に行うためには、それぞれの地域にある博物館や科学館、植物園、動物園、水族館、プラネタリウムなどの施設や設備を活用することが考えられる。これらの施設や設備は、自然や科学に関する豊富な情報を提供してくれる貴重な存在である。

　野外観察を実施するに当たって気を付けなければならないことがある。まず事前の調査を十分に行うことである。例えば露頭の観察では、場所そのものが分かりにくい。もし観察できる露頭が見つかっても地学的な解釈の判断に迷うことも多い。そのような場合には、その地域の地学の専門家に教えを受けることはきわめて有効である。

　事前の調査ができたら、授業のねらいを明確にして事前の指導を徹底することである。学習の対象となる自然は多様である。観察をしていく視点を児童・生徒によく理解させて、野外観察に対する目的意識を持たせておかなければな

図3.3.1　露頭の観察（兵庫県加東市）

らない。多くの児童・生徒は野外活動に興味をもつが、単なる遊びにならないように事前に心構えを説明しなければならない。またこの中で安全に対する指導は徹底して行わなければならない。

引率の直前にも調査をしておくことが望ましい。例えば学校内の野草調査であってもわずかの期間で、花が散ってしまうなどそのようすは大きく変わる。露頭の観察では、足元に植物が繁茂してしまって観察地点へ行けないこともある。校外での観察では、観察場所の地権者へ了解を取っておく必要がある。個人で観察するのと学級の児童・生徒を引率するのでは、周囲への気遣いも変わってくる。その他にトイレの有無、雨天対策、バスの停車位置、危険箇所の確認など調べることは多い。このように現地の調査もふくめて十分な事前調査が必要である。

引率時の児童・生徒への配慮すべき事項として次があげられる。季節や場所に応じた適当な服装や持ち物がある。夏であるならば水筒は欠かせないであろうし、冬であれば防寒の用意も必要となる。また緊急時の対応など危機管理も万全でなければならない。事前に緊急時の子供たちへの対応を確認しておかねばならない。また野外観察では自然環境の保全に細心の注意が必要である。

このように事前に十分な調査をした上で引率を行う必要があるが、校外へは必ず複数の教師で引率を行う。校内の自然観察であっても、他の学級の授業に支障がないように注意する。事前に関係の教師に校内での観察を伝えておくべきである。校外学習の後、事後の指導で観察内容の復習とともに観察に対する態度も確認しておくべきである。

野外での活動を学級担任や理科教師だけで計画して実施することは難しい。そこで学校や学年の校外学習の中で自然観察や博物館などでの見学を取り入れることが考えられる。夜間に星の観察を行うことが困難であれば、プラネタリウムの利用が効果的である。

(3) 野外観察の実際
　1) 小学校3年「身の回りの生物」
　小学校学習指導要領（平成29年告示）解説理科編には「身の回りの生物について、探したり育てたりする中で、これらの様子や周辺の環境、成長の過程や体のつくりに着目して、それらを比較しながら、生物と環境との関わり、昆虫や植物の成長のきまりや体のつくりを調べる」と示されている。児童の野外での発見や気付きを学習に生かせるように、時間を十分に確保して自然の観察を取り入れる。直接に観察することに加えて、虫眼鏡や携帯型の顕微鏡があれば細部の観察が可能となる。毒を持つ生物に注意し、事故防止への対策が必要となる。

　2) 小学校5年「天気の変化」
　小学校学習指導要領解説理科編には「児童が、雲の量や動きに着目して、それらと天気の変化とを関係付けて、天気の変化の仕方を調べる」と示されている。身近な自然現象としての雲の動きを観察することにより、気象現象に興味・関心を持ち、天気を予想できるようにすることが大切である。気象情報に注意してあらかじめ観察日を設定しておき、それまでの天気の様子をテレビや新聞、インターネットで児童に調べさせておくと興味を持ちやすい。

　3) 小学校6年「土地のつくりと変化」
　小学校学習指導要領解説理科編には「土地やその中に含まれている物に着目して、土地のつくりやでき方を多面的に調べる」と示されている。校区内に露頭が見られない都市部の学校では観察場所の選定に苦労することが多い。校庭の隅も教材となることもあるので、まずは周辺を調査することから始めたい。学校建設の時のボーリング資料が残されていることが多いので、これらを教材とすることも可能である。

　4) 中学校1年「生物の観察と分類の仕方」
　中学校学習指導要領（平成29年告示）解説理科編には「個々の生物の体のつくりや生活を観察し、生物の特徴を見いだすための観察の方法の基礎を養うとともに、様々な環境の中でそれぞれ特徴のある生物が生活していることを見いだして理解させる」と示されている。春先には校内で野草の観察を行うことができる。観察の前に植物図鑑でよく調べておくことが望ましいが、よく目立つ植

物の数種類を確実に説明するだけでも子供たちは驚く。マツの花の観察では観察ができる低い位置に花があるものを見つけておいて、その場で枝を折らないようにして説明するのがよい。

5）中学校3年「天体の動きと地球の自転・公転」「太陽系と恒星」

中学校学習指導要領解説理科編には「太陽や星座の日周運動の観察を行い、天体の日周運動が地球の自転による相対運動であることを理解させる」、さらに「太陽の観察を行い、その観察記録や資料から、太陽の形や大きさ、表面の様子などの特徴を見いだして理解させる」と示されている。

透明半球による太陽の1日の動きでは、事前に透明半球とボール紙で観察の準備をしておき、昼間曇りのないような日を選んで観察する。朝から夕方までの授業の合間や昼休みに観測するので、観測時間ごとに班の中で担当の生徒を決めておくとよい。

黒点の観測では、天気予報をよく見ておいて、天候がよい日をねらって行う。天体望遠鏡に遮光板と投影板を取りつけて観察をする。学校にたくさんの天体望遠鏡がなければ、教室で作業を指示して、班ごとに観察できる場所に移動させるようにする。天体望遠鏡で太陽を直接見ると危険なので、観測中には教師は天体望遠鏡から離れないようにする。

月食などの天文現象の時には、事前にその日時を調べておき、校庭で観察会を実施したい。これには教師だけでなく保護者の協力が必要となる。それにあまり機会は多くないが、日食があればぜひ観察会を実施したい。

【参考文献】
山田卓三編著（1995）『ふるさとを感じるあそび事典』農山漁村文化協会
秋吉博之・藤岡達也（1996）「効果的な自然観察指導のための実践的研究」『学校教育学研究』
　第8巻，兵庫教育大学学校教育研究センター，pp.129-137.

4．安全指導

（1）事故の防止

理科の授業では安全に観察や実験を行わなければならない。事故を防止するのに心得ておかねばならないことがある。

1）教師の事前準備

観察・実験に当たって教師が予備実験を十分に行っておくことである。遺憾なことであるが、予備実験を怠ったために実際に事故が起きている。以前に実験を行っているので安心だと油断するのは禁物である。授業の時と同じように器具や薬品を用いて実験をしてみて、化学変化のようすを確認し、器具の転倒や破損など危険を予知するなどして、それを回避するようにしておくことが必要である。予備実験を行った後には児童・生徒への実験の準備を行っておく。ビーカーや試験管に破損はないか、試薬は適切であるか、機器は正しく動いているか、実験の材料は十分であるかなど調べておく。

このような実験の事前準備は授業の直前だけでできるものではない。日頃から実験器具や試薬の管理を行っていなければならない。特に実験を終えた後に器具を点検して、保管をきっちりとしておくことである。また使った後に薬品の補充を行っておくと、次に実験を行う時にやりやすい。理科準備室にボードを用意して、補充したり購入したりする必要のある器具や薬品を記入するようにしておくとよい。

2）児童・生徒への指導

児童・生徒に理科室での基本的な授業態度を身に付けさせることが重要である。理科室での指導は普通教室とは大きく異なる。4月の当初など新たな学級での授業が始まる時点で、理科室での指導を細かく行っておくとよい。まず理科室の座席の決定をする。教室とは違ってグループごとに実験台に座ることになるので、児童・生徒の実態に合わせて座席を決定しなければならない。理科室で着席すると教室前方を向いているとは限らない。また理科室で教師が指示をするのは必ずしも教卓の前とは限らない。特に観察・実験の場合には理科室

内のいろいろな場所で指示をすることが多い。理科室での事故の多くは児童・生徒が教師の指示を守らない時に起きている。これを防ぐためにも児童・生徒に教師の指示を徹底させなければならない。そのためにも理科室で指示する教師の方を向いて静かに聞く習慣をつけさせなければならない。

3）基本操作の習得

基本的な実験操作についても早い時期に習得させておく必要がある。ガラス器具や主な薬品の扱い方、アルコールランプやガスバーナーの使い方、加熱の仕方、鉄製スタンドの持ち方など事故が起こりやすいものは実際の操作の中で使い方を習得させておく。教師が演示実験の中でどのような時に事故が起こるのか説明するとよい。このような指導が徹底されていると実際の観察・実験での事故防止にはきわめて効果的である。

4）観察・実験の場面

事前の基本操作の習得をふまえて、観察・実験の説明の中で予想される危険と防止策について十分に理解させる。服装が乱れていたり頬杖をつくなどの格好で実験をしていると、薬品を引っかけてこぼしたり薬品が顔にかかったりと思わぬ事故が起きてしまう。安全上からも服装など授業中の規律についても厳しく指導することが必要である。

児童・生徒の実験が始まったらその様子を見ることになるが、1つの班に熱心に関わっている間に、他の班で思わぬ事故が起きてしまうことがある。常に教室全体を見渡せる位置にいて全体の実験の様子を見ておき、危険を察したらその班の所へ行けるだけの余裕が必要である。

実験終了後の片づけは慌ただしく、児童・生徒も落ち着かない。このような時にガラス器具を割ってけがをしたり、薬品が服にかかったりという事故が起きやすい。実験が終わったら座らせて落ち着かせてから片付けの説明をするとよい。時間に追われて、児童・生徒が慌ててしまいけがをすることがある。実験終了と片付けまで時間配分を考慮しながら観察・実験を進めていくことが肝要である。

5）事故発生の対応

細心の注意をしていても事故は起きることがある。事故が起きた時に素早い

対処がとれるように日頃から心がけていなければならない。消火器が所定の場所にあることを確認し、いつでも使えるようにしておく。児童・生徒がけがをした時の養護教諭との連絡について、日頃から話しあって決めておく必要がある。

けがの程度から救急に処置が必要かどうかを判断する。判断に迷うような場合には他の教師の応援を求める。軽度の火傷であれば氷や流水で冷やして保健室で手当てをする。また薬品がついた場合には流水で洗い流してから保健室で手当てをする。この時に理科室内の他の児童・生徒が同じけがをしないように注意し、また動揺しないように冷静に対処しなければならない。けがをした児童・生徒だけに注意がいって、他の子供が同じけがをしないように注意するだけの余裕が必要である。

(2) 注意すべき実験とその器具

事故が起こりやすい観察・実験やその器具についてあげる。

1) アルコールランプ

アルコールランプ内のアルコールが少なくなり、気化したアルコールと空気中の酸素が混じったまま点火すると爆発して芯が飛ぶという事故が起きる。実験の前にランプに破損がないか確かめ、ろうとを使ってアルコールを3分の2程度になるように補充する。使用中にアルコールの量が半分以下になったら使用を止める。さらにランプが倒れてこぼれたアルコールに引火する事故も多く起きている。アルコールランプは安定した場所に置いて、火がついたまま持ち運ばないようにする。もしアルコールがこぼれても冷静に対応できるように、実際に訓練してみると効果的である。

2) ガスバーナー

ガスバーナーのガス調節ねじを大きく開けて点火すると、急に大きな炎があがり髪の毛をこがすことがある。ガスバーナーに顔を近づけすぎないようにする。消火した後もしばらくはガスバーナーの加熱部は高温なので注意が必要である。

3) 水素の爆発

事故がよく起きる実験の1つであり、水素の爆発によってガラス器具が割れて目に入るなどすると被害が大きくなる。事故が起きないようにするには、水素

を捕集する試験管が破損してないか事前によく調べる。最初に出てきた気体には空気が混じっているので捕集しないようにする。ガラス容器の破損事故の多くは、水素を発生し続けている時に点火して起きている。水素の発生を最小限にして空気が混じらないように水上置換法で試験管へ捕集する。その後、水素の発生を止めて装置を片付けるか遠ざけてから、換気をしてから点火すると事故を防止することができる。

4）PETボトルの破裂

PETボトルは飲料水の容器として入手しやすいが、密閉したPETボトルの中でドライアイスの昇華などで与圧した時に破裂して大きな事故となることがあった。炭酸飲料用のPETボトルの耐圧は約6気圧だが、古くなったりきずがあったりすると破裂するので、安易にPETボトルを実験に使用するのは望ましくない。さらにPET樹脂は強酸やアルカリによって加水分解するので入れてはいけない。高い濃度のアルコールに触れるとエステル交換反応が起きて強度が低下する。また高温には耐えられない。身近にあるPETボトルを安易に用いるのではなく、その特性をよく知ることが大切である。

5）逆流による器具破損

試験管で固体を加熱して発生した気体を水上置換で集める時に、ガラス管を水の中に入れたまま火を消すと、水が逆流して熱した試験管に流れ込み、試験管が割れることがある。ガラス管を水の中から出した後にガスバーナーを消すように実験前に十分に指導しておく。

6）ガラスの破損

ガラス管の切り口が加熱によって丸めてあるか、ふちが欠けていないか、ひびが入っていないか実験前によく確かめる。ガラス管にゴム栓を入れる時にガラスが割れることがあるので、無理に押し込まないように事前に指導しておく。顕微鏡の観察でスライドガラスやカバーガラスのかけらでけがをすることがある。特に観察後の片づけの時には注意させたい。

【参考文献】

長谷川秀吉（1993）『新訂小学校・中学校理科薬品ハンドブック』東洋館出版社

5．防災教育と理科教育

(1) 自然災害をめぐる近年の動向

　東日本大震災発生以降も各地で自然災害が発生しており、依然として日本列島を襲う自然災害への防災・減災の重要性が痛感される。それを受けて、学習指導要領でも自然災害に関する記載が増えている。

　近年では、自然災害への対応は日本だけでなく、国際的にも切実な課題となっている。学習指導要領では、「持続可能な社会」という言葉も目にするが、ESD（Education for Sustainable Development：以下、ESDと略記）と防災教育との関わりも深い。グローバル化時代の理科教育の内容、方法とも無関係でない重要な国際会議として、「国連持続可能な開発のための教育の10年」の最終年度の2014（平成26）年11月には、岡山、名古屋でユネスコ国際会議が、そして2015（平成27）年3月には仙台市で第3回国連防災世界会議（World Conference on Disaster Risk Reduction）が開催された。つまり、これからの理科教育を考えるに当たって、改めて人間と自然環境との関係の在り方から、国際化時代の人材育成の必要性までが注目される。

　自然災害の取扱いで気になるのは、災害の地域が遠かったり、時間が経過していったりすると、大きな被害でも風化されやすいことである。まず、関西では、1995（平成7）年1月17日の阪神淡路大震災は当時神戸から全国に大きな衝撃を与えたが、今の大学生は記憶にない。中越地震や国際的にも死者・行方不明者20万人を超えるスマトラ沖地震の発生から10年を超えると同様であり、いずれ東日本大震災も人々の記憶から薄れないとも限らない。多くの人にとって、時間が過ぎると自然災害も風化されやすい。しかし、自然に対する畏敬の念とともにこれらの教訓を次の世代、また他の地域にも伝えていくのが、教育の大きな役割である。特に自然災害発生のメカニズムを科学的に理解する理科教育の役割は防災教育の基本となる。

　国内外に大きな衝撃を与えた東日本大震災の被災地は、復旧・復興に甚大な労力を要している。しかし、それにもかかわらず、その後も2014年8月末には

広島県土石流災害、9月には御嶽山噴火によって多数の人命が失われた。2016（平成28）年4月に発生した熊本地震では関連死を含めると犠牲者は200名を超えた。今後も日本列島では自然災害は繰り返して発生することが予想され、いっそうの防災教育が求められている。

次にESDの10年は、周知の通り日本から国際社会に提言し、国連総会で採択されたものであった。一応、2005年からの10年間の取組に一区切りついたと言えるが、終了後もESDを推進していくとする各国の決意表明が示されており、2012年に開かれた国連持続可能な開発会議（リオ+20）にて、ユネスコは加盟国政府及び各関係機関とともに「ESDに関するグローバル・アクション・プログラム（GAP）」を策定している。また、国連防災世界会議は第1回目が横浜市、第2回目が神戸市で開催されたため、一つのテーマについての国際会議が3回とも日本で開かれたことになった。近年、自然災害の脅威は日本だけでなく、国際的にも重要な課題であり、世界の平和と安全を希求する国連にとっても、持続可能な社会の構築のためには自然災害への対策を無視できない。

ここでは、これからの理科教育においても、国際的な動向をふまえたグローバル人材育成が期待される中、今日的な環境教育・ESDと防災教育についての意義や課題から、今後の日本の果たすべき国際的なリーダーシップの視点まで論じたい。

なお、阪神淡路大震災以降、自然災害の発生は防ぐことができないことが実感されているため、防災・減災教育という言葉も用いられることが多くなっているが、ここでは、防災教育に減災の意図も含んでいることを断っておく。

（2）防災教育とESDのねらいの共通性

防災教育では、どのような力の育成がねらいとされているのか、また、それらはこれまでも理科教育との関連性が取り上げられている環境教育やESDで育みたい力とどのような関係があるのか、触れてみたい。

まず、防災教育には次の3つの目標が示されている。「ア <u>自然災害等の現状、原因及び減災等について理解を深め</u>、現在及び将来に直面する災害に対して、的確な思考・判断に基づく適切な意志決定や行動選択ができる（知識、思考・判

断)、イ　<u>地震、台風の発生等に伴う危険を理解・予測し</u>、自らの安全を確保するための行動ができるようにするとともに、**日常的な備えができる**（危険予測、主体的な行動）　ウ　自他の生命を尊重し、安全で安心な社会づくりの重要性を認識して、学校、家庭及び地域社会の安全活動に進んで参加・協力し、貢献できる（社会貢献、支援者の基盤）」（文部科学省, 2013）。この中でア、イの下線は、理科教育における知識、理解の必要性、太字は実生活に活用することができる判断、行動力の大切さ、そしてウは、持続可能な社会の構築へ繋げることができる科学的リテラシーの育成と関わっていると言える。

　一方、理科教育とも連動する環境教育の目標は、国立教育政策研究所によると以下の3つが挙げられている。「①環境に対する豊かな感受性の育成　②環境に関する見方や考え方の育成　③環境に働きかける実践力の育成」。ここで、防災教育の目標　ア　は、環境教育の目標　②　と、防災教育の目標　イ　は、環境教育の目標　②、③と、防災教育の目標　ウ　は、環境教育の目標　③と照らし合わせてみると、ほとんど同質のものであることが分かる。むしろ、これらの目標から考えると、環境教育の具体化の一つが防災教育と言える。環境教育の目標に挙げられている「環境に対する豊かな感受性」を育成するには、これまでも繰り返して述べている自然の二面性の取扱いと密接に関わる（藤岡, 2007）。

　ESDで育みたい力として、持続可能な開発に関する価値観（人間の尊重、多様性の尊重、非排他性、機会均等、環境の尊重など）、体系的な思考力（問題や現象の背景の理解、多面的かつ総合的なものの見方）、代替案の思考力（批判力）、データや情報の分析能力、コミュニケーション能力、リーダーシップの向上が挙げられている（日本国内ユネスコ委員会, 2014）。これらは、環境教育や防災教育で培いたい能力だけでなく、理科教育のねらいを実現するために必要な力、つまり科学的リテラシーの育成とも大きく関連していることは改めて述べるまでもない。

　ESDでは、関連するさまざまな分野を"持続可能な社会の構築"の観点からつなげ、総合的に取り組むことが必要である。その学習分野の例として、国際理解、エネルギー、環境、世界遺産や地域の文化財、そして、近年では、生物

多様性、気候変動などとともに防災が挙げられている。しかし、防災の観点を持った理科教育としての内容は、エネルギー、環境、生物多様性、気候変動など、これらすべてと連動している。つまり、ESDを意識した理科教育は、防災教育の切り口ともなる（藤岡, 2011）。

（3）理科で防災をどう教えるか

このタイトルの図書は、すでに木谷要治元日本理科教育学会長他によって1990（平成2）年に刊行されている。内容的には現在も色あせていないどころか、その卓見性に改めて敬意を表すところも多々見られる。防災教育においても「不易と流行」があり、「不易」部分はそれに譲るとして、ここでは「流行」的な取扱いを考察したい。

1）自然の二面性の理解とジオパークの活用

近年、世界遺産と同様に、ユネスコによって採択されるジオパークについての関心も高くなっている。防災教育と上述したESDでの世界遺産教育や地域の文化財との関連を考えた場合、自然景観の形成と自然災害の発生は大きく関わっているため、自然の二面性への注目には重要な意味を持つ。

日本の国立公園・国定公園などやジオパークは、火山活動と関連したものが多いが、一方で火山の噴火など自然災害につながる可能性の高い地域も存在する。確かにジオパークでは、教育や啓発が目的の一つとなっているが、むしろ、ジオパークにおいては、世界遺産（自然遺産）と比べて、自然災害を学ぶことも大きな役割を持つと言える。

東日本大震災発生後、日本で最大の面積を有する三陸ジオパークが設置された。ここでも「たろう観光ホテル」など、津波の爪跡を震災遺構として保存する点だけでなく、津波の原因ともなったプレートの動きによって形成された太平洋側の海岸の美しさも取り上げられることを望みたい。

また、ジオパークは、地学や地理的な教育、啓発、さらには環境教育やESDについての場であるだけではない。産業遺産についても科学技術を社会的な立場からも取り上げる観点や地域活性化に向けてのフィールドとしても取り扱われることが期待されている。

ジオパークの持つ教育的可能性は学校教育にとどまらない。むしろ、地域に根差した社会教育や家庭教育の観点からも注目したい。日本は面積に比べて自然景観は多様である。それらは地域によって大きく異なり、身近な自然現象の内容も違ってくる。全国画一的な指導要領に則った学校での理科教育では取扱いに限界もある。

2)「主体的、対話的で深い学び（アクティブ・ラーニング）」と防災教育

現在、被災地をはじめ各地で復興及び防災教育への懸命な取組が見られる。特に地域を主題とした自然災害の特殊性を、一般性を持った教育活動に汎用するための試みの一つとして、その実践をアクティブ・ラーニングの観点から防災教育に取り入れてみる。

① 説明段階

過去に地域に生じ、今後発生の可能性の高い自然災害について、教師が児童生徒の状況に配慮し、丁寧な説明や動機付けを行い、児童生徒が興味関心を持って、理科（地学）的な事物・現象を扱った教材を理解しようとする。

② 発問段階

教師が適切な地域の課題や防災、減災に関する問いかけをし、児童生徒との質疑や調査、観察及び実験などの進め方の見通しによって、理解の方法を納得するように導く。

③ 調査・実験段階

理解していくための手立てをさまざまなフィールドワークや地域の関係者、インターネットのデータベース、シミュレーションや図表化、独自の実験、観察教材として用意し、それを児童生徒が使うことで理解に達するように導く。

④ 表現段階

児童生徒が指導の結果としての理解を、言語的表現や図表化・モデル化などにまとめ自分の理解を確認する。これらは教員やクラスに対してだけでなく、保護者や地域の人にも発表する機会を設定する。共同作業でジオラマなどを作成し、公表する機会も検討する。

⑤ 評価段階

　児童生徒の自然災害発生のメカニズムや防災、減災への理解の仕方を、地域の特殊性から他の地域や国へも応用可能な一般性、普遍性を有する新たな教材に向けてのパフォーマンス評価により確認する。

　これまで、防災、減災の教育実践の教材やプログラム開発そのものが、その重要性に比べて十分進んでいるわけではない。実践上の課題は、地域の特殊性を一般化する困難さに加え、防災教育を取り扱った総合的な学習の時間などにおいても、その評価が短時間で結論を明確にするなど、必ずしも容易ではないことにもよる。

　しかし、指導の目標と評価の一体化を意識し、学習により育成したいねらいを明確にしておくことが、実践者、学習者ともに授業内容、方法、展開の意図が明らかになることが期待できる。

（4）理科教育の課題と積極的防災教育

　現在、日本の学校防災の構築にはシステム的にも課題がある。東日本大震災では、被災地の行政担当者から、日常は効率的な指示・命令系統の一本化、つまり縦割り行政が、緊急の場合、役に立たないことが指摘された。これは、教育行政についても同様な点を否定できないことがある。例えば、文科省ほどの組織になると防災と関連した学校安全はスポーツ青少年局、自然災害を扱う教科は初等中等局と部署が異なり、それが都道府県の教育委員会レベルにおいても異なった担当課から防災教育に関連した内容や取組が学校へ連絡され、教育現場ではその実践や評価の方法などで戸惑うこともある。確かに2015（平成27）年10月スポーツ省の独立により、それまで防災教育を取り扱っていた学校安全を担当する部局も初等中等教育局に統合された。しかし、学習指導要領の総則に安全教育が記載されるようになったとはいえ、教科教育と防災教育が連動されるようになったとは言い難い。

　ところで、今後の防災教育の一つの観点として、先述の仙台市で開催された第3回国連防災世界会議について、少し紹介したい。本会議は東日本大震災の復興に取り組む被災地の開催だけに国内外の話題となり、多くのフォーラムが

注目を集めた。その一つに同会議防災教育日本連絡会、内閣府（防災担当）、文部科学省などが主催した防災教育交流国際フォーラム「レジリエントな社会構築と防災教育・地域防災力の向上を目指して」があり、このフォーラムのまとめとして仙台宣言が採択された。それらは以下の通りである。

「防災教育はすべての防災対策の礎である。自然災害を乗り越える力は、過去の経験、先人の知恵を学び、家庭・学校・社会において協働で日頃から実践し育んでいくわたしたち一人一人の能力にかかっている。その力を組織的に高める試みが防災教育である。わたしたちは、防災教育を積極的に進め、自然災害から尊い命を一つでも多く救い、多くの人々と協力しながら厳しい状況を克服していかなければならない」という宣言の前文に続いて、次の4つの項目が掲げられた。

1．国内外の被災地ならびに被災懸念地域と連携し、各学校や地域などでの実践を支援し、経験を共有するとともに、学校防災・地域防災における研究者・実践者の人材育成を進める。
2．世界各国における自然災害リスクの軽減を念頭に、学校防災、地域防災に関して、東日本大震災を含む日本の大規模災害からの教訓を国際的に積極的に発信する。
3．ポストHFA（Hyogo Framework for Action：兵庫行動枠組）において、国連機関などが推進する「セーフスクール」の枠組みと連携し、国際的に展開可能な学校防災や地域防災に関する研究、実践、普及、高度化に貢献する。
4．レジリエントな社会の構築に向けて、「持続可能な開発のための教育（Education for Sustainable Development：ESD）」との連携を図りつつ、災害アーカイブなどの震災記録の活用を含む、「地域に根ざした」すべての市民を対象とする防災教育モデルの開発、実践、普及、高度化を目指す。

これらの項目は一つ一つに理科教育の観点からも意味がある。例えば、被災地の教訓を他の地域、場合によっては、国を超えて、今後発生する可能性の高

い地域に伝え、そのための教育、啓発を図ろうとする意識が示されている。大規模災害の発生間隔は、一人の人間の生涯の長さとは比較にならない。それらを伝えるためには、ソフト面、ハード面ともさまざまな取組が不可欠である。防災教育モデルの開発や実践をどのように構築していくかの例が、4番目の項目に挙げられている。またESDとの連携が明確に示されていることに大きな意義がある。つまり、以上の項目はHFAの中で、教育に関して挙げられた内容を継続、発展させていると言える。

　最後に、最も強調したいのは、理科教育において、防災教育の目的を児童生徒の命を自然災害から守るためだけのものと捉えないことである。先述のように、理科教育と関連して、災害発生のメカニズムの理解は、自然景観の形成を考えることにもつながる。これまでも述べてきたように、自然は、人間に対して、災害を与える以上に、鉱物資源や観光資源など多様な恩恵を与えてきた。これらを児童生徒の発達の段階に応じて取り扱うことは今後も求められる。同時に自然災害は地域によって大きく異なり、自然景観の形成も地域によって違っている。各地において多様な国立公園やジオパークが異なった魅力によって多くの人たちを引きつけている。地震、火山の多い日本列島はこれを観光資源に結び付けていくことも期待される。

　さらに、自然災害の多い日本列島では、従来から防災、減災についてはさまざまな教訓や取組が見られ、それが蓄積されてきた。先述のように、自然災害への対応は、もはや国内の問題だけではない。日本から世界に発信し、国際貢献が可能な分野と言える。特に、科学技術の持つハード面だけでなく、理科教育のようなソフト面でも貢献が期待できる領域である。つまり、防災教育は理科教育と連動して、さまざまな展開が考えられ、児童生徒の命を守るという消極的な意味で進めるのでなく、自然の二面性を取り扱ったり、これから求められる地域に根差したアクティブ・ラーニングの一つの試みとしたりしても重要な意味を持つ。さらには、グローバル化の時代、持続可能な国際社会への発信から観光立国日本の確立まで、「積極的防災教育」として、新たな展開を迎えることを望みたい。

【引用・参考文献】
藤岡達也編（2007）『環境教育からみた自然災害・自然景観』協同出版
藤岡達也編（2011）『持続可能な社会をつくる防災教育』協同出版
学校防災研究プロジェクトチーム（2014）『生きる力を育む学校防災「』協同出版
木谷要治・加藤裕之（1990）『理科で防災をどう教えるか』東洋館出版社
文部科学省（2013）『学校防災参考資料　生きる力を育む防災教育の展開』文部科学省

6.「科学技術と人間」の授業実践と評価

（1）中学校3年「科学技術と人間」

　本項では、第1分野の内容（7）「科学技術と人間」についての指導方法と教材開発について扱う。この内容は第2分野の内容（7）「自然と人間」と関連付けて総合的に扱うことが求められている。自然環境の保全と科学技術の利用のあり方について科学的に考えさせ、持続可能な社会を構築することの重要性を認識させることが求められている。

　ここでは「科学技術と人間」にとくに焦点を当てて、学習指導要領に示されているポイントを押さえながら、指導方法と教材開発について紹介する。

1）科学技術についての理解

　「科学技術と人間」ではその名称にあるように科学技術が主なテーマのひとつになっている。ところで、あなたは「科学技術」とはどのようなものか説明できるだろうか。科学と科学技術の違い、単なる技術と科学技術の違いについてはどうだろうか。この説明をここですることは本章の目的とは異なるため省くが、この内容を指導するに当たってまず教師が理解しておく必要がある。自分の理解は不十分かもしれないと思うならば、まずこれらの用語の意味を確認してほしい。筆者は、中等理科教育法などの講義で同様のことを受講生にしばしば尋ねるが、多くの受講生はなかなかうまく答えられないのが現状である。

　さて、「科学技術」の用語の意味が明確になったものとして話を進めよう。「科学技術と人間」では、科学技術について主に次のことについて指導する。

2）科学技術の発展

　科学技術の発展の過程すなわち歴史について、「科学技術と人間」の「(ｱ) エネルギーと物質」の「ウ　科学技術の発展」において取り上げられている。中学校学習指導要領解説理科編には18世紀に起きた産業革命から現代を中心に、産業の急速な発展を取り上げるように示されている。具体的には、化石燃料とくに石炭の利用により蒸気機関が実用化し、そのことによって生産力が飛躍的に向上し、木綿産業、製鉄業、石炭採掘業や鉄道の開通などによって、当時の

人々の生活は大きく変化していった。これらのことは社会科での学習と結び付ける工夫をすることもできる。

教科書によっては産業革命以降だけではなく、古代の人類の誕生から今日に至るまでを歴史的な観点で人間1人の1日当たりのエネルギー消費量の変遷を概観しているものもある。産業革命を契機にそれ以降、人類の1日のエネルギー消費量はうなぎ登りのように急増していることが分かる。

そのような歴史的な経緯をふまえて、今日の最先端の科学技術や科学技術の将来の可能性について理解させる。学習指導要領にはその具体例として、ナノテクノロジー、人工知能、ロボット、宇宙開発、深海探査などがあげられている。

私たちの生活に身近な例で考えてみよう。下の写真はイタリアのミラノにあるレオナルド・ダ・ヴィンチ国立科学技術博物館に展示されていたコーヒー豆の包装素材の変遷について紹介したパネルである。コーヒー豆の品質を保つにはその保存方法がとても重要である。近年では、包装内の空気を除去して真空に近づけ、また不活性ガスと置換することによって酸素濃度を低下させ、酸素によるコーヒー豆の品質劣化を防ぐといった方法が取られているのだが、それを実現するのに必要な包装素材がある。このパネルはその素材の変遷を示している。

これを例に教材開発について考えてみよう。酸素によるコーヒー豆の酸化、真

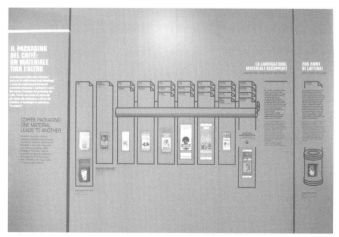

図3.6.1　コーヒー豆の包装素材の変遷
(撮影：石川聡子)

空、不活性ガス、包装に用いられている素材やラミネートに使われているフィルムの性質、紙などの繊維、繊維間の目には見えないほど小さな穴と包装内部につめられた気体の分子の大きさの関係などについて取り上げることによって、生徒に科学的な概念や知識を理解させることができる。これらに関する既習事項を復習しながら、知らないことを生徒たちに調べさせ探究させるとよいだろう。単なる紙でコーヒー豆を包装していた時代から科学技術を利用した今日の包装に変化したことによって、品質の良いコーヒー豆を世界中で大量に流通、消費することが可能になり、私たちは日常生活の中で香りと味の良いコーヒーを飲むことができている。このように、科学技術の利用が生活と関連していることを学習することができる。

3）科学技術の利用の正と負の側面

上述のコーヒー豆の包装素材のトピックは、科学技術が私たちの生活にメリットをもたらしている例であった。このように、科学技術の発展によって私たちの現代社会では豊かで便利な生活を送ることができるようになった。「科学技術と人間」ではこのことを扱い、理解させる。

しかしながら、科学技術は私たちに恩恵をもたらしているばかりではない。みなさんは、フロンガスという気体の名前をどこかで聞いたことがあるだろう。現在その製造や輸入は禁止されているが、約40年前まではフロンガスはいわば夢の化学物質あるいは20世紀最大の発明などと評価されていた。化学的、熱的に安定していてかつ安全で、冷蔵庫やエアコンなど家庭生活の身近なところでも多用された。ところが、フロンガスは大気中に放出された後成層圏に達すると強い紫外線によって分解され、放出された塩素原子が触媒の働きをしてオゾンを壊すおそれがあることが指摘されたのである。このように、科学技術の開発及び実用のある時期まで私たちの生活を快適にしているとされたものであっても、後になって不都合が明らかになるということもある。

今日的な大きな課題では、人間の生産諸活動での化石燃料の使用が地球温暖化の原因になっている、原子力発電所の事故が自然環境や人間の健康に影響をもたらしている、などの科学技術の利用における負の側面はみなさんも気付いているであろう。中学校学習指導要領解説理科編では、そのような科学技術の負

の側面にも触れるように述べられている。

　また、科学技術は自然環境に負の影響を与え、環境問題を引き起こす原因になると言える側面がある一方で、環境問題の解決を図る働きをするという正の側面もあると中学校学習指導要領解説理科編には書かれている。このことも含めて、科学技術には正と負の両方の側面すなわち長所と短所を備えているという見方ができる。生徒にそのような見方を持たせるために、科学技術の利用の長所と短所を整理させる活動を取り入れて指導する。これについては後述する。

　4）科学技術と生活や社会との関連

　中学校学習指導要領解説理科編の第3章 指導計画の作成と内容の取扱いの(10)科学技術と日常生活や社会との関連では、理科で学ぶ科学の原理や法則が日常生活や社会と深く関わり、科学技術の発展を支える基礎となっていることを、生徒が認識することが大切であると示されている。

　ところで、この生活や社会という用語はどのような意味で用いられているとみなさんは考えるだろうか。「私は理科の教師をめざしているのであって、社会科の教師をめざすのではないから、生活や社会に関心が深くないのは致し方ない、あるいは深い関心は必要ない」とは考えないでいただきたい。理科や科学技術が社会や生活と関連していることについての日本の生徒の関心が必ずしも高くない現状は、海外の生徒との比較調査の結果から知られている。こうした現状を変えていくには、まず教師がこれらのことに関心を深めて充実した指導ができるようになることが必要であり、教師自らが科学技術と生活や社会との関連についての理解を深めることが欠かせない。その時、生活や社会の用語の意味を明確にしておくことも大切である。

　ところが、学習指導要領にはこれらについての説明や定義は記されていない。そうしたこともあり、これら生活や社会という用語の意味が漠然と捉えられてしまうことが残念ながら予想される。筆者は、生活や社会との意味の違いを丁寧にそして厳密に捉える方がよいと考えている。そのことによって、科学技術と生活の関係、科学技術と社会の関係についての見方が変わるからである。

　そこで、講義で経験した出来事を紹介しよう。理科教育学関係の講義で、科学技術が生活や社会と関連している例を学生に調べて発表させた。ある学生が

携帯電話を取り上げて、携帯電話を使うことで友だちとの待ち合わせがしやすくなり便利であると述べた。これは日常生活と科学技術の関連を示す例である。そこで、さらにその学生に、携帯電話に関して科学技術と社会の関連の例を尋ねると、その学生は困ってしまい答えることができなかった。携帯電話の利用は身近で便利ということだけで、社会を変えるといったことはないのだろうか。このことについて、あなたも考えてほしい。これについて考えることは、教材開発に向けての第一段階である。

「情報化社会」ということばを聞いたことがあるだろう。情報というものが経済的な価値を持ち、情報を中心にして社会が機能していく変化を意味している。近年、アフリカでは携帯電話の普及が急速に広がり、例えば小規模な生産農家は携帯電話を使用する以前は仲買人の言う通りの買取り価格で自分の生産物を取引せざるを得なかったが、携帯電話で仲間との情報交換をするようになってからはその買取り価格が適正かどうかを見定めることができるようになり、搾取から逃れて経済的に豊かになってきたという。このような事例を科学技術と社会との関連に位置付けて見直すと、単に友だちとの待ち合わせに携帯電話が便利だということ以上に科学技術の利用が社会と深く関わっていることに理解を深めることができる。このことを先の講義で説明すると、学生からアフリカで起きていることは自分の身近な出来事ではなく関係ないことだという意見が出された。グローバル社会をキーワードに、自分との関わりについても深めてもらいたい。

(2)「科学技術と人間」の指導の実態

本項では、「科学技術と人間」についての授業実践と評価について説明する。「科学技術と人間」では、自分たちの生活や社会に関連している科学技術の利用について情報を収集してそのメリット、デメリットを調べ、そのことについて意思決定させるという活動が特徴的である。科学技術の利用となると、理科の観察、実験を行うことで明らかにすることがむずかしい内容も含まれる。そのような場合には、インターネットの活用などが考えられる。

「科学技術と人間」の授業は一般的に中学校3学年の3学期に配当されており、高等学校入試の時期と重なるということもあって、実際の授業を参観する

機会はあまり多くないというのが実態と思われる。また、筆者の研究室で以前修士論文を執筆した大学院生が「科学技術と人間」の授業分析を行うために、全国の自治体の教育委員会などが作成、公表している学習指導案のデータベースなどから、「科学技術と人間」の単元の学習指導案を収集したところ、他の単元のそれに比べてかなりその数が少なかったということがあった。このことからも、「科学技術と人間」の授業実践は一般的に必ずしも十分に行われていない可能性がある。しかし、だからといって、「科学技術と人間」は他の内容に比べて重要度が低いのかというと、そういうことではない。科学技術と生活や社会との関連、科学技術に関連する職業、持続可能な社会の構築などについての生徒の理解を深めることは今日的な理科教育の課題であり、これらを扱う「科学技術と人間」は意義深い内容なのである。みなさんが将来中学校の理科教師となって「科学技術と人間」を指導する時には、是非充実した指導を行ってほしい。

(3) 科学的な根拠に基づいた意思決定の指導

「科学技術と人間」の指導には科学的な根拠に基づいて意思決定させることが重要であると示されている。また、3学年の目標である探究のふりかえりとも関連付けて、いわば現実の社会の中で実際に起きている科学技術をめぐる問題に対する改善や解決の方法を探究させ、その結果として生徒に自分なりの意思を持たせることも考えられる。意思決定とは、諸前提から結論を導き出す、もしくはあることがらについて選択をするということである。その際、根拠なしに結論を得るのではなく、根拠を持って結論に達することが求められており、さらにその根拠は科学的であることが必要である。

中学校学習指導要領解説理科編には、次の留意点が掲げられている。

---

① (資源の利用が私たちの生活を豊かにする一方で、環境破壊を引き起こすなど) 同時には成立しにくい事柄をいくつか提示する
② 多面的な視点に立って解決策を考えさせる
③ 科学的な根拠を基に、これからの科学技術の発展の方向性について検討させる

このことについてもう少し丁寧に読み解きながら、授業実践のあり方について考える。

まず①について、「同時には成立しにくい事柄」を簡単に換言するならば、トレードオフまたは二律背反、あるいは「こちらが立てばあちらが立たず」という具体的な事例を提示する、ということである。例えば、発電方法について考えてみよう。理想的な発電方法とはどのようなものだろうか。発電するためのエネルギー源が枯渇しない、環境負荷が少ない、事故の危険性などが少なく安全、社会的費用も含めて安価、電力が安定的に供給可能、といった条件を満たしている方法だろう。ところが、これらをすべて満足する発電方法は今のところないといって良いだろう。どの発電方法も、すぐれた面やメリットと同時にデメリットや克服すべき点を備えているのである。こうした長所や短所という点で科学技術の利用を整理するとよい。この時、表3.6.1のようなマトリクスを用いると長所と短所の比較がしやすい。

次に②の多面的な視点に立つとは、前述のような発電方法を捉える観点のことをいう。経済性、安全性、持続可能性、などである。また、私たちの世代の化石燃料の消費が過剰だと、将来世代が消費する分まで使ってしまい、将来世代が消費できなくなってしまう。これは世代間での社会的不公正が生じることを意味している。こうした社会的不公正という視点も、科学技術の利用においては大事な視点である。当然、世代内での社会的不公正もあり得る。

これらの視点に立って科学技術のあり方を調べる時、それぞれの科学技術の利用の長所や短所と考えられる情報の出典を控えさせておくと、指導の過程に

表3.6.1　科学技術の利用の長所と短所の整理表の例

	長所（○）と短所（●）	参考にした情報の出典
利用する科学技術①	○‥‥‥ ○‥‥‥ ●‥‥‥ ●‥‥‥	サイト名（△△センター） 　　　　　　（http://www.‥‥） 本のタイトルなど書誌情報 サイト名▲▲省（http://www.‥‥）
利用する科学技術②		

おいてどのような情報を参考にしたかを確認することができる。また、インターネットを用いて情報収集をさせる場合には、当然のことだが教師自身が予行をしておくべきである。検索にどのような検索語を用いるのか、検索結果はいつも同じ並び順ではないこと、生徒にアクセスさせるサイトを限定するのがよいかなど、活動にかける時間や結果のとりまとめ方などと関連させながら確認、検討し、生徒にさせる活動を具体的に予め決めておく。また、信頼できるサイトを選択できるようにさせるように、メディア・リテラシーを育てることも大事である。

　テーマを決めるために新聞を活用するのもよい。社会でリアルタイムで起きている出来事を全体として知ることができるからである。各グループに読み終えた新聞1部を用意し、そのなかから科学技術の利用に関する記事を探させる。一般的に、1日の新聞にはエネルギー、情報通信、食の安全、健康や医療など複数の科学技術の利用に関する記事が掲載されている。それらのトピックから1つ記事を選んで決めさせる。新聞を活用すると、社会の中でどのような科学技術の利用が話題になっているかの全体像がつかみやすいので、この点はよい。しかしながら、多様な科学技術が記事になっているし、科学技術の中・長期的な利用のなかでのその日の動向など一部分を切り取って報道されることもある。そのため、生徒が複数のトピックを選定すると、教師はそれらすべての科学技術について十分に理解して対応することが必要になる。また、生徒の活動も複雑になり、異なるテーマに取り組んだグループ間での話題の共有がしにくくなることも考えられる。したがって、それらを避けるためにはエネルギー、食の安全などテーマをある程度限定しておき、そのことについて生徒に調べさせると指導がしやすく、生徒間の話題の共有も円滑になるであろう。

　次に③の「科学的な根拠を基に」についてであるが、これには補足の説明が必要である。

　「科学技術と人間」で生徒に意思決定させることが求められているが、意思決定とは、前提から結論を導き出すこと、あるいはあることがらについて選択をする、ということである。この時、根拠がない状態で結論を導き出すのではなく、根拠を持って結論に達することが求められている。さらに、その根拠が科学的であることが必要なのである。具体的に、どのような根拠であれば「科学的な根

拠」と言えるのか、実はこれはなかなかむずかしい。数字を用いた定量的なデータが科学的かというと必ずしもそうとも言いがたい。

　そもそも「科学」あるいは「科学的」とはどういうことだろうか。このことは理科指導にとって基本的なことであるが、これが明確になっていなければ具体的な授業実践を描くことはむずかしい。そこで、この場で確認しておく。「科学」や「科学的」という用語の説明は実は中学校の学習指導要領解説理科編には書かれていない。小学校のそれに書かれている。文部科学省は科学を「実証性」「再現性」「客観性」の3つの性質を持つものと示し、「『科学的』ということは、これらの条件を検討する手続きを重視するという側面から捉えることができる」としている。これをヒントにして考えれば、「科学的な根拠に基づく」とは、実証的で再現性を持ち、かつ客観的という条件を重視した根拠に基づくということになるであろう。

　「客観的」とは誰もが納得するという意味であるが、科学の客観性については次のようなことも考慮に入れておく必要がある。例えば、家庭から出される生活排水が直接河川に流れる地域において、生活排水による河川の水質への影響を調査する計画を立てるとしよう。みなさんなら何時頃河川の水を採取するだろうか。その理由は何だろうか。また、生活排水の河川への影響が大きいことを示したいならばいつ頃採取するとそのような結果が出やすいか、また逆はどうか。このように考えると、誰もが納得する調査方法と結果というのは容易には立案できないかもしれない。

　以上のように考えると、生徒に意思決定をさせる場合、客観的な根拠かどうかということについて議論になる可能性があるということである。議論になった場合に、教師はどうすればよいだろうか。その答えに明快で一義的なものはないと筆者は考えているが、生徒が納得するためのひとつの方法は、先ほどの水質調査の例のように、水質を測定する方法は客観的であり、測定した結果出た数値は誰が見ても同じものであったとしても、その結果を得る調査方法や、調査結果を解釈したり活用したりする手続きや条件は、すべての人がいつも納得するとは限らないということが分かることではないだろうか。科学者の世界においても確かになっていない原理や法則について議論や論争があるのと同じように。

（4）「科学技術と人間」の評価

　前述のように「科学技術と人間」の実践事例は少なく、参考になる学習指導案なども多くない。そのようななかで、評価の規準や方法を洗練させるということは容易ではない。しかしながら、「科学技術と人間」の実践をこれから充実させるためには、評価についての検討は重要である。

　国立教育政策研究所が発行している『評価規準の作成、評価方法等の工夫改善のための参考資料（中学校理科）』(2011)には、科学技術の利用に関して、科学的な根拠に基づいて意思決定させることに関わる科学的な思考・表現について規準の設定が例示されている（表3.6.2）。これを参考にして、指導の実際を念頭に入れて具体的な評価規準を検討する。

　まず前掲の「①同時には成立しにくい事柄」について、科学技術の利用にはどのような長所と短所があるか、インターネットなどを活用して調査を行い、表3.6.1などを活用してその結果をとりまとめ、具体的に成立しにくいどのような長所と短所があるのか、両者をそれぞれ区別して整理できているかどうかを評価する。インターネットに限らず図書や雑誌も含めて資料の活用ができているか、また活用した資料の書誌情報などを記録できているかについても観察・実験の技能に位置付けて確認する。

　次に、「②多面的な視点に立って解決策を考える」ことについては、①の調査結果から明らかになった長所と短所をもとにして、環境への負荷、持続可能性、安全性、社会的不公正、経済性などの観点を設定して、科学技術の利用におけるデメリットの改善や解決が考察できているかを確認する。この時、解決策の考察には多面的な視点が重要なので、1つの見方や考え方によるのではなくいくつもの見方や考え方ができることが望ましい。例えば、「環境負荷の観点から見ればこうだが、経済性の点から見ればこうだ」のように、である。さらに、自分の考えを整理して表現しているかや、学級や班の他の生徒との話し合いに参加しているかどうかも確認するとよい。

　「③科学的な根拠を基に、これからの科学技術の発展の方向性について検討する」ことについては、まず科学的な根拠に基づくことができているかどうか、基づく根拠が科学的であるかどうかを確認する。また、その根拠の出典を明確に

することも大切なことなので、このことを評価するには観察、実験の技能に位置付けて、根拠についての記録や整理についての評価規準を設定する。

次に、科学的な根拠に基づいて、これからの科学技術のあり方について検討することができているかどうかの評価は、表3.6.2中の「考えを導いたり判断したりして」というところに相当する。自分の考えを自分なりに導くこと、「自分の考えはこうだ」あるいは「自分はこう判断する」ということが発言やノートなどへの記録によって表現しているかどうかを確認する。科学的な根拠が示されていても、それに基づくことなく、あるいはそれとは関係なく自分の考えを導いている可能性もあるので、科学的な根拠と判断や検討の結果のつながりに留意する。

科学技術の利用のなかには、生命倫理に関わることや、科学的な根拠だけで明確に結論を得ることがむずかしい複雑で深刻な問題もある。そうした問題について中学生の生徒が意思決定をすることは容易なことではない。そのような問題の意思決定については、何らかの付帯条件や具体的な状況あるいは場面を設定し、「こういう条件の下では私はこのように判断する」というような意思決定の仕方も評価に値するものと考える。

表3.6.2　意思決定に関わる評価規準の設定例（平成20年の学習指導要領に基づく）

科学的な思考・表現	科学技術の利用に関する事物・現象の中に問題を見いだし、テーマを設定して調査を行い、科学技術の利用の在り方について、科学的な根拠に基づいて考えを導いたり判断したりして、表現している。
観察、実験の技能	科学技術の利用に関する事物・現象について調査を行い、結果の記録や整理、資料の活用の仕方などを身に付けている。

7．学校のコケ植物

（1）コケ植物

　コケ植物ときくと、"地味"で"目立たない"植物を連想するかもしれない。しかし、コケ植物は海水中や氷雪上を除いた、地球上のあらゆるところに生育している生命力に富んだとても身近な植物である。コケ植物の祖先は、今から約4億年以上も前に陸上に進出した緑藻類の仲間と考えられている。コケ植物は、水中で生活史を完結する藻類と陸上で生活する維管束植物をつなぐ、植物系統学的にきわめて重要な植物である。しかし、戦後の日本の教育課程において、コケ植物は小学校理科では一貫して取り扱われていない。一方、中学校理科では2008（平成20）年3月に告示された中学校学習指導要領[1]において、約10年ぶりにシダ植物とともに示された。対象学年は第1学年で、学習指導要領の中項目「種子をつくらない植物」で取り扱われている。コケ植物の位置付けと理科授業における具体的な活用例を以下にまとめる。

（2）学習指導要領上の位置付け
1）学習指導要領とコケ植物

　2017（平成29）年6月に告示された中学校学習指導要領解説理科編[2]で示された、コケ植物に関する学習内容と内容の取扱い及びその具体的な解説は、以下の通りである。

(イ) 生物の体の共通点と相違点
　⑦　植物の体の共通点と相違点
　　身近な植物の外部形態の観察を行い、その観察記録などに基づいて、共通点や相違点があることを見いだして、植物の体の基本的なつくりを理解すること。また、その共通点や相違点に基づいて植物が分類できることを見いだして理解すること。

（内容の取扱い）

> イ　アの（イ）の㋐については，花のつくりを中心に扱い、種子植物が被子植物と裸子植物に分類できることを扱うこと。（中略）なお、種子をつくらない植物が胞子をつくることにも触れること。

　㋐　植物の体の共通点と相違点について
　ここでは、幾つかの植物の外部形態の観察を行い、その観察記録などに基づいて、植物にいろいろな共通点や相違点があることを見いださせ、植物の体の基本的なつくりを理解させるとともに、その共通点や相違点に基づいて植物を分類できることを見いだして理解させることがねらいである。
　（中略）種子をつくらない植物については胞子をつくることに触れる。

　この解説から、生徒に植物における共通性と多様性の概念形成を図るために、コケ植物を指導する留意点は以下の2点といえる。①コケ植物はシダ植物とともに、中学校で初めて学習する植物であること、及び②観察などを通して、種子植物やシダ植物との共通点や相違点を理解させることである。

2）理科教科書とコケ植物

　平成20年度版の中学校学習指導要領に準拠して出版された中学校理科用教科書5社5種類[3]〜[7]における、コケ植物の観察・実験を表3.7.1にまとめて示す。ここでいう観察・実験とは、例えば、"観察6　コケ植物のからだのつくりを調べよう"のように、教科書に正規の観察・実験として掲載されているものを指している。"やってみよう"や"図"として掲載されているものは、"その他の扱い"としてまとめている。

　コケ植物を対象とした実験は、中学校理科用教科書に掲載されていない。また、シダ植物を対象とした観察が、5社5種類すべての教科書で正規の観察として取り扱われているのに対して、コケ植物の観察を掲載している教科書は少ない。さらに、観察用のコケ植物として例示されている種類も限られている。中学校理科において、コケ植物の観察・実験が種子植物とシダ植物の維管束植物に比べて充実しているとは言い難い。コケ植物が観察・実験にあまり活用されない理由として、①コケ植物の同定が難しく正確な種名が判定しにくいこと、

表3.7.1　中学校理科用教科書におけるコケ植物の観察・実験例

教科書	実験	観察	観察用のコケ	その他の扱い
啓林館（2013）[3]	—	—	—	図
教育出版（2013）[4]	—	—	—	調べてみよう
東京書籍（2013）[5]	—	—	—	調べてみよう
大日本図書（2013）[6]	—	観察5 シダ植物とコケ植物を観察しよう	ゼニゴケ	発展
学校図書（2013）[7]	—	—	—	調べよう

及び ②学習内容に即した最適な種類が判断しにくいことなどが考えられる。

　生徒にコケ植物の観察・実験を通して種子植物やシダ植物との共通点及び相違点に関する理解の向上を図る理科授業として、学校内に生育する身近なコケ植物を活用した実践例を紹介していく。

（3）学校のコケ植物と生徒の認識
　1）学校でコケ植物を見つける
　コケ植物は、中学校理科用教科書でなじみ深いスギゴケに代表される蘚類とゼニゴケの仲間の苔類のほかに、ツノゴケ類を含んでいる。岩月善之助[8]は、日本産のコケ植物として、蘚類1,030種、苔類618種及びツノゴケ類17種を報告している。ところで、学校内にはどんなコケ植物が何種類くらい生育しているのだろうか。

　畦浩二[9]は、広島県福山市の市街地に位置する広島大学附属福山中・高等学校における調査で、蘚類32種と苔類8種の合計40種を報告している。同時に、学校内の1本のクスノキに蘚類4種（サヤゴケ、クチベニゴケ、コゴメゴケ、ヒロハツヤゴケ）と苔類3種（カラヤスデゴケ、ミドリヤスデゴケ、ヒメミノリゴケ）の合計7種を確認している（図3.7.1）。このように、学校内には多種多様なコケ植物が生育している。

　2）学校のコケ植物を活用する
　①　生徒のコケ植物の認識
　コケ植物の学習の導入として、生徒がコケ植物をどのように認識しているかを事前に調べておくとよい。その1つの方法に、Sematic Differential（SD）

図3.7.1　クスノキとコケ植物、A：サヤゴケ、B：クチベニゴケ、
C：コゴメゴケ、D：ヒメミノリゴケ（顕微鏡写真）

法がある。SD法は、互いに反対語の「対」となる評価語句を複数個設定し、相対尺度により対象を評価する方法である。今回は、対となる評価語句のうちコケ植物をより強くイメージする語句そのものを選択させた（表3.7.2）。その結果、コケ植物を学習する以前の中学1年生がコケ植物に対して抱いているイメージは、次のように概略できる。

　コケ植物は、「からだが小さくて緑色をしており、全体的に清楚な感じで、日陰で湿気の多い自然な環境に生育している植物」である。

② 生徒がコケ植物として認識する植物

　生徒が実際どのような植物をコケ植物と認識しているかは、生徒にコケ植物と思う植物を直接採集してもらうと分かる。多くの生徒はコケ植物について学習する以前から、コケ植物をかなり正確に認識していることが分かる（表3.7.3）。種子植物とシダ植物の維管束植物をコケ植物として採集した生徒は皆無であったことから、コケ植物とこれらの植物群の区別は外観的にかなり容

表3.7.2　学習前の生徒がコケ植物をイメージする語句[10]
（表中の数字は人数を示す）

大きい (13)	:	小さい (109)	緑色 (111)	:	茶色 (11)
清楚な (119)	:	華々しい (3)	日なた (8)	:	日陰 (114)
湿気 (121)	:	乾燥 (1)	都市 (8)	:	自然 (114)

易と推察できる。

一方、生徒がコケ植物として誤って採集した植物は、地衣類、緑藻類、藍藻類であった。これらの植物群は、生徒がコケ植物に対して抱いているイメージによく当てはまると同時に、葉、茎、根の区別がなく、維管束もない点でコケ植物と共通している。

表3.7.3　学習前の生徒がコケ植物として採集した植物[10]

分類群	標本点数
コケ植物	174
地衣類	34
緑藻類	7
藍藻類	5
シダ植物	0
種子植物	0
合計	220

（4）学校のコケ植物と観察・実験

1）学校内のコケ植物マップの作成

コケ植物を初めて学習する生徒でも肉眼的に区別しやすく、さらに生育環境が大きく異なる種類を対象とする。例えば、蘚類のギンゴケや苔類のゼニゴケ及びその仲間を組み合わせるとよい（図3.7.2）。

① 目的

学校内に生育するコケ植物の野外観察を通して、コケ植物が環境の違いに適応して生活していることを理解する。

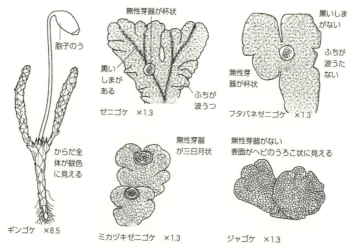

図3.7.2　ギンゴケとゼニゴケ及びその仲間[11]

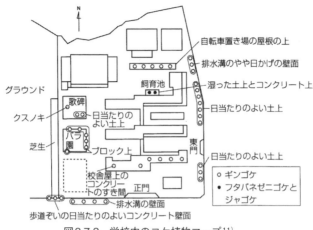

図3.7.3 学校内のコケ植物マップ[11]

② 準備物

校内地図、コケ植物の簡易標本や写真、ルーペ、観察ノート、筆記用具。

③ 調査の留意点

学校内に生育するゼニゴケによく似た種類は、まとめてゼニゴケの仲間として扱うとよい。野外観察に先立ち、事前に調査範囲をグループごとに決めておく。ギンゴケやゼニゴケの仲間が、見つかった生育環境（乾いているか湿っているか、日陰か日なたかなど）及び生育基物（土か幹かなど）も簡単に記録する。

④ 調査結果の例

グループごとの結果を1つの地図にまとめる（図3.7.3）。生徒は、コケ植物が暗くて湿った環境を好んで生育しているイメージを強く抱いている。しかし、学校内の分布調査を通して、生徒はコケ植物にもギンゴケのようにいたって乾燥に強い種類があることや、環境の違いに応じてコケ植物が住み分けて生活していることに気付く。

2) 種子植物やシダ植物との共通点を理解する観察

コケ植物が種子植物やシダ植物と共通している特徴として、必ず押さえたいことは、①体が"細胞"からできていること、及び ②体の細胞には"葉緑体"があることである。この目的に適した学校内に生育するコケ植物は、蘚類のハ

リガネゴケやヒョウタンゴケなどがあげられる。これらのコケ植物は葉のように見える部分の細胞の厚さが一層のため、生物顕微鏡で観察するとピントが合わせやすい。中学校理科用教科書に必ず掲載されているスギゴケやゼニゴケは、この観察には適していない。スギゴケの葉のように見える部分の細胞は、"薄板"と呼ばれる特別な構造をもっており、細胞や葉緑体を直接観察できない。一方、平たい葉のように見えるゼニゴケの体は多細胞層であるため、細胞や葉緑体を観察するためには、かなり薄い切片をつくる必要がある。

① 目的

コケ植物の体が細胞からできていること及び細胞に葉緑体があることを観察し、コケ植物が植物であることを理解する。

② 準備物

ハリガネゴケ、ヒョウタンゴケ、生物顕微鏡及び観察用セット。

③ 観察の留意点

コケ植物の体及び仮根についた砂粒や小さなゴミなどは事前に取り除く。コケ植物の1個体全体を、スライドガラス上の水滴の中に入れてプレパラートを作成する。

④ 観察結果の例

コケ植物の葉のように見える部分の細胞と葉緑体の観察例を図3.7.4に示す。生徒はコケ植物について学習する以前に、種子植物の葉の断面や表皮の気孔の観察を行っており、細胞や葉緑体についてすでに学習している。コケ植物の観察結果をこれらの既習事項と結び付けることで、コケ植物が種子植物やシダ植物と同じく、光合成を行い生活している植物との理解につながる。

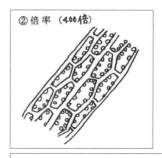

図3.7.4 ハリガネゴケの細胞と葉緑体の生徒観察例[10]

3）シダ植物との共通点を理解する観察

　コケ植物がシダ植物と共通している大きな特徴は、胞子のうに胞子をつくることである。このことは、中学校学習指導要領解説理科編（2018）[2]に「種子をつくらない植物が胞子をつくることにも触れること」とあり、観察を通して生徒たちに理解させたい学習内容である。この観察には、ゼニゴケやゼニゴケの仲間などの苔類は適さない。その理由は、苔類の胞子のうはきわめて短命なため、入手が大変困難である。そこで、コケ植物の胞子の観察は、胞子のうの寿命が長い蘚類を選ぶようにするとよい。学校内でよく見かけるコケ植物の蘚類において、胞子のうが成熟するおよその時期を表3.7.4に示す。コケ植物の胞子のうの成熟時期はおよそ決まっており、胞子を散布する期間は約2カ月と長い。なお、採集したコケ植物を標本として保存しておくと、授業進度に合わせて使用できる。コケ植物の標本の作り方は、畦浩二[15]を参照して頂きたい。

表3.7.4　学校内でよく見かけるコケ植物の胞子のうの成熟時期[12]〜[14]

ギンゴケ	：4月〜5月	コゴメゴケ	：5月〜6月
クチベニゴケ	：1月〜2月	ハリガネゴケ	：6月〜7月
ヒロハツヤゴケ	：2月〜3月	ネジクチゴケ	：3月〜4月

① 目的
　コケ植物がシダ植物と同じく胞子でふえる植物であることを理解する。
② 準備物
　ギンゴケやハリガネゴケなど蘚類の胞子、生物顕微鏡及び観察用セット。
③ 観察の留意点
　胞子は、カバーガラスの重みで時間が経過すると破裂してしまう。そこで、図3.7.5のように、スライドガラス上に水を1滴落としたあと、細い紙片を挟んでおくとよい。
④ 観察結果の例
　生徒のコケ植物の胞子観察例を図3.7.6に示す。コケ植物の種類によっては、胞子のうあたり

図3.7.5　コケ植物の胞子を観察する際のプレパラート作成例

何万個もの胞子をつくる。そのため、実際に胞子を観察した生徒は、その数の多さに驚く。さらに、胞子の中には緑色をした小さな粒（葉緑体）が多数個観察できる。

コケ植物の胞子の大きさは、シダ植物の胞子に比べてかなり小型である。このことと関連して、コケ植物の胞子が風によって散布されていることも補足説明するとよい。

図3.7.6　ハリガネゴケの胞子の生徒観察例[10]

4）種子植物やシダ植物との相違点を理解する観察

コケ植物が種子植物やシダ植物の維管束植物と体のつくりで異なる点は、葉、茎、根の区別がなく、維管束もないことである。コケ植物がこれらの植物群と異なり、体が大きくならない理由は、維管束が発達していないためである。コケ植物の体に維管束がないことを観察するのに適した種類は、図3.7.2に示されたゼニゴケやゼニゴケの仲間である。中学校理科用教科書に必ず掲載されているスギゴケは、この観察に適していない。スギゴケの茎のように見える部分の中央部には、"中心束"と呼ばれる組織があり、生徒はこれを維管束と混同してしまう。

① 目的

　コケ植物は種子植物やシダ植物と異なり、維管束がないことを理解する。

② 準備物

　ゼニゴケやゼニゴケの仲間（生きた材料がよい）、かみそりの刃、双眼実体顕微鏡及び観察用セット。

③ 観察の留意点

　切片は多少厚くても、体の内部のようすは双眼実体顕微鏡で充分分かる。

④ 観察結果の例

　ゼニゴケやゼニゴケの仲間の体の断面を見ると（図3.7.7）、表皮組織の下に

葉緑体をもつ同化組織が発達している。この部分の細胞で光合成を行っている。さらに、その下側には体の厚さのほとんどを占めている、葉緑体を持たない大きな透明細胞が数層の厚さで発達している。この細胞にデンプン粒などの栄養分を貯蔵しており、貯蔵組織と呼ばれる。種子植物とシダ植物において観察できた道管と師管が束となった維管束は見当たらない。生徒はこの観察を通して、コケ植物の体が大きくならないことを考察している（図3.7.8）。

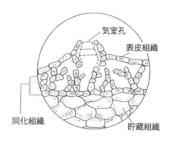

図3.7.7　ゼニゴケの断面図[16]

図3.7.8　ゼニゴケの生徒観察例[10]

5）種子植物やシダ植物との相違点を理解する実験

　コケ植物が種子植物やシダ植物の維管束植物と体のつくりで異なる点は、上述したように葉、茎、根の区別がなく、維管束もないことである。これらの事柄に関連して、中学校理科用教科書[3]では、「水や養分は体の表面からとり入れられる。……（中略）……仮根はおもに体を地面に固定する役目をしている」と記述されている。コケ植物がもつこの特徴を確かめる実験には、葉のように見える部分の様子が湿った時と乾いた時で著しく変化するネジクチゴケやハリガネゴケなどが適している。

① 目的

　コケ植物は維管束植物と異なり、体の表面全体から吸水していることを理解する。

② 準備物

　よく乾いたネジクチゴケ、ハマキゴケ、ハリガネゴケ、試験管、ペトリ皿。

③ 実験の留意点

仮根が生えたままのコケ植物を2個体用意し、そのうち1個体は試験管内の水の中に仮根が生えているところまで差しこみ、もう1個体は水の入ったペトリ皿に体全体を浸して入れる。

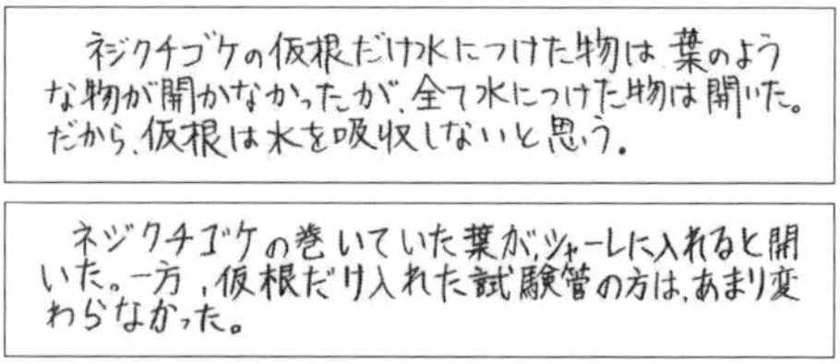

> ネジクチゴケの仮根だけ水につけた物は、葉のような物が開かなかったが、全て水につけた物は開いた。だから、仮根は水を吸収しないと思う。

> ネジクチゴケの巻いていた葉が、シャーレに入れると開いた。一方、仮根だけ入れた試験管の方は、あまり変わらなかった。

図3.7.9　ネジクチゴケの生徒実験例[10]

④ 実験結果の例

図3.7.9に示した実験例は、比較的小型のネジクチゴケを使った場合である。生徒は、コケ植物が仮根から水を取り入れないで、体の表面全体から吸水していることを考察している。

6）コケ植物の自由観察

コケ植物の学習をすべて終えたあとに、生徒自身が学校内で採集したコケ植物を自由観察させるとよい。自由観察は、既習事項の確認にとどまらず、生徒の目的意識をもった主体的な観察活動が行える。そのため、中学校理科の教科目標にある「科学的な探究能力の基礎と態度の育成」が期待できる。筆者が授業実践した自由観察例（図3.7.10）と自由観察を通して生徒が見いだした疑問を紹介する。

> ○疑問1：コケ植物には、どうして雄株と雌株があるのだろうか。
> ○疑問2：コケ植物の一生はどうなっているのだろうか。
> ○疑問3：コケ植物の葉のような部分には気孔がない。どのようにして呼吸しているのだろうか。

コケ植物に対するこれら3つの疑問に関連した内容は、従前の中学校学習指導要領において、学習することを求められていない。しかし、最初の2つの疑問は、植物における生命の連続性の概念形成を図るうえできわめて重要な内容を含んでいる。雄株と雌株の2種類の"配偶体"は、コケ植物が有性的に子孫を残すために必須である。種子植物については、第3学年の中項目「生物の成長

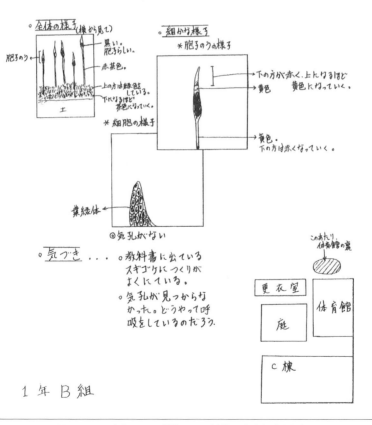

図3.7.10　生徒による学校のコケ植物の自由観察例[10]

と殖え方」において雌の生殖細胞の"卵細胞"と、雄の生殖細胞の"精細胞"及びそれらの"受精"を学習する。その際、雄と雌がかかわって子孫をつくる"有性生殖"についても学ぶ。コケ植物における雄株と雌株の生物学的な意義や生活史への疑問は、コケ植物の学習内容を種子植物の学習レベルまで高めることができる。さらに、3番目の疑問では、コケ植物の葉のような部分に"気孔"がないことに生徒は気付いた。コケ植物も生きているので、"呼吸"をしているはずである。ではいったい、「気体の出し入れはどのようにするのだろうか」という新たな探究課題を発見している。この生徒が観察したネジクチゴケを含む蘚類の配偶体に気孔が存在しないことは、学術的な「真実」である。蘚類の配偶体は、呼吸や光合成に必要な酸素や二酸化炭素を体の表面全体から水に溶けた状態で取り入れている。

　自由観察例（図3.7.10）は、3番目の疑問を見いだした生徒の作品である。事後アンケートで自由観察の良い点として、「コケ植物について疑問に思ったことやよく分からなかったことが自由に観察できた」[10] ことを挙げた生徒が最も多かった。日ごろ何気なく見ているものを、既習事項をふまえじっくりと時間をかけて自由観察した後の生徒の感想例を紹介する。

> ○私が知らないコケを勉強できて楽しかった。コケの体のつくりなどを勉強したりすると、いろいろな発見ができた。
> ○私は、コケをこんなに詳しくみたことはなかったので、自分で自由に観察してみたら楽しかったです。胞子のうがひらいたところが、ラッパみたいになっていたのは初めて見たので、よかったです。
> ○私は、今までコケを調べたことがなかったけど、この授業でコケに感動した。生命の尊さがわかった。

生徒は、自由観察を通してコケ植物についての学びを深化させている。
　学校内に生育するコケ植物は、教師や生徒にとってとても身近な存在であり、入手もしやすく観察や実験に効果的に活用できる。教師自身が身近な自然をよく理解することが重要といえる。

【引用文献】
1）文部科学省（2008）『中学校学習指導要領』東山書房
2）文部科学省（2018）『中学校学習指導要領解説理科編』学校図書，pp.76-77．
3）塚田捷ほか57名（2013）『未来へひろがるサイエンス1』啓林館
4）細谷治夫ほか25名（2013）『自然の探究1』教育出版
5）岡村定矩ほか48名（2013）『新しい科学1年』東京書籍
6）有馬朗人ほか57名（2013）『理科の世界1年』大日本図書
7）霜田光一（2013）『中学校科学1』学校図書
8）岩月善之助（編）（2001）『日本の野生植物コケ』平凡社，p.10．
9）畦浩二（1997）「広島大学附属福山中・高等学校のコケ植物」『広島大学附属福山中・高等学校中等教育研究紀要』第37巻，pp.117-123．
10）畦浩二（1998）「教材としてのコケ植物」『Hikobia』第12巻，pp.373-379．
11）畦浩二（1998）「校内のコケ植物」新観察・実験大辞典編集委員会（編）『新観察・実験大辞典〔生物編〕③野外観察／環境』東京書籍，pp.14-15．
12）堀川芳雄（1950）「蘚の花暦」『Hikobia』第1巻，1号，pp.6-9．
13）出口博則・日高美智（1987）「蘚類7種の繁殖季節」『日本蘚苔類学会会報』第4巻，8号，pp.123-127．
14）畦浩二（2001）「ハリガネゴケ（コケ植物）の植物季節学的研究」『生物教育』第41巻，2号，pp.42-49．
15）畦浩二（1998）「コケ標本の作り方」新観察・実験大辞典編集委員会（編）『新観察・実験大辞典〔生物編〕①植物』東京書籍，p.125．
16）畦浩二（1998）「ゼニゴケ」新観察・実験大辞典編集委員会（編）『新観察・実験大辞典〔生物編〕①植物』東京書籍，p.63．

【参考文献】
中村俊彦・原田浩・古木達郎（2002）『校庭のコケ―野外観察ハンドブック―』農文協
畦浩二（2011）「コケ類の教材化」日本蘚苔類学会創立40周年記念出版委員会（編）『改訂新版　コケ類研究の手引き』日本蘚苔類学会，pp.95-106．

第4章
指導計画の作成と理科授業づくり

　第4章は実践編である。実際の授業研究の流れに沿って教材や教具の開発、学習指導案の作成、授業の運営、公開授業の留意点、授業反省の意義などについて詳細に述べる。その中で理科の教材研究の魅力と授業の醍醐味に気付き、教師自身が理科という教科を好きになることを願っている。

1．理科授業づくりの意義

　教師である以上、授業研究は避けて通れない。それは単に教育公務員特例法第21条に「教育公務員は、その職責を遂行するために、絶えず研究と修養に努めなければならない」と書かれているからではない。子供たちの前に立ち、教え、導くことが教師の仕事である以上、教師自身が常に学び続ける存在でなければならないからである。

　しかし、実際にはベテランの教師であっても授業研究をすると考えただけで少なからず憂鬱になるものである。とくに学級担任である小学校の教師は日々たくさんの教科を教え、学級経営や生活指導を行い、さらに担当の校務分掌をこなしている。多忙な日常の中で、できれば時間のかかることは避けて通りたいと考えるのも人情である。また、小学校の教師の9割は文系出身であるといわれており、理科の指導について苦手意識を持っている教師も少なくはなく、理科の授業研究をするとなると、どのようにすればよいか途方に暮れてしまうという実情もある。

　しかし、理科は子供たちにとって、たいへん魅力的な教科である。身の回り

の事物・現象に対して不思議に感じ、予想を立てて話し合い、実験や観察で謎を解き、自然界の仕組みや法則の深淵さに気付くことができる。他の教科で置き換えることのできない学びの喜びが味わえるのである。

本章は大学で教職課程を学ぶ学生や初任者の教師を想定して授業づくりの具体的なイメージが持てるよう詳述する。

(1) 授業づくりは指導案づくりではない

本章では、実際の授業研究の流れに沿って教材研究の方法、授業運営の工夫、公開授業の留意点、授業反省の意義などについて述べ、その時々に学習指導案を提示する。しかし、授業づくりの目的は指導案を書くことではなく、また指導案は、決して作品でもない。もし授業づくりに作品と呼べるものがあるとするなら、それは授業そのものに他ならない。見栄えのよい言葉が並んだ文書ではなく、生きている教師と子供たちの学びそのものに価値があるのである。では、指導案は何のために書くのか、それには2つの側面が考えられる。

① マインドツールとしての指導案

単元の目標・内容を調べ、教材・教具を集め、児童の実態を把握するそれぞれの過程で指導案を書くことにより、授業のイメージを形づくり、頭を整理することができる。また、書き上がった指導案を読み直すことで客観的に自分の考えを捉え直し、修正することも可能である。

② コミュニケーションツールとしての指導案

学習指導案は授業研究に参加し、一緒によりよい授業を考えてくれる共同研究者とのコミュニケーションツールでもある。この授業で何を目指し、どんな手立てを考えているのかを端的に伝えられるものが、よい指導案であるといえる。

(2) 指導案に決まった形式はない

学習指導案は授業研究のための道具であり、研究の目的や方法に応じて書式を作るものである。各学校にはそれぞれ教育目標や研究目標があるので、極端ないい方をすれば、学校の数だけ指導案の書式があるといえる。そこで、本書で

は最も基本的な指導案の書式を例示する。実際の授業研究においては、本書で示した指導案の考え方をもとに、各学校の授業研究の方針に合わせて応用してもらいたい。

（3）本章の構成

本章は、典型的な授業研究の流れを想定し、時系列に従い詳述する。

各項は授業づくりのステップを表しており、「Step1：調べる → Step2：つくる → Step3：授業する → Step4：評価する」の順に構成されている。

前半の「調べる・つくる」の段階では実態調査や教材開発の区切りごとに指導案を載せている。これは指導案がマインドツールとして授業づくりの各過程で頭の整理に役立つものであることを示すために例示した。

なお、本文中には児童の写真やワークシートなどを多数掲載しているが、これは授業の具体的なイメージを伝え、理科という教科の活動の面白さを感じとってもらうことを意図したものである。

図4.1.1　第4章2.の構成

2．理科授業づくりの実際

（1）Step 1：調べる①単元名・目標

　本項では理科の不得手な初任者の教師が研究授業の指定を受けた状況を想定し、すでに分かっていることとすぐにやらなければならないことを整理する。

　実際の現場では教師が自分のやりたい時期にやりたい教科のやりたい内容で授業公開ができるとは限らない。むしろ学校行事や職員の構成などの理由で自分の意思と無関係に授業公開の日程が決まってしまうことが少なくない。本節はそのような状況で途方に暮れる理科の苦手な初任者の教師（花野かおり：仮名）を想定し、彼女がどのような過程をたどって学習指導案を書き、授業を行ったのかを追体験する形で展開していく。

　さて、花野先生は、自分の意思と無関係に6年生のクラスで10月に理科の「土地のつくりと変化」の単元で公開授業をすることになった。大学では国文学を専攻していた花野先生は、どこから手をつけるか途方に暮れているのであるが、実はすでに分かっていることもある。それは指導案の冒頭に表示するデータ部である。ここには、「いつ・どこで・誰が・何の授業を行うのか」を表示して、共同研究者が迷うことなく授業を参観できるように必要な情報を掲げておく。

【データ部】　　学級名：6年〇組
　　　　　　　　教　科：理科学習指導案
　　　　　　　　指導者：花野かおり
　　　　　　　　日　時：平成〇年〇月〇日（〇）第〇校時
　　　　　　　　場　所：〇小学校理科室

【単元名】
　花野先生にはもう1つ、すぐに分かることがある。それは「1．単元名」である。単元名の表記にもいくつか方法があるが、まずは児童の用いる教科書の単元名をそのまま書くことが基本である。

第4章　指導計画の作成と理科授業づくり　217

> 1．単元名　土地のつくりと変化

　授業づくりを進めていくうちに、自分がこの単元を通して子供たちの何を伸ばしたいのか、どのような授業にしたいのかを明確に意識できてきたならば、単元名はその時に変更すればよい。

> 1．単元名　大地のひみつを探れ。土地は重なり変化する!?

【単元の目標】
　単元の目標の根源的なよりどころは学習指導要領である。まずは文部科学省のホームページから学習指導要領の該当部分をダウンロードしてみよう。

図4.2.1　文部科学省のホームページ
(https://www.mext.go.jp/a_menu/shotou/new-cs/)

6年生「土地のつくりと変化」の目標を小学校学習指導要領の章立てでみる。

> 第2章　各教科
> 　　第4節　理科
> 　　　〔第6学年〕
> 　　　　1　目標
> 　　　　　（2）生命・地球

このうち一番下の(2)には、「生命・地球」に関する目標がふくまれているので、その中から「土地のつくりと変化」に関係する部分のみを抜き出してつなげると次のようになる。

> 2．単元の目標
> 　土地のつくりと変化についての理解を図り、観察、実験などに関する基本的な技能を身に付けるようにする。
> 　また、それらの変化及び関係について、より妥当な考えをつくりだす力や主体的に問題解決しようとする態度を養う。

　学習指導案では上記の目標をベースにして、授業者がどのような授業にしたいのか、あるいは何を研究したいのかを織り込んで書くとよい。
　さらに「知識・技能」「思考力・判断力・表現力等」「学びに向かう力・人間性等」の三つの柱に沿って目標を書く場合もあるが、その場合には各校の書式に従って書き換えることが必要となる。

　ここまでに分かったことを指導案に書き込んでみよう（図4.2.2）。
【データ部】
　いつ・どこで・誰が・何の授業を行うのかを明記する。
【単元名】
　基本は児童用教科書に記載されているもの。
【単元の目標】
　学習指導要領に記載されている目標を基本とする。これに教師の願いや研究の視点を付加していく。観点別に分けて書くやり方などもある。

6年C組　　理科学習指導案	指導者：花野かおり
	平成〇〇年〇月〇日（〇）　第〇校時　理科室

1．単元名　土地のつくりと変化

2．単元の目標
　土地のつくりと変化についての理解を図り、観察、実験などに関する基本的な技能を身に付けるようにする。
　また、それらの変化及び関係について、より妥当な考えをつくりだす力や主体的に問題解決しようとする態度を養う。

3．単元について
(1) 教材の概要

(2) 児童の実態

(3) 指導の手だて

4．指導計画
　　第1次
　　　1時
　　　2時
　　　3時
　　第2次
　　　1時
　　　2時
　　　3時
　　第3次
　　　1時
　　　2時
　　　3時

図4.2.2　理科学習指導案

（2）Step 1：調べる②内容

　前項では、研究授業の指定を受けてすぐに分かること（データ部）と教科書や学習指導要領を調べることですぐに分かること（単元名・目標）について述べた。本項では何を教えればよいのか、内容の調べ方について述べる。

1）学習指導要領解説

　前項では学習指導要領から単元目標を導く方法について述べたが、内容については文部科学省『小学校学習指導要領解説理科編』から概要をつかむことができる（章立てによる位置は以下の通り）。

> 第3章　各学年の目標及び内容
> 　第4節　第6学年の目標及び内容
> 　　2　第6学年の内容
> 　　　B　生命・地球
> 　　　　(4)　土地のつくりと変化

　これによると「第6学年B（4）土地のつくりと変化」では、以下の内容を押さえておけばよいということになる。

> 　土地のつくりと変化について、土地やその中に含まれる物に着目して、土地のつくりやでき方を多面的に調べる活動を通して、次の事項を身に付けることができるよう指導する。
> 　　ア　次のことを理解するとともに、観察、実験などに関する技能を身に付けること。
> 　　　(ｱ)　土地は、礫、砂、泥、火山灰などからできており、層をつくって広がっているものがあること。また、層には化石が含まれているものがあること。
> 　　　(ｲ)　地層は、流れる水の働きや火山の噴火によってできること。
> 　　　(ｳ)　土地は、火山の噴火や地震によって変化すること。
> 　　イ　土地のつくりと変化について追究する中で、土地のつくりやでき方について、より妥当な考えをつくりだし、表現すること。

　実にシンプルな内容である。授業づくりで迷ったなら、まず文部科学省『小学校学習指導要領解説理科編』を開き、この原点に立ち返ってみるとよい。

2）教科書

　文部科学省の『小学校学習指導要領解説理科編』は授業研究の原点ではある

が、記述が抽象的なので、授業の具体的なイメージを作るために教科書を読み込もう。
［教科書を読み込む時のポイント］
・単元全体の構成を意識しながら読む（どのような実験、観察があるのかもチェックする）。
・授業の様子を想像しながら読む（発問に対して児童がどのように考えをもつかなど具体的な活動をイメージすること）。
［教科書の単元の構成の例］
　小単元名を抜き出すと全体の構成が分かりやすい。

> 第1次　大地のつくり
> 　　1時　がけがしま模様になって見えるのは、どうしてだろうか
> 第2次　大地のでき方
> 　　1時　地層は、どのようにしてできるのだろうか
> 　　2時　地層をつくっている物を調べましょう
> 　　3時　水のはたらきでできた地層の特徴
> 　　4時　火山のはたらきでできた地層の特徴
> 第3次　地層ができるしくみ
> 　　1時　れき、砂、どろがどのように積み重なって、地層ができるのだろうか
> 　　2時　火山のはたらきによって、どのように地層ができるのだろうか

これにどのような活動（実験・観察・討論など）をするかを書き込んでいくことでイメージを深めることができる。

（3）Step 1：調べる③教材・教具
　前項までは、書籍（教科書）やインターネット（学習指導要領）を活用して単元の目標や内容についての概要を調べてきた。理科は本来、事物・現象を通して学ぶ教科である。ここからは机上の作業ではなく、具体的な事物を通して授業づくりを進めていく。それが理科の教材研究の特徴であり、醍醐味でもあるといえる。
　1）地域の学習資源の調査
　「B生命・地球」の分野は理科室の中に閉じこもって学習するのではなく、

積極的にフィールドに出て学習することが基本である。しかし、当てもなくいきなり教室を飛び出しても、実りある学習ができるとは限らない。事前調査が大切である。特に地学分野では、学習に適した露頭があるかないかで単元の構成が大きく変わってくる。まずは地域の学習資源の調査を行おう。

　花野先生は家庭訪問や登校指導、長期休業などの機会を使って、積極的に学区のいろいろな地域にでかけ、地層の観察できそうな場所を探した。しかし、花野先生の勤務校は市の中心部にあるため、観察のできる露頭はなかった。
　唯一、ビルの建設現場で地層を見ることができたが、安全が確保できないという理由で児童の見学は断られた。
　結局、学区には観察に適した場所がないという結論に至ったのであるが、花野先生が自分の足で地域の学習資源を探したことには、大きな価値がある。
　また、地域に露頭がないことが明らかになったことで、この学区の児童は日常生活において地層というものに触れていないという実態も明らかになったのである。

２）校内の学習資源の調査
　学区に露頭がないのなら、学校の中で活用できる学習資源がないものかと考え、花野先生は運動場を調べてみることにした。行動力はなかなか大したものではあるが、ただ闇雲に掘ればよいというものでもない。価値のある教材研究にするには、子供たちがそうするのと同じように、予想を立てて確かめてみることが大切である。

図4.2.3　A小全景

【花野先生が行った調査】
　花野先生の勤務校は開校３年目であり、校舎も校庭もまだピカピカである。運動場も新築時に造成されたものであり、天然の地層はない。そこで、「３年間で校庭に観察可能な地層ができているか？」という問いを

設定してみた。

《花野先生の最初の予想》

　鉄棒やブランコの下は少し掘れていて雨の日には水たまりができるので、この辺りなら地層が見られるのではないか。

《掘ってみた結果》

　鉄棒やブランコの下を掘ると、表面に5mm程度の粘土の層が見られる。児童がこれを地層だと認めるかは微妙である。

図4.2.4　鉄棒付近

《次に立てた予想》

　体育倉庫の周辺は土の色が他と違う。もっと良い地層が見られるのではないか。

図4.2.5　体育倉庫付近

《掘ってみた結果》

　表面は2cmほどの黒い土、その下は12cmほどの真砂土、さらにその下に粘土の層が出てきた。

　花野先生は予想を立てながら運動場を次々に掘っていった。それにより、校庭は粘土質の層の上に真砂土をひいて造成されており、その上に雨で黒い土が運ばれて積もっていることが分かった。しかし、今回の最も大きな収穫は学校の地質が分かったことではなく、課題に対して児童がどのような予想を立て、どう解決しようとするかを自ら体験することができたことである。

　3) 理科室にある教材・教具の調査

　次に花野先生が調べたのは理科室である。理科室にはたくさんの棚があり、教材・教具が山のように詰め込まれているが、理科の苦手な教師にとっては、どこを探せばよいのか分からない未知の場所である。時間のある時に理科担当の先生に頼んで、理科室にある教材・教具から使えそうなものがどこにあるかを教

図4.2.6 ボーリング試料

えてもらうとよい。花野先生は準備室の棚の中から校舎新築時のボーリング試料を大量に発見した。また、岩石標本（礫岩・砂岩・泥岩）や堆積実験用の円筒もあることを確認した。

4）研究機関や専門家に相談する

　地域に天然の露頭がないことがどうしても気にかかる花野先生は出身大学の理科研究室に相談を持ちかけた。そして、地層剥ぎ取り標本（本物の地層の表面に布を接着剤で貼り付け、固まってから、地層ごとはぎとったもの）を貸し出して貰えることになった。

　このように専門的な分野については大学や教育センターなどの研究機関や専門家に相談するのも良い方法である。

(4) Step 1：調べる④児童の実態

　前項では、実際にフィールドに出て授業に利用できる教材・教具を調べることで勤務校で可能な観察・実験の範囲を明確にすることについて述べた。本項では、授業づくりのもう1つの柱である「児童の実態」の調査について述べる。

　いかに良い教材があっても、いかに優れた指導方法を行っても、それが児童のレディネスに立脚したものでなければ効果的な学びは成立しない。良い

図4.2.7 地層剥ぎ取り標本

授業というのは絶対的なものとして存在するのではなく、授業を受ける児童の実態に合致して初めて成立するものだからである。

児童が単元の内容に対してどのような概念を持っているかを把握するには、観察法、聴き取り法、パフォーマンステストなど多様な手段がある。ここではその一例として「質問紙法」を取り上げる。

今回、花野先生が用いた質問紙は校舎の下の空間を想像して絵で表現させる描画法と大地について知っていることを思いつくままに列挙させる記述法の2種類である（図4.2.8、図4.2.9）。

図4.2.8　事前調査用紙（描画）

図4.2.9　事前調査用紙（記述）

調査は、この単元の授業が始まる2か月前に実施し、描画法・記述法ともに15分間で行った。子供たちには「楽しい授業をつくるため」と説明した。

調査結果を丹念にみていくと、「大地のつくりと変化」に関する児童の科学概念には、いくつかのパターンがあることが見えてきた。

パターン1（ブランク型）
　地面の下について描くように言われても、今まで考えたことがなく、何も思い浮かばない状態。教師に反抗して描かないという訳ではない。

図4.2.10　パターン2（空想型）
地下にモグラやミミズなどの動物やオバケやガイコツなどを描く。

図4.2.11　パターン3（浅い人工物型）
下水道やガス管、地下鉄や遺物などの浅い所に埋まっている人工物を描く。

図4.2.12　パターン4（均一な土型）
地下にはどこまでも土がある。

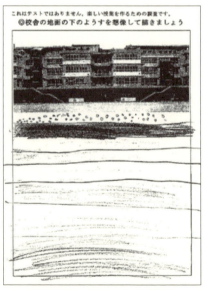

図4.2.13　パターン5（地層型）
地層の存在を知っている。

第4章　指導計画の作成と理科授業づくり　　*227*

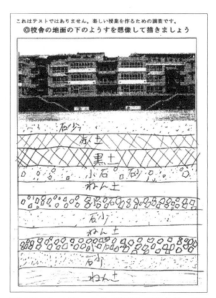

図4.2.14　パターン6（構成物の粒の違い型）
各層を構成している粒の形や大きさの違いを意識している。

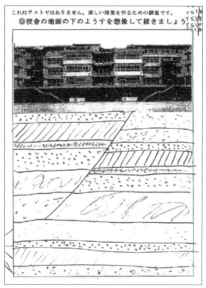

図4.2.15　パターン7（断層型）
地層に断層や不整合を描き、何らかの力によって地層が変化したことを意識している。

図4.2.16　パターン8（化石型）
水の働きによってできた地層の中に化石を描く。

図4.2.17　パターン9（知識豊富型）
マグマ・プレート・核などの用語を書物などから知っている。

パターン10（高度な理解型）

土壌や沖積層の下に岩盤があるという考え方。中学生以上の理解の段階。

表4.2.1　環境を捉える視点と理科の学習内容との関係

パターン	10	高度な理解型	科学に興味をもち、書物などから知識を得ている。体験による知識の裏付けが課題。
パターン	9	知識豊富型	
パターン	8	化石型	本単元の内容をすでに知識として知っている。発問を工夫したり体験活動を増やしたりするなど、何らかの手立てを講じなければ意欲的な学びが成立しにくい。
パターン	7	断層型	
パターン	6	粒の違い型	
パターン	5	地層型	
パターン	4	均一な土型	教科書が想定している段階。これまでの生活で地面の下についてはほとんど考えたことがない。時間をかけて1つずつ段階的に見方・考え方を養う必要がある。
パターン	3	人工物型	
パターン	2	空想型	
パターン	1	ブランク型	

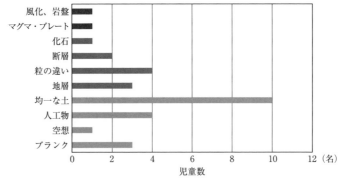

図4.2.18　事前調査結果分布

ここまでに分かったことを学習指導案に書き込んでみよう（図4.2.19）。

【教材の概要】

学習指導要領に記載されている内容を基本とし、これに教科書の内容構成の視点を付加していく。さらに、教材研究により、特に重点を置いて指導したい内容を加筆する。

【児童の実態】

地域や校内の学習資源の調査や質問紙などによるレディネス調査の結果をもとに、児童が学習する際の課題を明らかにする。

6年C組　理科学習指導案　　指導者：花野かおり
平成○○年○月○日（○）第○校時　理科室

1．単元名　　大地のつくりと変化

2．単元の目標
　土地のつくりと変化についての理解を図り、観察、実験などに関する基本的な技能を身に付けるようにする。
　また、それらの変化及び関係について、より妥当な考えをつくりだす力や主体的に問題解決しようとする態度を養う。

3．単元について
　(1) 教材の概要
　　本単元では身のまわりの大地に興味を持ち、土地のつくりやでき方、変化について観察や実験によって調べる。そして、以下の考えをもつことができるようにする。
　　(ア) 土地は、礫、砂、泥、火山灰などからできており、層をつくって広がっているものがあること。また、層には化石が含まれているものがあること。
　　(イ) 地層は、流れる水の働きや火山の噴火によってできること。
　　(ウ) 土地は、火山の噴火や地震によって変化すること。
　(2) 児童の実態
　　本校は開校3年目の新設校であり、校庭が造成されているため地下に顕著な地層は見られず、また都市部に位置するため、校区には観察に適した露頭がない。
　　校舎の下がどうなっているかという事前調査をしたところ、児童の約半数は下水道やコンクリートなどの浅い人工物を想起したり、人骨やモグラといったアニミズム的イメージを持っていることが分かった。しかし、残り半数の児童は「地層・化石」といった用語を知っており、中には「プレート・マグマ」といった地球の深部についての情報を図書やテレビなどから得ていることが分かった。
　(3) 指導の手立て

4．指導計画
　第1次
　　1時
　　2時
　　3時
　第2次
　　1時
　　2時
　　3時
　第3次
　　1時
　　2時
　　3時

図4.2.19　児童の実態

（5）Step 2：つくる⑤指導の手立て

Step 1 では、授業を行うに当たって必要な情報をさまざまな方法を用いて収集し、授業の全体的な枠組みを明らかにした。本項では、それらをもとにどのような手立てを講じればよいかを考え、指導の方針を設定する。

授業は、児童の実態をスタートラインとして、学区や校内の学習資源の範囲で使用可能な教具・教材を有効に活用し、

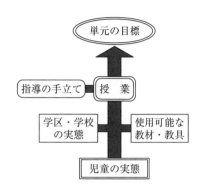

図4.2.20　指導方針の設定

学習指導要領に示された目標に向かって行われるものである。限られた材料の中でいかに児童の学びを成立させていくか、それが「指導の手立て」なのである。

花野先生の学級では、事前調査によって以下のような児童の実態が明らかになっている。

・学級集団の中で「土地のつくりと変化」に関する概念のレディネスに大きなばらつきがあり、個々の課題を一斉指導で解決していくのは困難である。
・半数の児童がすでに本単元の内容を知識としてもっており、教科書通りの指導では学びが成立しにくい。
・科学好きな2名の児童は、「プレート・マグマ」などの言葉を知っており、知識を披瀝(ひれき)したがる傾向にある。

この児童の実態がスタートラインであり、単元目標がゴールである。ゴールに向かってすべての児童を導いていくための方略（strategy）を考えていかなければならない。

方略を考えるには、まず利用可能なアイテム（item）と制約（restriction）を把握する必要がある。今回、花野先生にとって利用可能なアイテムと制約は、

　　利用可能なアイテム：ボーリング試料・はぎとり地層・堆積実験器
　　制約：都市部で露頭がない・新設校で校庭が造成地

である。ただし、制約としてあげている「都市部で露頭がない」と「新設校で校庭が造成地である」という点は、必ずしもマイナス要因であると決めつけることはできない。なぜなら、事前調査で概念のレディネスには大きなばらつきがあることが明らかになったが、地学的な体験不足という点は全員に共通した課題であり、同じ方略を適用するキーポイントになると考えられるからである。

そこで、指導の主たる方針を「体験活動の重視」に定め、五感を通した理解ができるよう、実験・観察の機会を増やす。また、書物から得た知識で安易に答えられないよう、発問の工夫をする。さらに、高度の知識を有している児童の学びを保証するために、彼らの活躍できる場を設定することにした。

【指導の手立て】
児童の実態をもとに、学区や校内の学習資源を用いて、どのような方略によって単元目標を達成するか記述する。

（6）Step 2：つくる⑥指導計画
指導の方針が明確になったなら、次は具体的な指導計画の立案である。指導計画の立案では「スコープ」と「シークエンス」の2つの視点が重要になる。

① スコープ（scope）：学習内容の選択の基準となる範囲のことで、地域の学習資源や使用可能な教具・教材の状況により決まる。観察や実験などの学習活動はこの枠組みの中から児童のレディネスを考えて選択する。
② シークエンス（sequence）：配列を意味する言葉で、選択された学習活動を児童の思考の流れ方に沿って順序よく組み立てることである。

つまり、第1段階では「スコープ」を考え、児童の実態に合った学習活動をリストアップし、第2段階では「シークエンス」の視点で学習活動を配列していくのである。ただし、本書は理科の得意なベテランの先生を対象にしたものではないので、指導計画の立案もゼロから作るのではなく、すでにある教科書をベースにして児童に必要な学習活動を付け加えながら進めていく。

花野先生は教科書を再読し、本単元では実験・観察などの体験活動が少ないことに気がついた。そこで、勤務校でできそうな体感的な実験・観察をリストアップしてみた。

- 運動場での地層探し
- 運動場の土の大きさによる仕分け
- Ａ・Ｂ、２点間の地層の観察
- ばらばらになったボーリング試料の復元
- 寒天による地層モデルの制作
- はぎとり地層の観察
- 堆積実験による級化層理（重い粒から順に沈む現象）の観察
- 火山灰と川砂の顕微鏡による観察

　次に、リストアップした実験・観察を予想される児童の思考の流れや教科書の構成を考えながら配置していく。

　地面の下はどうなっているのだろう　→　①運動場での地層探し
　　　　　　　　　　　　　　　　　　　　②Ａ・Ｂ、２点間の地層の観察
　なぜ地層は縞模様にみえるのかな　→　③運動場の土の大きさによる仕分け
　地面の下の様子を再現してみよう　→　④ばらばらなボーリング試料の復元
　　　　　　　　　　　　　　　　　　　　⑤寒天による地層モデルの制作
　地層はどうやってできたのだろう　→　⑥はぎとり地層の観察
　　　　　　　　　　　　　　　　　　　　⑦堆積実験による級化層理の観察
　火山でも地層はできるのだろうか　→　⑧火山灰と川砂の顕微鏡による観察

　ここまでに分かったことを指導案に書き込んでみよう（図4.2.21）。

【指導計画】
　まず、児童の実態をもとに、単元目標を達成するための内容を考え、学区・校内の学習資源で可能な活動をリストアップする。次に個々の学習活動を児童の思考過程を想定して配列していく。

```
　　　6年C組　　理科学習指導案　　　指導者：花野かおり
　　　　　　　　　　　　　　　　　　平成○○年○月○日(○)　第○校時　理科室
```

1．単元名　　　大地のつくりと変化

2．単元の目標
　土地のつくりと変化についての理解を図り、観察、実験などに関する基本的な技能を身に付けるようにする。
　また、それらの変化及び関係について、より妥当な考えをつくりだす力や主体的に問題解決しようとする態度を養う。

3．単元について
　(1) 教材の概要
　　本単元では身のまわりの大地に興味を持ち、土地のつくりやでき方、変化について観察や実験によって調べる。そして、以下の考えをもつことができるようにする。
　　　(ア) 土地は、礫、砂、泥、火山灰などからできており、層をつくって広がっているものがあること。また、層には化石が含まれているものがあること。
　　　(イ) 地層は、流れる水の働きや火山の噴火によってできること。
　　　(ウ) 土地は、火山の噴火や地震によって変化すること。
　(2) 児童の実態
　　本校は開校3年目の新設校であり、校庭が造成されているため地下に顕著な地層は見られず、また都市部に位置するため、校区には観察に適した露頭がない。
　　校舎の下がどうなっているかという事前調査をしたところ、児童の約半数は下水道やコンクリートなどの浅い人工物を想起したり、人骨やモグラといったアニミズム的イメージを持っていることが分かった。しかし、残り半数の児童は「地層・化石」といった用語を知っており、中には「プレート・マグマ」といった地球の深部についての情報を図書やテレビなどから得ていることが分かった。
　(3) 指導の手立て
　　観察に適した露頭がない校区の実態から、ボーリング試料やはぎ取り地層、岩石などの具体物を用いて観察できるようにする。また、児童のレディネスに大きな隔たりがあることから、知識によらない体験を重視し、発問の工夫によりすべての児童の学びの楽しさを保障していきたい。

4．指導計画（全13時間）
　第1次　大地はどのようなものでできているか
　　1・2時　運動場の地面を調べよう
　　3・4時　地層を構成するものの様子
　第2次　地層はどのようにしてできるのか
　　1・2時　水のはたらきでできた地層の特徴……………………………（本時）
　　3時　　火山のはたらきでできた地層の特徴
　第3次　わたしたちの大地はどのようにしてできたのか
　　1・2時　地震による大地の変化
　　3・4時　火山の噴火による大地の変化
　　5・6時　調べたことをまとめよう

図4.2.21　指導計画（全13時間）

(7) Step 2：つくる⑦本時の展開

前項までは、単元全体に関する調査と授業づくりについて述べてきた。本項では、公開する授業の本時案作成を中心に１時間の授業のつくりかたについて述べる。

本時案の形式も各校の授業研究のねらいにより千差万別である。

例えば、個に応じた指導のあり方を研究している学校では評価の欄を設け、学習の各段階で児童の状態がチェックできるような本時案の形式にしている。また別の学校では、リズム感のある授業展開を目指して時間配分の欄を設け、「つかむ・活動１・活動２・まとめる」などの学習活動のまとまりを意識した本時案の形式にしている。

本項ではそのような各校独自の書式は割愛し、典型的な項目として「本時の目標・学習の流れ・指導上の留意点」の３点に絞って述べる。

１）本時の目標

単元の目標の中で、特に本時で重点をおきたいものにのみ絞って目標とする。育成を目指す三つの柱のバランスは、単元全体でとればよい。抽象的な目標では指導者の意識があいまいになるので授業における児童の活動や思考を具体的にイメージし、児童の姿が分かるように表現する。

×…実験や観察を通して、土地のつくりとそのでき方について理解する。

○…はぎとり地層の観察を通して、土地が水のはたらきによってできることを予想し、堆積実験によって粒が重さの順に堆積することを確かめられるようにする。

２）学習の流れ

１時間の学習活動の流れを時系列に沿って整理する。ここの項目を読むだけで授業協力者が公開授業の全体像をイメージすることができるようであれば、指導者の頭の中が整理されているといえる。

① スタートとゴールを設定する

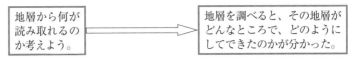

② 学習過程（実験・観察・討論など）を設計する

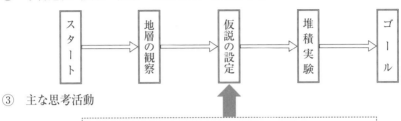

③ 主な思考活動

- 同じ層の中でも粒の大きさや色が違う。
- 貝が含まれているので水中でできたのだろう。
- 層に丸い小石が含まれているので下流だろう。
- いくつかの層があるので〇回洪水がおきたと思う。
- 粒の大きさの違いで地層の上下が分かるだろう。

3）指導上の留意点

児童の主体的な活動を重視する立場から「教師の支援」と表現する場合もあるが、本項では、教師のなすべきことはきちんと意識して行うべきだという立場から「指導上の留意点」と表現する。

理科の指導案で絶対に欠かしてはいけないのは「安全面への配慮」である。どんなに安全だと思う観察でも起こりうる最悪の可能性を想定し、それを回避するための手立てと事故が発生した場合の対処法を考えておかなければならない。

例：プラスチック製の樋（とい）が土の重さで変形しないよう鉄製スタンドとの固定状態を確認し、水がこぼれた時に滑らないよう気を付けさせる。

(8) Step 3：授業する⑧単元の実際

Step 2では、児童の実態をスタートにして、限られた学習資源を用い、いかに目標に導いていくかという手立てを考え、指導の方針を設定した。本項では、机上の指導案をもとに実際の授業を行う際のポイントについて述べる。

5．本時の目標（第2次1時）
　「はぎとり地層」の観察を通して土地が水のはたらきによってできることを予想し、堆積実験によって粒が重さの順に堆積することを確かめられるようにする。

6．本時の展開

学習活動	指導上の留意点
1　地質学者の話に興味を持ち学習課題をつかむ。 地層から何が読み取れるのか考えよう。	○大賀デッケンを発見した小澤儀明博士の仕事について話し、地質学者が地層を観察してどんなことを調べているのかを考えさせ、自分たちも地層の様子から土地のつくりとでき方について推論していくことを意識させる。
2　大型はぎとり地層を観察し土地のつくりやそのでき方について予想を立てる。 ・同じ層の中でも粒の大きさや色が違う。 ・貝が含まれているので水中でできたのだろう。 ・層に丸い小石が含まれているので下流だろう。 ・いくつかの層があるので○回洪水がおきたと思う。	○大型はぎとり地層やその拡大写真を詳細に観察させ、具体的な手がかりをもとに土地のつくりやでき方について予想させる。 ○観察から離れて自分の知識や思いつきだけで予想を組み立てている児童には、観察による事実に基づいて考えるよう示唆を与える。 ○観察により気付いたこと、そこから得られる仮説についてはグループの中で考えを出し合い、発見カードに記録させる。 ○各班の考えを学級で発表し、意見を交流させる。 ○仮説を確かめるには、どのような実験をすればよいのか方法を考えさせる。
3　堆積実験を行い、観察したはぎとり地層が本当に水のはたらきによってできたものなのか確かめる。	○円筒を用いた実験により重さの違いで小石→砂→粘土の順に堆積していくことを確かめさせる。 ○プラスチック製のといが土の重さで変形しないよう鉄製スタンドとの固定状態を確認し、水がこぼれた時には滑らないように気を付けさせる。
4　小澤博士が大賀の地層を観察して不思議に思った理由を知り、地層を観察する意義についてまとめる。 地層を調べると、その地層がどんなところで、どのようにしてできたのかが分かった。	○岡山県高梁市川上町で地質調査をしていた小澤儀明博士が1つの層の中で重い小石が上にあり、軽い粘土が下につもっていることに疑問をもち、大賀地区の地層が上下逆転したのではないかと仮説をもち、長い年月をかけて検証していった物語を話し、観察したことから推論を立て科学的に検証していく方法と地層を調べることの面白さが感じられるようにする。

図4.2.22　本時の展開

いよいよ実際の授業である。いかに素晴らしい指導案を書いても実際の授業がうまくいかないのでは、まったく意味がない。以下では、「発問・体験活動・コミュニケーション・遊び」をキーワードに授業を成功させるポイントについて述べる。

1）理科の授業は「発問」で決まる

児童が生活の中から問題を見いだし、その問題が偶然に教師が授業で想定していた発問と同じであったのであれば、それに越したことはない。しかし、40人の学級で全員が偶然に同じ疑問をもつということはありえない。「学習を引き起こす問題は子供たちの中から出されなければならない」と固定的に考えることは不自然なのである。むしろ子供たちは学ぶために教室にいるのであるから、教師が問いを発しても決して違和感を感じることはない。ただし、その問いが児童にとって適切であるかどうかは、きちんと吟味する必要がある。例えば、

　「運動場に地層があるか調べよう」

では問いになっていない。これは単なる指示である。指示によってなされる活動は学びではなく、単なる作業である。児童の思考のスイッチを入れる問いを考える必要がある。

　「地面を掘った時に見えるしま模様は何でしょう？」

これは一見、問いのように見える。しかし、この質問に対してはすでに知識を持っている子が「地層です」と答えれば終わりになり、学びが引き起こされることはない。一問一答式の質問では問いにはならないのである。質問に対して複数の選択肢があげられることが発問を考える時の第1のポイントである。

　「地面を掘ると地層が見えることがあるでしょうか？」

この質問に対しては「1．ある、2．ない」という選択肢を作ることができる。しかし、実際にこの質問を教室でしたならば、ほぼすべての児童が「1．ある」を選択する。全員が正答する質問をあらためて観察・実験により確かめさせることは理科をつまらなくする原因になる。児童が「解決したい」と思える問いを発することが第2のポイントである。

　「A小学校は開校3年目です。校舎建築時に造成されたこの運動場の地面を掘ると地層のようなものが見えるでしょうか？」

この質問を教室ですると、「1．見える、2．見えない」の双方に児童の予想が分散する。理由を尋ねると「1．見える」の児童は「3年の間に雨が降って、流れる水の働きで地層ができていると思う」と答え、「2．見えない」の児童は「地層は何万年もかかってできるものだから、わずか3年ではできない」と答える。この場合、開校3年目の校庭に限定したことで、塾や通信教育などですでに学習内容を知っていた児童にとっても正答が分からず、思考のスイッチが入ったのだと考えられる。このような条件設定によって単純な知識で即答できなくすることが第3のポイントである。

【活動1　校庭に地層はあるか】
① 校庭に地層があると思うか予想する。
② 地層がありそうな場所を掘る。
③ きれいに埋めもどす。

図4.2.23　運動場の穴掘り

2）体験を通した活動を取り入れる

　現代の子供たちには「原体験」が不足しているといわれている。原体験というのは五感を通した直接体験のことであるが、原体験なしに間接体験だけで知識・概念を身に付けさせるのは砂上に楼閣を建てるがごとく、非常に危うい。例えば、「土地のつくりと変化」の単元に「土地は礫、砂、泥、火山灰、岩石からできており、層をつくって広がっているものがあること」を捉えるという学習があるが、この程度の知識・概念であれば、わずか数分で教え込むことも可能であろう。しかし、直接体験のない知識の注入では表面的な理解になるだけでなく、理科嫌いをも生む。短期的にみると時間の無駄のようにも思えるが、ぜひ体験活動を取り入れ、実感をともなう理解をさせたい。

【活動2　粒の大きさを調べよう】
① 運動場から土をひと掴みとってくる。
② 紙の上で粒の大きいものから順に並べる。
③ 粒の大きさが2mmの所に線を引く。線より大きなものを「れき」といい、小さなものを「砂」という。並べることのできない粉状のもの（1/16mm以下）を「泥」という。

【活動3　地層の広がりを調べよう】
① 5m離れた地点A・Bを試掘し、地層の模様を観察する。
② A・B間の地面の下の様子を予想する。
③ A・B間に並び、みんなで穴をつなげる。

3）コミュニケーション（人との関わり）で学びを深める

　基本的に学びとは個人的なものである。自分の体や頭を使わなければ学びは成立しない。誰かに代わりに学んでもらっても自分の学びにはならないのだ。し

図4.2.24　石粒ならべ

図4.2.25　みんなで地層掘り

図4.2.26　地層の広がり

かし、一方で学びには社会的な活動であるという側面もある。自己完結した学びは独善的であり、脆弱なものになるからである。特に小学校においては人との関わりの中で意見を交流したり協力して作業をしたりする学習が決定的に重要であり、理科が人格形成の一翼を担っていることを意識しながら、意図的にコミュニケーションの場を設けていく必要がある。

【活動4　地層を復元しよう】

① ボーリング試料のラベルをかくす。
② 児童にランダムに手渡す。
③ 中身の様子を手がかりにしてグループ分けし、元の地層を想像しながら順に並べ直す。
④ ラベルを見て、順序を確かめる。

図4.2.27　ボーリングくらべ1

「みんなで協力して詳しく観察しよう」という曖昧な課題では児童のスイッチは入らない。しかし、「地層を復元する」というミッションを与えると、中身を集中して観察せざるを得ないし、友達と協力して作業を進めざるを得ない。場の設定というのは、このように工夫次第で児童を本気にさせるものである。

図4.2.28　ボーリングくらべ2

4）遊びの要素を取り入れる

英国の作家チェスタートン（G. K. Chesterton 1874-1936）は、「世の中に遊ばない大人が多いのは、本気

図4.2.29　ボーリングくらべ3

で遊ぶだけの時間と労力を持ち合わせていないからである。多くの大人は遊びを無駄な行為と決めつけているが、子供の遊びが大人のいかなる政治的経済的活

動よりも、時間とエネルギーを傾注するものであるか忘れてはならない」と述べている。授業の中にゲームや競争といった遊びの要素を取り入れると、児童は無我夢中で学習に取り組むようになる。

【活動5　寒天地層モデルを作ろう】
① 透明なケースに着色した寒天を流し込んで地層を作る。ケースを傾けることで断層を作ったり、化石を埋め込んだりしてもよい（1つの層が完全に冷えてから次の層を作る方がきれいにできる）。
② ケースの周りに紙で覆いをして他のグループと交換する。
③ タピオカストローを使ってボーリング実験で地層を調べる（寒天に刺して上部を指で押さえるとボーリング試料を抜き取ることができる）。
④ 4本のボーリング試料をもとに地層の様子を予想し、ノートに描く。

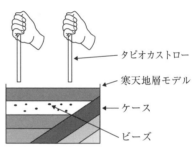
図4.2.30　寒天地層

⑤ ケースの覆いを外して予想が正しいかどうか確かめる。

（9）Step 3：授業する⑨授業公開
　前項では、「発問・体験活動・コミュニケーション・遊び」をキーワードにして、児童の学びを深める授業づくりのポイントについて述べてきた。本項では公

図4.2.31　寒天地層づくり

図4.2.32　地層を推測する

開授業の意義と教師の心構え、自信をもつための指導細案について述べる。

いよいよ授業公開である。ここまで頑張って単元の授業づくりに取り組んできた花野先生であるが、他の先生に見られるということで不安がいっぱいである。指導案通りに授業が流れなかったらどうしよう。児童が想定外の発言をしたらどうしよう。実験結果が正しくでなかったら……。考え出すときりがない。そこで、以下では何のために公開授業をするのかを明らかにし、授業者が何をすべきなのかを整理しておく。

１）研究なのか、研修なのかを自覚する

公開授業には、より良い授業の方法を模索する「研究」の側面と教師の技量を磨くための「研修」の側面がある。研究を目的とした公開授業では、授業自体がうまくいくように取りつくろうよりも、研究仮説が正しいかどうかが明確に分かるように余分な装飾は極力そぎ落として運営しなければならない。これに対し、研修目的の公開授業では、どのようなアクシデントが生じようとも臨機応変に対応し、児童の学びを保障するさまざまな方略が要求される。研究目的の授業は共同研究者とのパブリックな授業であり、研修目的の授業はパーソナルな授業なのである。これから行う授業がどちらの性格をもつか見極め、それにあった方略を講じることが大切である。

２）児童が活躍する対話的な授業が「良い授業」である

教師が目立つ授業はあまりよい授業だとはいえない。それは研究を目的とした授業で「研究仮説が正しいのか教師の指導力で学びが成立したのか判別できないから」というだけではない。特に討論の場面では、教師と児童のやりとりを記録するだけで、発問の的確さや指導者の力量がある程度判断できるのである。

例えば、右図のボーリング型の授業では児童に考えさせる発問ではなく、一方的に教師が指示を与える講義型の授業ス

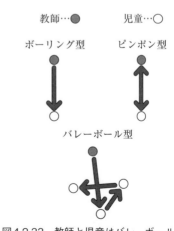

図4.2.33　教師と児童はバレーボール型

タイルが推察できる。また、ピンポン型の授業は発問が一問一答式であり、児童間の意見の交流がなされていない。理想的な討論の形であるバレーボール型にするには、児童の予想が分散するような選択肢を設けた発問を用意し、ハンドサインや発表の話型練習などのコミュニケーション指導をするといった手立てを講じる必要がある。

　3）児童は実験材料ではない

　公開授業は、授業者や共同研究者が明日のより良い授業を創るために行うものであるが、今のこの児童を犠牲にしてよいというものではない。教師は何度でも同じ学年の同じ教材で授業するチャンスがあるが、児童にとっては毎時間が一生に1度きりの学びの機会なのである。したがって、想定外の方向に討論が発展しても、強引に指導案の流れに引き戻したりすべきではないし、実験結果が求めていたものと違っていても、「本当はこういう結果がでます」などと決して言うべきではない。たとえ回り道になったとしても、目の前の児童の疑問をきちんと解決していくことの方が優先されなければならない。想定外の方向に討論が進んでいったことや実験結果が正しくでなかったことは、授業後にその原因を分析し、反省すればよいのである。

　4）指導細案を書くことで不安をなくそう

　学習指導案が共同研究者とのコミュニケーションツールの性格が強いのに対し指導細案は授業者が納得するまで書き込むマインドツールであるといえる。

　指導細案は元来誰に見せるものでもないので、きちんとワープロで打つ必要はなく、指導案を拡大コピーし、思いついたことをカラーペンで書き込んでいくだけでも十分である。要は指導案だけでは不安な部分を補うことで授業の細部に至るまで把握し、自信をもって授業に臨めるようにするのが細案の目的である。指導者自身が分かりやすいようにイラストを描いたり、色分けをしたりしながら自由に書けばよいのである。書き込みの観点・項目も自分で決めればよいのであるが、以下に一例をあげる。

　①　時間の目安

　　　導入・討論・実験・考察などに要する時間の目安を決める。集中力を持続させるには1つの活動を15分以内に設定するのがよい。目安のシールを

貼ったアナログ時計を教卓に置くと、ペースがつかみやすい。
② 準備物
　四角いチェックボックスを設け、授業開始前にチェックを入れる。(例：☑)
③ 板書計画
　問い→予想→理由→実験方法→結果→まとめ、といった学習の流れが概観できるように計画しておく。公開授業では実験方法の図や結果の表、グラフ用紙などは、あらかじめ紙に書いて貼り付けると時間短縮になる。
④ 不測の発言や実験がうまくいかなかった場合の対応
　さまざまな状況を想定し、話し合いを軌道修正するための補助発問や実験・測定が正しく行われたかどうかのチェック項目を用意する。
⑤ 個別の支援を必要とする児童への配慮
　学級に在籍する難聴児への情報保障や軽度発達障害児への支援などを活動の内容ごとに想定しておく。視覚情報や予定提示などの個別支援の手立ては、多くの場合、他の児童にとっても有益である。
⑥ 事故が生じてしまった場合の対応
　応急措置、連絡体制、二次災害の防止措置などを確認しておく。

(10) Step 4：評価する⑩授業改善
　前項では、公開授業の意義と教師の心構え、自信をもつための指導細案の作成について述べた。本項では公開授業も無事に終え、単元が終了した際の授業評価について述べる。

　「公開授業では指導案で想定していなかったアクシデントもいくつか生じたが色々な事態をシミュレートして指導細案に書き込んでいた花野先生は、何とか無事に本時の目標に到達した。また、事前調査に基づいて開発した体験的な教材の多くも児童が喜んで取り組み、単元全体を通して意欲的な学びの姿が見られた」と、授業者の感覚にのみ頼って授業を評価したのでは、教育は研究であるとはいえない。授業者の感覚は大切な要素であるが、それとは別に第三者の意見や客観的な調査結果に基づいて授業を評価し、改善点を探ることで教材は

進化し、教師の力量は高まる。本章の最後に授業改善について述べる。

1）共同研究者の意見を聞く

まずは公開授業後の反省会で授業を参観してくれた共同研究者の意見を聞こう。授業者の気付かなかった児童の様子やつぶやき、同じ状況に遭遇した際に行う手立ての別法など、自分では見えていなかったことが見え、考えつかなかった方略などが分かってくる。

2）事後調査を行う

事前調査と同じ用紙を用いて事後調査を行う。事前と事後を比較することで、一人一人の児童の学びの深まりや学級集団のレディネスの変容を把握できる。

花野先生の学級では、事前調査によって「土地のつくりと変化」に関するレディネスの幅が大きいこと、過半数の児童が学習内容をすでに知っていること、理科好きな数名の児童が書物などによって高度な知識を得ていることを把握していた。

そこで、授業づくりの基本方針を体験的活動の重視とし、書物による知識では答えられない発問の工夫や観察・実験を開発した。

その結果が次頁のグラフである。ブランク・アニミズム型の児童は本単元が目標とする見方・考え方を習得できているし、偏った知識を持っていた児童も、知識と体験が結びついてきたことが分かる。

3）改善点を明らかにする

共同研究者からの意見や事後調査による結果を得たならば、それをもとにできるだけ早く「研究・研修」の両面から改善点を明らかにしておくことが大切である。今回の授業の場合、研究としての側面では「運動場を掘る学習で現れる地層が人工物であることを明確に伝えること」という改善点があり、花野先生の研修としての側面では「児童の準備の後、正しく設置しているかどうかを指導者が確認してから実験させること」という改善点が明らかになった。

4）記録として残す

改善点が明らかになったなら、それらを何らかの形で記録に残し、研究を積み上げていかなければいけない。指導案や指導細案を赤字で改訂したものなどは改善点がとても分かりやすいものである。

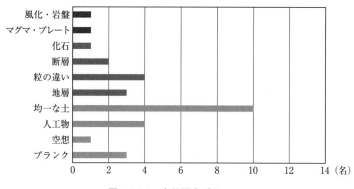

図4.2.34　事前調査グラフ

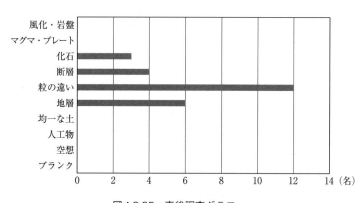

図4.2.35　事後調査グラフ

おわりに

　本書は小中学校の教師、そして教職を目指す大学生の方への手引書として、2009（平成21）年4月に初版を上梓した。幸いにも多くの方々から支持をいただき、2015（平成27）年に第2版、そしてこのたび第3版を発刊する運びとなった。これまでの内容を改訂するとともに、新たな執筆者を加えて増補することができた。本書の執筆者はいずれも教育現場で卓越した理科の授業実践を行い、その豊富な経験を生かして文部科学省や大学で研修や研究に重要な役割を担ってきた。これらの経験から執筆された本書は、理科授業のための理論と実践の書といえる。

　第1章では、原体験を基盤として、学習指導要領が目指す、自然について科学的に問題解決する資質・能力の育成を実現する理論と実際について論じている。第2章では学習指導要領をふまえて、「エネルギー」「粒子」「生命」「地球」を柱とする4つの領域から、教材と学習指導の実際について詳述している。ここでは小学校理科と中学校理科の学習内容の系統性に配慮した。次いで第3章では、理科の学習指導で取り組むべき課題について論じている。第4章では、現場で研究授業を進めるに当たって、指導計画を立て指導案を作成して、授業実践していく手順を分かりやすく解説している。

　教育現場ではついつい教科書だけに頼った授業になることがある。また研究授業をどのように進めるのか迷うこともある。そのような時に本書が学校現場で目を通す1冊になれば幸いである。また学生の方には学習指導案作成の手引きとして、教育実習の準備に役立てていただきたい。

　教師の指導力は多くの経験と不断の研修の積み重ねによって深まっていくものである。本書は、それを自ら実践してきた執筆者から、読者の方へのメッセージである。第3版の刊行の趣旨をご理解いただき、多くの先生方や教職を目指す学生の方に活用していただければ望外の喜びである。

　2018年8月

秋吉　博之

索　引

【英数】

ESD ·· 159, 178
OECD-PISA ·· 164
PETボトル ··· 177
PISA ··· 164
STS教育 ·· 165
4QS（フォークス） ··· 23

【あ行】

雨水 ·· 119, 120
アメダス ·· 138
アメリカザリガニ ·· 107
アルコールランプ ·· 176
安全性 ·· 193
意思決定 ·································· 192, 194, 195, 197
遺伝子 ·· 115
遺伝の規則性 ··· 117
因果関係 ·· 8
ウニ ·· 104
オタマジャクシ ·· 103

【か行】

カイコ ·· 95
科学技術 ·· 187
科学的 ··· 6
学習意欲 ·· 152
学習指導案 ··· 214
ガスバーナー ··· 176
化石燃料 ·· 187
仮説 ·· 23
河川 ·· 125
ガラスの破損 ··· 177
気象観測 ·· 137
技能 ··· 9
逆流 ·· 177
教育課程の基準 ··· 29
教材・教具 ··· 223
ギンゴケ ·· 202

金星 ·· 142
雲 ··· 137
経済性 ·· 193
形成的評価 ··· 146
原因と結果 ·· 8
原体験 ······································ i, 14, 160, 238
コイル ·· 66
恒星 ·· 142
公転 ·· 143
コーヒー豆 ··· 188
コケ植物 ·· 198

【さ行】

砂岩 ·· 130
作用点 ··· 55
試案 ··· 29
シークエンス ··· 231
シーソー ··· 54
ジオパーク ··· 181
色覚 ·· 117
刺激と反応 ··· 111
事故の防止 ··· 174
自己評価 ·· 147
資質・能力 ·· 7, 31
地震 ·· 134
自然災害 ··· 135, 178
持続可能性 ··· 193
支点 ·· 55
自転 ·· 142
指導計画 ·· 231
児童の実態 ··· 224
従属変数 ··· 23
授業改善 ·· 244
授業研究 ·· 214
主体的な学び ··· 32, 156
情報化社会 ··· 191
侵食 ·· 125
診断的評価 ··· 146

水素の爆発 ·················· 176
スコープ ····················· 231
スプートニク・ショック ······· 30
生活科 ························ 30
生命の連続性 ················ 114
脊髄 ························· 112
絶対評価 ···················· 148
ゼニゴケ ············ 202, 206, 207
前線 ························· 138
蘚類 ························· 200
総括的評価 ·················· 146
総合的な学習の時間 ······ 30, 164
相対評価 ···················· 148

【た行】

堆積 ························· 125
太陽系 ······················ 142
苔類 ························· 200
対話的な学び ············ 32, 156
探究する力 ···················· 37
探究の技能 ····················· 9
地層 ···················· 129, 133
地層剥ぎ取り標本 ······ 129, 224
月 ··························· 142
土の粒 ······················ 119
ツノゴケ類 ·················· 200
ツルレイシ ·················· 101
泥岩 ························· 130
天気図 ······················ 138
電磁誘導 ····················· 67
てんびん ····················· 54
透明半球 ···················· 141
独立変数 ····················· 23
凸レンズ ····················· 59
トレードオフ ················ 193

【な行】

二酸化炭素 ··················· 82
日周運動 ···················· 142
二律背反 ···················· 193

ニワトリの脳 ················ 112
年周運動 ···················· 143
燃焼 ························· 85
脳 ··························· 112

【は行】

発問 ························ 237
パフォーマンス評価 ·········· 155
ヒキガエル ·················· 107
評価規準 ···················· 149
風向風速計 ··················· 40
フェニルケトン尿症 ·········· 117
深い学び ················ 32, 157
振り子の等時性 ··············· 51
プロセス・スキルズ ············ 9
フロンガス ·················· 189
変数 ························· 18
防災 ························ 135
防災教育 ···················· 179
ポートフォリオ評価 ·········· 155

【ま行】

見方・考え方（理科の——）··· 4, 32, 34, 37
ミジンコ ···················· 107
ミドリムシ ·················· 107
モーター ····················· 44
目標（理科の——） ········ 3, 218
モンシロチョウ ··············· 95
問題解決 ·················· 16, 34

【や〜わ行】

野外観察 ··············· 169, 202
ゆとり ······················· 30
力点 ························· 55
ルーブリック ················ 148
礫岩 ························ 130

◆ 執筆者一覧（五十音順）◆

秋吉　博之（あきよし　ひろゆき）
　和歌山信愛大学教育学部教授、博士（学術）
　〔編著者：第1章コラム、第2章コラム・3節、第3章1・3・4節、「おわりに」を担当〕

石川　聡子（いしかわ　さとこ）
　大阪教育大学理数情報教育系教授、博士（工学）
　〔第3章6節を担当〕

畦　浩二（うね　こうじ）
　元大阪教育大学教授、博士（理学）
　〔第3章7節を担当〕

川村　康文（かわむら　やすふみ）
　東京理科大学理学部第一部物理学科（大学院理学研究科科学教育専攻）教授、博士（エネルギー科学）
　〔第2章2節を担当〕

小林　辰至（こばやし　たつし）
　上越教育大学名誉教授、博士（学校教育学）
　〔第1章を担当〕

鳴川　哲也（なるかわ　てつや）
　福島大学人間発達文化学類教育実践コース准教授、学士（教育学）
　〔第2章1節を担当〕

福井　広和（ふくい　ひろかず）
　就実大学教育学部初等教育学科教授、修士（学校教育学）
　〔第4章を担当〕

藤岡　達也（ふじおか　たつや）
　滋賀大学大学院教育学研究科教授、博士（学術）
　〔第2章5節、第3章2・5節を担当〕

森本　弘一（もりもと　こういち）
　奈良教育大学名誉教授、博士（学校教育学）
　〔第2章4節を担当〕

山田　卓三（やまだ　たくぞう）
　兵庫教育大学名誉教授、理学博士
　〔「はじめに」を担当〕

■編著者紹介

秋吉　博之（あきよし　ひろゆき）
和歌山信愛大学教育学部 教授

経歴
1954年、福岡県久留米市生まれ
神戸大学大学院国際協力研究科博士後期課程修了 博士（学術）
食品会社（品質管理）、神戸市立中学校 教諭、兵庫教育大学附属中学校 文部教官教諭、JICAケニア中等理数科教育強化プロジェクト 技術協力専門家（生物教育）、就実大学教育学部初等教育学科 学科長・教授、就実大学大学院人文科学研究科初等教育学専攻（新設）専攻長・教授、就実大学・就実短期大学教職支援センター センター長（併任）、大阪教育大学教育学部実践学校教育講座理科教育学研究室 教授、大阪教育大学大学院連合教職実践研究科 教授などを経て現職。専門は理科教育学。

著書
単著：『理科教員研修の指導と評価─ケニア理数科教育強化計画での実施─』多賀出版, 2009.
編著：『実験で実践する 魅力ある理科教育─小中学校編─』オーム社, 2010. 『実験で実践する 魅力ある理科教育─高校編─』オーム社, 2011.
共著：『蘇る教師のために─教員研修・講習テキスト─』川島書店, 2011. 『小・中・高一貫カリキュラムへの改革を先取りした理科の授業づくり』東京書籍, 2012. 『新 生物による環境調査事典』東京書籍, 2012. 『基礎生物学』電気書院, 2015. 『理科 指導の理論と実践（新時代の学びを創る　第5巻）』あいり出版, 2017. 『初等理科教育（新しい教職教育講座　教科教育編4）』ミネルヴァ書房, 2018. 他多数

理科教育法　第3版
――理論をふまえた理科の授業実践――

2009年 4 月20日　初　版第 1 刷発行
2011年 9 月20日　初　版第 2 刷発行
2015年 4 月30日　第 2 版第 1 刷発行
2018年10月30日　第 3 版第 1 刷発行
2023年 9 月30日　第 3 版第 2 刷発行

■編　著　者──　秋吉博之
■発　行　者──　佐藤　守
■発　行　所──　株式会社 大学教育出版
　　　　　　　　〒700-0953　岡山市南区西市855-4
　　　　　　　　電話 (086) 244-1268(代)　FAX (086) 246-0294
■印刷製本──　モリモト印刷(株)
■Ｄ Ｔ Ｐ──　難波田見子
■装　　丁──　原　美穂

Ⓒ Hiroyuki Akiyoshi 2009, Printed in Japan
検印省略　落丁・乱丁本はお取り替えいたします。
無断で本書の一部または全部を複写・複製することは禁じられています。

ISBN978-4-86429-987-9